从“心”开始

合肥供水集团变革成长中的文化力量

合肥供水集团有限公司
南开大学商学院企业文化研究中心
编著

机械工业出版社
CHINA MACHINE PRESS

内容简介

追随先进标杆企业的步伐，在科学与人性的道路上持续探索，本书全景展示了“可复制”的合肥供水集团的管理模式，以及“贴心小棉袄”的文化精神，其在战略设计、用户服务、标准化建设、水务科技、企业文化、品牌形象等方面实施了许多创新，积累了许多成果，值得学习和借鉴。

全书内容从合肥供水集团“贴心小棉袄”的用户服务文化切入，描述其持续变革与创新发展的过程，将企业内部养成的诸多新文化要素，比如制度和规则意识、契约精神、追求真实、专业精神等，一一展示。这些文化要素随着企业的经营管理变革而成长，在员工中产生了巨大凝聚力，在社会上产生了巨大影响力，帮助企业提升对外的知名度和美誉度，指引企业在未来的发展中能更好、更快地前进。

图书在版编目（CIP）数据

从“心”开始：合肥供水集团变革成长中的文化力量/合肥供水集团有限公司，南开大学商学院企业文化研究中心编著. —北京：机械工业出版社，2017.7

ISBN 978-7-111-57392-0

Ⅰ.①从… Ⅱ.①合… ②南… Ⅲ.①城市供水-企业文化-研究-合肥 Ⅳ.①F426.9

中国版本图书馆CIP数据核字（2017）第148118号

机械工业出版社（北京市百万庄大街22号 邮政编码100037）
策划编辑：胡嘉兴 责任编辑：戴思杨
责任校对：舒 莹 版式设计：张文贵
责任印制：常天培
保定市中画美凯印刷有限公司印刷

2017年7月第1版·第1次印刷
170mm×242mm·15.75印张·1插页·299千字
标准书号：ISBN 978-7-111-57392-0
定价：45.00元

序言

从人类发展历史看，管理的实践古已有之，但真正把管理作为一个知识体系来研究，探索其规律、效用乃至结构等，还是西方工业革命以后的事情。丹尼尔·雷恩在《管理思想史》中描述“管理理论”呼之欲出的状况时说，工业革命发展到新阶段，既是技术进步、能源变化和劳动力管理关系发展相互作用的结果，也是强烈要求用管理实践系统化来推动这些因素协调作用的结果。于是，以弗雷德里克·温斯洛·泰勒为代表的工程师“管理学家”就开创了“科学管理”的新时代。

从泰勒开始算起，人类对管理知识和理论体系的探索已有120多年。这一过程中，随着企业在全球范围内的蓬勃发展，参与管理研究的人越来越多，管理类著作渐呈“汗牛充栋”之势。作为一门学科，管理学也一度成为时代“显学”。但是，认真观察管理实践和管理理论研究之间的关系之后，我们又不得不承认，尽管关于管理的研究一直在进步，也在无限地靠近“管理的真谛”，但似乎永远无法达到人们希冀的那种最佳状态。在这一过程中，一些从优秀企业成长实践中总结出来的、为诸多人追捧的“管理圣经”，往往会因为这些企业的“倒塌”而受到质疑。但有意思的是，此类场景的一再上演，加上管理研究的诸多“情境化”约束，却更加激发了人们从理论上、在实践中研究管理的热情。我们认为，这样的状况，对于企业实践和理论研究来说，都是一件好事。

上述我们不揣浅陋对管理研究做的简要回顾与评述，其实是为了给本书找到一种恰当的定位。自1954年建厂开始，合肥供水已经走过了60多年的历程。在这一过程中，尤其是2010年提倡创新发展以来，在埋头苦干、勇于实践的同时，我们也经常遇到来自企业经营管理各个方面的困难，也经常陷入困惑甚至迷惘。值得庆幸的是，面对这些问题，我们始终坚持了“行动主义”逻辑——不断探索、不断试错、不断总结、不断进步。我们写作此书的初衷，也是为了在企业持续成长的过程中，将我们阶段性尝试与探索的一些体会真实地记录下来，作为今后企业工作可资借鉴的经验。回首来时路，我们在企业发展过程中一直将关注点聚焦在这样三个问题上：

第一，企业到底是为谁存在的？在一些市场化的企业中这早已不是问题，但在一些传统企业，要扭转人们根深蒂固的观念还是比较艰难的。通过提出“贴心小棉袄”的理念，以及多年来在这一理念指导下所做的服务体系的变革创新，时至今日我们可以自豪地说，合肥供水就是为了广大市民的需求而存在的。为用户服务、做百姓“放心水、幸福水”的守望者，是合肥供水人生存的唯一“合法性”。

第二，企业工作的标准是什么？企业人应该怎样工作？以赢利为根本目标的企业，讲求效率和效益，这是企业与其他社会组织的本质区别。在一家传统公用事业的企业中，人们往往习惯于传统的作业方法，习惯于经验式的工作模式，更加重视做事的过程，而忽略了做事的结果与绩效。所以，多年来我们在标准化建设方面十分“较真儿”，坚持将企业的标准化建设落到经营管理工作的实处，落到员工工作的手中，落到企业的绩效和员工的“口袋”中。同时，持续强化 PDCA 循环，用这种“愚公式”的“笨办法”来改变员工固有的工作习惯，让“按照标准工作”“为了绩效工作”的观念深入人心。

第三，如何看待员工和企业的关系？企业人应该如何相处？毋庸置疑，这是几乎所有企业在管理中必须面对的一个问题。在这方面，我们的一个基本原则是，企业与员工之间的关系是建立在契约基础上的团队合作关系。我们倡导把契约与规则作为处理企业与员工关系以及员工之间关系的底线，倡导创建简单的人际关系，同时也主张企业在有余力和在国家法律法规允许的范围内，能够更多地关心员工的身心健康，让员工享受到企业发展的成果，真正把员工看成企业发展的目的之一，而不仅仅是工具。

基于上述思考，我们将书名确定为《从“心”开始——合肥供水集团变革成长中的文化力量》，是希望将这些年所做的工作归纳为两个方面：一是从“心”开始的“做事理念”，即“贴心小棉袄”服务品牌和企业价值观的提出及其与企业成长相伴随的持续演化过程；二是以标准化建设、PDCA 循环为核心的“做事方法”，即“贴心小棉袄”的文化理念如何通过全体供水人的胼手胝足而逐渐变成服务绩效的现实。所以，在本书中，我们记录了业绩与欢欣，也记录了困惑与困恼。在“贴心小棉袄”由一个人的理念变成合肥供水人“集体人格”的过程中，我们看到了观念的进步、行为的变革，也看到了品牌的凝聚、思想的生长。

一粒从“心”开始的“思想的种子”，正在全体员工的精心呵护下生机盎然，这就是我们通过企业的创新发展所体会到的文化的力量。

诚然，作为一家转型发展中的传统企业，我们深知自己在各个方面还做得很不够。我们记录和总结的既往成功经验，未必会完全适合企业今后的发展。同时，在全球范围内诸多先进企业和经典理论的映照下，我们的这本书仅仅是百花园中不起眼的一朵小花。不过值得庆幸的是，在本书的写作过程中，我们始终坚守实事求是的原则，忠实地记载企业发展的过程，不回避问题，不刻意掩饰，也不无限拔高，如“历史之父”希罗多德先生曾经做的那样，坚持对事实的忠实陈述，坚持对事实真相的努力探究。所以，尽管水平有限，但这是一部事实之作，也是一部诚意之作。

为了加强管理理论与实践之间的结合，我们创建了一个由合肥供水集团与南开大学商学院企业文化研究中心紧密合作的研究团队，希望从基于理论的实践观察和基于实践的理论认知这两个层面上，更立体化地探讨企业成长的规律性问题。在本书的写作过程中，我们参考了大量前人的研究成果，同时也参考和使用了合肥供水集团大量的文字材料。所以，从根本上看，这本书是企业实践界和理论界密切合作的集体智慧结晶。借此机会，对我们参考和使用的所有文献和材料的作者、对于参与此项工作的团队成员表示衷心的感谢！

在成书过程中，机械工业出版社的老师对书稿提出了诸多有价值的建议，付出了大量的心血，在此表示衷心的感谢！本书只是基于一家企业实践的总结与探讨，加上作者团队还只是管理学大厦中的初学者，书中难免有疏漏甚至错误之处，敬请读者诸君雅正。

合肥供水集团

南开大学商学院企业文化研究中心

2017 年初夏

目录

第1章

01

合肥供水集团是谁

要拯救这个人类世界唯有靠人心，人的反省力、人的顺从心与人的责任感，除此之外别无他法。

——查尔斯·汉迪

一、“合肥速度”的诞生

合肥，周代庐子国建都于此，所以古代合肥一直被称为庐邑。

1954年11月1日，合肥历史上第一座自来水厂建成；当年11月8日，当一股股数十公尺高的清流从鼓楼、陈小巷等地的龙头里喷射而出时，合肥人民欢欣鼓舞、奔走相告……

斗转星移，时光如梭。2010年1月4日，合肥供水集团（以下简称合肥供水）新班子组建，面对社会经济发展的迫切需求和全市民众的期望，合肥供水主动作为、自我加压，在企业成立56年之际吹响了“自我反省”“自我革命”的号角，主动承担国有企业的社会责任，踏上了为民服务的凯歌行进之旅。2013年，合肥供水集团仅用一年时间扩建六水厂、兴建七水厂，在全国同行业创造了“合肥速度”。

下面是“合肥速度”在一些重要指标上的体现：

截至2016年12月31日，合肥供水集团拥有7个制水厂、3个水源厂、7个供水所和巢湖水业集团、肥西自来水公司等7个子公司，下设3个党总支，24个党支部，共有786名党员。员工1 853人，其中博士研究生3人，硕士研究生123人，本科生604人；高级职称78人，中级职称163人；二级职业技能（技师）48人，三级职业技能（高级工）226人。

在主要经济指标方面，合肥供水集团资产总额由2010年年底的27.82亿元增长至47.73亿元，增长率为71.57%；净资产由2010年年底的25.12亿元增长至43.23亿元，增长率为72.09%；管网漏损率为12.98%（住建部对408个城市统计的全国平均管网漏损率为21.5%）。目前员工共计1 853人，全员劳动生产率为40.25万元/人；管理费用率为23.71%，连续6年平均下降率为22.03%；制水单位能耗253千瓦时/千立方米，据中国城镇供水排水协会2016年最新统计数据，同等管网压力条件下，北京、杭州、厦门等城市均在300千瓦时/千立方米以上。在水质方面，提前4年执行106项国家考核标准，在国家卫计委全国饮用水督查工作中，合肥饮用水综合得分在全国26个省会城市中排名第三。

在重要业务指标方面，供水量由2010年年末的3.12亿立方米增加到4.79亿立方米；供水服务范围和管网长度不断增加，服务面积由2010年的360平方公里增加到470平方公里，75毫米以上供水管网由2 820公里增加到6 667公里，新增管网里程数是过去半个世纪铺设管网总长度的两倍多；最高日供水量由97万立方米增加到169.5万立方米。

在精神文明建设方面，2010年以来，合肥供水集团先后荣获“全国模范劳动关系和谐企业”“全国创先争优先进基层党组织”“全国志愿服务四个100先进典型——最佳志愿服务组织”等光荣称号，蝉联三届“全国文明单位”；连续六年在全市政风行风评议中位居前三名；“贴心小棉袄”的文化精神先后荣获全国“社会主义核心价值体系主题教育精品项目二等奖”“安徽省文明单位创建十佳品牌”等荣誉称号，“贴心”两字成为注册商标；“贴心小棉袄”的经验做法入编中组部《创先争优特色做法100例》和《党的群众路线教育实践活动读本》；合肥供水集团党委书记、董事长方振先后荣获“全国五一劳动奖章”称号、“最美政工干部”称号。

二、 贴心小棉袄：合肥供水的靓丽名片

上面的这些硬指标是合肥供水这些年来取得的实实在在的成绩。回顾近年来的发展可以发现，这些“硬通货”都源于一个十分生活化又略带文艺特点的词——“贴心小棉袄”。

2010年1月14日上午，上任十天的方振（时任执行董事、法定代表人、党委书记）给大家讲党课，作为合肥供水优质服务的精品品牌，“贴心小棉袄”正式被提出。常言道“女儿是妈妈的贴心小棉袄”，供水人要做用户的“贴心小棉袄”，全体员工要把用户当作衣食父母，用谦卑的心态敬畏用户、仰视用户，用子女孝顺父母的心态对待用户，把用户的用水小事当成供水人的大事，真正做到“把方便留给用户，把困难留给自己”。

后来，方振接受记者采访时说：“以前人们都说电老虎、水霸王，你看我们像吗？在公众眼中的形象要靠自己去树立，现在说这种话的人少多了。公用企业，提供产品是一个方面，搞好服务也很重要，服务上去了，大家就认可你。”

“作为公用企业，服务是根本，大道理、理念都懂，谁能践行得更好？关键就是要看服务。而要做好服务，我们认为，必须先塑造企业人格，从点点滴滴做起。”

塑造企业人格，说起来容易做起来难，首先要面对的是人们的传统观念，也包括利益诉求。张瑞敏曾为了海尔的产品质量而砸掉76台冰箱，当年很多人惋惜，也有很多人不理解。“贴心小棉袄”刚提出来时，遇到的情况也相差无几。

“当时连我都不认可。”时任纪委书记、监事会主席、党委委员的亢冬说，“我

感觉，‘贴心小棉袄’跟我们供水行业不相符，要是放在燃气、热电行业，倒是挺合适的。当然，现在想起来，这种‘不认可’，除了行业特色外，更多的是对能否真正落实的担心”。

领导有这样的顾虑，一般员工就更不用说了。“当时听了觉得新鲜，但没什么感觉。为什么呢？这样的口号太多了，有哪些真正实现了？”“几年过去了，没想到‘贴心小棉袄’还真的就变成了现实！和朋友见面，大家互相介绍，我说我是合肥供水的，大家马上就说‘啊，贴心小棉袄，不错！’，我听了就感觉很开心、很自豪！”

是的，无论在社会层面还是在企业层面，理念就是一个抽象的名词，没有太多的实际意义，这也就是许多企业的文化建设不能够取得实效的根本原因。所以，在合肥供水，怎样让员工将理念付诸行动、实实在在做好服务，并让百姓感同身受，是一个关键问题。因此，将理念意义化的唯一途径，就是付诸实践。基于这样的构想，从2010年以来，合肥供水集团一直通过思想教育、品牌传播、管理制度、经营方式、服务用户等多种方式，不断打造、提炼“贴心小棉袄”核心价值观，将其打造成三位一体的“企业文化品牌”“优质服务精品品牌”和“党建品牌”。

为了落实“贴心服务”，供水集团专门制定了《“贴心小棉袄”志愿服务规范》以及供水服务“五个一”，即“一个电话、一声问候、一张名片、一次回访、一份满意”，把用户当作“父母”，把用户的需求当成父母的召唤，用儿女般的行动感召用户。

而随着“贴心小棉袄”服务活动的逐步深入，经营活动对管理质量的“挑战”和“倒逼”也随之而来，在持续的管理变革中，“贴心小棉袄”的内涵也随着持续的付出与奉献而逐渐丰满起来，被赋予三层含义——领导是员工的“贴心小棉袄”，综合管理部门是基层单位的“贴心小棉袄”，供水人是用户的“贴心小棉袄”。

方振经常用这样一个例子来提醒综合管理部门的员工：水厂、供水所等单位离集团公司很远，有时候员工从很远的地方来综合管理部门交流工作，结果三句两句话被打发走了，这样肯定不行。综合管理部门工作人员对待所有来客，首先要倒杯水，“有没有茶叶，茶叶好坏是次要，但首先得倒上这杯水，要请人坐下，再谈事情”。

在全体供水人的持续努力下，“贴心小棉袄”得到了合肥市民的认可，其影响力也很快跳出合肥、跳出安徽，产生了全国性影响。多年来，中央电视台《新闻联播》《新闻直播间》及创先争优网等央企媒体先后对供水集团“贴心小棉袄”优质服务工作进行了深入报道……

三、PDCA 工作法：合肥供水的管理法宝

“贴心小棉袄”是合肥供水企业发展的核心价值观，而“PDCA 工作法”则是其工作法宝，两者共同铸就了合肥供水腾飞发展的巨力双翼。

从发展过程中合肥供水深知，正是因为“贴心小棉袄”和服务用户的迫切需求，以“PDCA 工作法”为核心的科学管理方法才真正走上前台。要将“贴心小棉袄”的理念真正变成现实，就必须狠抓经营工作和用户服务系统，而这一切工作，都需要强大的管理来支撑。于是，为用户服务的经营工作，必然向内延伸到企业的日常管理当中。正如著名管理学教授陈春花在《管理的常识：让管理发挥绩效的 7 个基本概念》一书中谈到“管理”和“经营”之间关系时所强调的：“管理是服务，最直接的意义就是管理始终为经营服务。假若你所处的组织不是以绩效评价的，比如我们的职能部门或者政府部门，那么管理始终为目标服务。因此管理有着非常明确的含义，管理不是为任何人服务，它是为经营（目标）服务的”。[⊖]

从 ISO9001 质量管理体系认证开始，PDCA 就成为合肥供水管理中的“常规动作”与管理特色。PDCA 即 Plan（计划）—Do（执行）—Check（监督）—Action（行动），由现代质量管理的奠基者、“统计质量控制之父”、美国工程师休哈特提出，之后由美国质量管理专家戴明博士改进。PDCA 循环是全面质量管理所应遵循的科学程序，4 个过程不是运行一次就结束，而是周而复始地进行，一个循环完了，解决一些问题，未解决的问题进入下一个循环，这样螺旋式上升。在 PDCA 管理中，我们所有的工作都按照闭合式循环流程进行，尤其是在 ISO9001 质量管理认证体系、党群工作标准化、安全生产标准化建设中，通过制定各类贯标程序性文件，加强了事前对各项工作的质量管理，明确了各类工作的完成时限和具体措施；突出了事中监控，通过质量记录查看各项工作是否按目标执行，实现了全过程跟踪。比如，围绕制水生产、供水服务、工程建设、综合管理、招投标、安全管理和监督检查七个方面，我们先后召开各层次、各类别专题研讨 280 多场次，建立 1 148 个程序文件。其中一级文件两个、二级文件 80 个、三级文件 555 个、记录表格 511 个，实现了标准化在制水生产、供水工程建设、供水服务及综合管理等领域全覆盖。一、二、三级的每一份文件都必须有 PDCA 循环，都必须有不合格项测量以及持续改进。

为了进一步强化 PDCA 管理模式，使其真正发挥作用，实施过程中我们又创建了“正着来，倒着查”的工作机制。所谓“正着来”，就是日常工作正常开展，成

⊖ 陈春花：《管理的常识：让管理发挥绩效的 7 个基本概念》，机械工业出版社，2014 年 8 月，第 13－14 页。

功运行的工作直接进入下一个循环；所谓“倒着查”，就是在出现问题的环节，首先由纪检监察室介入调查过程事实，再往前倒推责任节点，由结果倒推中间过程及顶层设计，在体制建设、执行过程以及全过程监督中，找出责任节点，查实问题根源。之后，在集团公司范围内开展大讨论，征求意见，进行总结分析，是制度问题就修改制度，是流程问题就梳理流程，是管理问题就启动问责机制。对于效果不显著的方案或实施过程中出现的问题进行总结，为开展新一轮的 PDCA 循环提供依据。

在一些早就实现市场化的企业，尤其是国际企业，PDCA 管理法可能早就不是新鲜事物，而对于一家正由传统管理向现代管理过渡的企业，PDCA 却成为诸多工作的重要抓手。“PDCA 循环管理是我们企业各项工作的灵魂，我们不是为了贯标而贯标，不是为了认证而认证。PDCA 循环是供水集团管理的核心和根本，这一思想和理念刻在我们的骨子里、融进我们的血液里、体现在我们的行动中。”方振说。

四、老企业也有“企业家精神”

科斯认为，企业是作为市场的替代品出现的；而企业能够取代市场的理由就是其成本优势。因此，不是所有的企业都可以取代市场，只有那些能够产生比市场更高效率的企业才有可能。观察企业现实，我们经常可以发现这样一个现象：同样的企业、同样的资源，在不同的领导人手中结果却大相径庭，这其中的一个重要“变量”就是企业家。按照 18 世纪末 19 世纪初法国经济学创始人让·巴蒂斯特·萨伊先生的观点，企业家所做的工作就是“将经济资源从生产力和产出较低的领域转移到较高的领域”。[一]经济学大师熊彼特将“首创性、成功欲、冒险和以苦为乐、精明与敏锐、强烈的事业心”确定为企业家精神的五大要素。彼得·德鲁克继承并发扬了熊彼特的观点，提出企业家精神中最主要的是创新。

从 2010 年的传统公用事业企业，到今天面向用户、追求科学管理和精细服务、蓬勃成长的企业，合肥供水集团的“蜕变”过程中有一个不可或缺的引领因素，这就是企业家精神。尽管与完全市场化的企业相比，合肥供水做得还很不够，但回顾七年成长历程，企业家精神起码在两个方面对企业成长起到了实质性的帮助。

一是领导者强烈的事业心，即把企业管理工作作为一种职业选择，把办好合肥供水集团作为自己事业的追求。从三项制度改革到追求全面建成“可复制的”合肥供水新模式，每一步战略的实施，都面临着内外部的巨大风险，而强烈的事业心促使领导团队甘冒风险、创造性地开展工作。回首来时路，正是因为领导团队强烈的事业心、使命感和甘冒风险的企业家精神，让合肥供水顶住了改革的巨大压力，最

[一] 彼得·德鲁克：《创新与企业家精神》，海南出版社，2000 年 9 月，第 3 页。

终实现了改革成功。

二是创新精神，通过大胆改革、锐意进取，让一个有着几十年发展历史的国企焕发勃勃生机。其中，领导团队不墨守成规、勇于开拓创新的企业家精神，是合肥供水集团能够打破传统体制束缚，实现自我革新的关键所在。比如，在服务态度、服务质量方面，公司作为资源垄断性企业，彻底转变了过去的“水霸王”思想，以谦卑的心态尊敬用户、仰视用户，树立主动服务的意识。同时，为进一步提高服务效率和快速处理能力，公司自我加压，修订和完善供水服务承诺标准，突出体现在水质保障和供水抢修上。在管理水平方面，公司不断增强管理意识，制定规范性的规章、制度，确保各项工作的规范化、制度化，形成了工作按制度办事、按规范运作的局面，实现企业管理新跨越。在助力城市发展方面，公司总结历史经验，树立超前眼光，自我加压，持续扩建水厂，改造管网，全力推进各项重点工程建设，满足城市发展需求，提升城市供水保障能力，推动城市发展。

王健林先生说，企业家精神是多方面的，但最核心的三个是创造、坚持和责任。[一]回顾合肥供水的成长过程，我们对王健林先生的这一论点高度认同。可能有人会说，企业家精神都是市场化企业才有的，一家传统公用事业企业怎么还会有企业家精神？其实不然。说到企业家精神，德鲁克明确指出，不一定是小而新的企业才能成就企业家精神（同时他认为，企业家精神甚至并不局限于经济性机构）。事实上，许多大型的传统企业也正在实践企业家精神。他举例说，麦当劳是具有企业家精神的，“确切地说，它没有发明任何新东西，任何一家麦当劳的美国餐厅很早就生产它供应的产品了。但是，麦当劳通过应用管理概念和管理技巧（研究顾客所注重的‘价值’）使‘产品’标准化，设计制作程序和工具，对要进行的工作进行分析，并根据分析结果培训人员，然后制订其所要求的标准，不仅大幅度提高了资源的产出，而且建立了新的市场和新的顾客群。这就是企业家精神。”[二]

受德鲁克先生的启发，在这些年的变革中，我们一直在坚守这些原则：

- 在企业体制和机制方面，只有让企业按照规律去运行，才会有企业持久的活力；
- 在员工关系方面，唯有在物质和精神价值方面真正关注员工的多层面需求，员工的自我驱动才有可能实现；
- 在管理方面，制度要依靠严格的规范和不留情面的考核才能最终建立起来；
- 在服务方面，只有彻底地放下身段为用户服务，才可能赢得他们的信赖；
- 在品质方面，服务质量永远是第一位的，服务标准不容商量，不允许把生活

[一] 王健林：《万达哲学》，中信出版社，2015年1月，第14页。

[二] 彼得·德鲁克：《创新与企业家精神》，海南出版社，2000年9月，第4页。

的经验当成工作的标准。

我们希望，这些企业家精神，最终能够成为合肥供水每一位员工的职业财富。

五、三个企业文化故事

近年来，因为认识到变革发展的重要性，供水企业之间的相互参访学习较为频繁，合肥供水也经常接待来自全国各地的同行。面对众多来访者的参观学习和交流需求，我们一直在思考一个问题：学习先进企业，到底应该学什么？

比如，有兄弟单位对合肥供水的标准化建设与标准化管理很感兴趣，但我们知道，有些公司实施标准化建设比我们还早，尽管我们的标准化文件做得可能更规范，我们也乐于和大家分享实践的经验，但他们最终能够做得和我们一样吗？

又如，有朋友认为合肥供水的发展得益于“贴心小棉袄”核心理念与服务品牌的提出与塑造，希望自家企业也要“提炼”一个像样的价值观或口号，以指导全员进行服务与管理的变革。但反思自身走过的路程，我们深知，真正的变革往往起源于理念的转变，但理念的转变仅仅是一个开始，如果没有管理实践的支持，理念自身是没有价值的。

所以，我们讨论上面的问题得到的结论是：无论是我们学习别人，还是别人学习我们，最终要学习的，往往是一家企业的文化！好学的是方法，难学的是文化。当然，要学习的“文化”，并不是仅仅作为理念层面的“文化”，而是已经扎扎实实在实践中“看得见摸得着”的真实的文化。比如，我们的“贴心小棉袄”文化，是以下面这些具体行动作为支撑的：

始终坚持“把方便留给用户，把困难留给自己”，从服务城市大建设到走进用户家中，不断升华服务理念，丰富服务内容，延伸服务半径；开展亮标准、亮身份、亮承诺的“三亮”活动；实施供水服务“五个一”；先后两次自我加压，修订供水服务承诺标准；编制出台《“贴心小棉袄”服务标准及行为规范》，全面规范窗口服务、热线服务、入户服务、管网服务、水质服务、二次供水服务等13大类的服务；向社会公开工作流程，实行一站式服务、首问负责制、一次性告知制、限时办结等制度，切实做到“事前主动办”“事中热情办”“事后跟踪办”；全面升级“贴心小棉袄”服务热线；精简流程，实行“综合柜员制”，一个窗口办理全部供水业务；坚持每周六志愿服务风雨无阻进社区。

著名企业文化专家沙因先生在《组织文化与领导力》一书中引述阿吉里斯先生的话说：“如果这些为群体成员提供意义和慰藉的信念和价值观同那些与绩效表现相关的信念和价值观不一致的话，我们就会看到，很多组织中所信奉的价值观，反映的是期望的行为而不是群体成员所观察到的行为”。[㊀]所谓“期望的行为”，实际上就是还没有实现的东西，而如果理念成为大家“观察到的行为”，就意味着理念和实践融为一体了。实际上，在以“贴心小棉袄”为核心的企业文化建设实践中，我们也时时刻刻感受到这种“提供意义和慰藉的”与“绩效相关的”价值观之间的差距，而我们能够做的、近乎偏执地坚守的，就是要让这两者尽可能地达成一致：这些价值观是我们倡导的，也一定要是我们的绩效体系支持的！唯有如此，广大员工才能够真正将理念的要求和自我工作的要求渐渐地结合起来，所谓基于群体行为的“文化”，才能够慢慢地形成。下面这三个在合肥供水集团脍炙人口的小故事，就是我们价值观“合肥供水实践化”和“绩效化”的成果。

揪出科学管理的两个“敌人”

2015年，集团以标准化为核心的科学管理变革进入了“深水区”——标准化推进过程中，不断遇到好人主义和经验主义两个“敌人”的阻挠与破坏。所谓好人主义，就是在工作中对上级热衷于“吹捧”、投其所好，对同级极力保持“一团和气”，对下级只“栽花”，不“栽刺”，该教育的不教育，该批评的不批评。所谓经验主义，就是因循守旧，不接受新事物，“躺在功劳簿上睡大觉”，固守老经验、夸大感性经验。

找准了两个“敌人”之后，集团上下在持续的工作过程中坚持领导干部率先垂范，以身作则，敢于带头动真碰硬，同时鼓励和支持下级坚持原则、讲真话、道实情、提意见，大力营造敢说真话、愿说真话、争说真话的良好环境。在过程中特别注意保护和重用敢抓敢管、勇于揭露和纠正缺点错误的员工，不让坚持党性原则的人吃亏，不让“老好人”占便宜。同时，通过学习万达等先进企业，勇敢地否定自己，否定过去已经取得的成绩，有矛盾不回避，有问题要解决，有错误要改正，进一步提升企业管理水平。

两个人不讨论人事

所谓“两个人不讨论人事”，就是党委书记与党委副书记之间、党委书记与分管人事的领导之间，都不讨论人事问题。所有人事任用由书记碰头会共同酝酿、书记办公会充分研究、党委会集体决策，严格按照《党政领导干部选拔任用工作条例》有关要求，建立《党委会议事管理程序》《书记办公会议事规则》《科职及以上管理人员选拔聘任管理办法》《科职及以上管理人员后备人选管理办法》等用人制度，严肃选拔纪律，严格动议、民主推荐、组织考察、集体研究等程序。

㊀ 埃德加·沙因：《组织文化与领导力》，中国人民大学出版社，2014年3月，第25页。

具体工作中，由党委书记、党委副书记、纪委书记和人事分管领导四人先召开书记碰头会，形成初步意见，再召开书记专题会，人员扩大到人力资源部负责人，再由党委书记向领导班子成员分别征求意见，统一思想后，报党委会上会讨论。在这期间，纪委对党委会议题的合法合规性进行审查，对拟提拔对象进行党风廉洁建设方面的核查。

公司里的“论文查重”

一般来说，“论文查重”这个词只有大学在校生才知道，因为这是毕业论文写作过程的重要环节。2015 年，合肥供水集团也出现了“论文查重”事件，而且还弄出了很大的声响，这是怎么一回事呢？

2015 年，在合肥供水集团团委组织开展的“读《万达哲学》征文活动”中，使用查重检索软件对全部 81 篇征文进行检索，有 23 篇征文存在抄袭行为，对抄袭的一律给予严肃处理。通过这一举措，切实在全公司范围内倡导“要真的不要假的，要实的不要虚的”这一良好工作氛围。

之后，集团党委在全公司范围内开展了“党委书记推荐一本书——《万达哲学》”读书征文活动，党委书记、董事长带头投稿。最终，共征集作品 268 篇，经过供水集团评委会初评，各单位、部门推选，特邀的万达集团以及安徽大学、安徽师范大学、安徽建筑大学、合肥学院等众多知名高校专家学者盲评共三个阶段，最终从众多佳作中评选出一、二、三等奖和优秀奖、鼓励奖。

美国管理专家豪斯教授在论述“基于价值观的领导理论”时说，“持有明确而崇高价值观的领导者向组织注入核心价值观，并以此作为种子要素孕育组织文化，在此文化中通过沟通信仰、传递愿景和从事所有组织实践，强化领导者提出的核心价值观，使下属认可并内化组织核心价值观以形成持久的行为动机，激励下属做出岗位要求以外的努力。”[㊀]从合肥供水的管理实践看，我们十分认同豪斯教授的理论，合肥供水这些年来的发展，也验证了这个理论，即领导者要在企业发展的关键时刻提出能够引导企业创新发展的价值理念，而比提出价值理念更为重要的是，要在经营管理的实践中一步步地落实这些理念，通过实际的影响力而不仅仅是简单的宣传与说教，让价值观真正落到员工的内心深处。

六、从“心”开始托起“供水梦”

下面的这个故事，采写自合肥供水集团公司。

㊀ 吴维库、富萍萍、刘军：《基于价值观的领导》，经济科学出版社，2002 年 12 月，第 25 页。

“活地图”巡检员：汗洒千里巡检路

在合肥供水集团，有这么一支队伍，他们穿着蓝色工作服，背着印有“安全生产”字样的工具包，徒步、检查、维修，工作辛苦而单调，但却是用心守护着每一条供水线路，确保管道畅通，他们就是供水管道巡检员。

供水管线深埋在地下，各类管网在地下纵横交错，随着合肥大建设的快速推进，很多管线都已经年代久远。这些供水管道巡检员，凭着几十年的经验和记忆，将辖区的管线图纸、阀门位置烂熟于胸。根据漏水情况，很快就能指出管线位置，判断漏点，大大缩短了抢修时间，为此他们常常在半夜接到询问阀门位置的电话。

巡检员们长年穿梭在建设工地，专门负责与施工单位沟通，交待管道分布，避免损坏管道造成事故。只要工地开工，巡检工作就得跟上，没有节假日和正常休息时间，24小时不断人。巡检员们经常是在7～8个建设节点上来回跑，一遍遍地告知，一次次地旁站，嘴说干了喝口水，实在不行就下坑“动手”做标记，爬高下低，啥活都要干。最难熬的是入秋之后天气干燥，灰尘又太大，一天下来，经常嗓子说不出话来，可巡检员们依然坚持与施工方沟通，直到施工结束。

巡检工作不仅是个技术活，而且是个体力活。管道巡检员天天奔波于各条道路中，一个个消火栓挨个巡检，一处处阀门弯腰下井仔细排查。尤其在夏季的供水高峰时期，管道巡检员们更是加大巡检力度，进行地毯式巡查排摸，在巡检中一旦发现问题，立即上报，进行排查，保证供水管线安全。衣服湿透，皮肤晒黑晒伤，他们早已习惯。

自2010年1月合肥供水集团实施创新发展以来，集团从上到下铆足了一股劲儿，全面启动了精益服务和科学管理之旅。不可否认，在这一过程中我们时时刻刻都会遇到阻力。这些阻力有来自外部的，也有来自内部的；有来自管理者的，也有来自员工的。多年来，这些阻力并没有挡住创新前进的步伐，因为我们“生存的焦虑”时时刻刻地大于“学习的焦虑”。[㊀]这也促使我们不断地思考：在企业持续进步的过程中，我们应该如何看待员工的作用？企业发展了，员工能够得到什么？以怎样的管理模式才能充分调动广大员工参与企业创新发展的积极性？就像20世纪初宝洁公司的小普罗克特先生所困惑的一样：怎样让员工对公司感兴趣？就像康德先生所思考的一样：人是工具？还是目的？

经过多年的思考与实践我们认识到，人力资源是企业成长的第一财富。企业的成长，需要企业家精神的引领，更需要一大批基层员工兢兢业业的努力。而要

㊀ 埃德加·沙因：《企业文化生存指南》，机械工业出版社，2004年5月，第111页。

让员工真正愿意坚守职责并能够创新性地展开工作，除了物质利益和规范管理之外，真正从思想上、情感上、价值观上持续培育和引导，才是管理者最需要做的事情。

所以，“从心开始”，共同做服务用户的“贴心小棉袄”，共同托起“供水梦”，是我们所有工作最坚实的“底色”。

未经批准，不准加班

“加班”应该是很多企业的常态，从国内外大公司，到一些地方性小公司，好像只有“加班”的员工才是真正做事的员工、优秀的员工。但是合肥供水集团不是这样认为的，合肥供水一直反对“加班”，未经批准，合肥供水集团的员工节假日、工作日都不允许加班。并且实行“加班”检查制度，就是节假日、平时晚上有专门巡查人员看有没有未经批准的人员在公司加班，若有，对于加班人员会进行逐级上报，直至上报到集团董事长。董事长会找部门负责人谈话，询问加班的原因是因为领导不力，还是工作任务过多，还是员工工作效率的问题。

合肥供水一直提倡“工作是生活的一部分，但不是全部生活”的理念，希望员工能在上班时间内高效率地完成工作，下班之后要么回家多陪家人，要么锻炼身体，年轻员工更应该有自己的文化生活。合肥供水集团不希望工作成为员工的生活负担，而是希望每一个在这里工作的员工能真正做到“脚踏实地做事，阳光快乐工作”。

《论语·子路第十三》中记录：“叶公问政，子曰：‘近者悦，远者来。’”经过多年的持续发展，合肥供水集团已经汇聚了较为鲜明的企业品牌，初步形成了人才的集聚效应，“远者来”早已不是问题，而如何面对更多的“近者”，同时当“远者”慢慢变成“近者”时如何对待他们，真正达到“悦”的地步，是我们肩负的与“供水梦”同在的永恒使命。

在这个时候，我们想起了欧洲最伟大的管理思想大师、被称为“管理哲学之父”的查尔斯·汉迪先生的名言：

我们可能在更优秀的管理理论中寻求解决之道，这类理论把人类的极限与潜力都考虑在内；或者产生一种新的经济观，不仅计算成本，也考究它的真正价值。但是，这两种改革也只有在一种情形之下才会发生，那就是我们都更了解自己希望从人生中得到些什么，而且是既为自己，也为别人着想。[1]

---

[1] 查尔斯·汉迪：《饥饿的灵魂：个人与组织的希望与追寻》，浙江人民出版社，2012 年 4 月，第 51 页。

第 2 章

02

战略变革引领发展：“供水梦”的力量

战略就是革命，其他任何事情都是策略问题。

——加里·哈默

一、战略与文化助力“水务梦”

一家企业的根本性任务是什么？我们从企业发展的历史中获得的答案是：战略与文化。管理学者乔尔·罗斯先生认为，没有战略的组织会像没有舵的船，在原地打转。它又如同一个流浪汉，漫无目的，无处可去。而彼得·圣吉先生说得更直接：“改变战略、结构和体系是不够的，除非它们赖以产生的思维方式也发生变化。”是的，战略是革命性的，而战略的革命性首先与文化相关。“如果你的公司是制定规则一类的企业而不是革命性的企业，又如何办呢？”你要么把未来交给革命挑战者，要么把你公司制定战略的方式进行革命，需要的不是传统计划方法做点改变，而是一个新的哲学基础。㊀

时至今日，我们深刻认识到，“贴心小棉袄”理念的提出，是合肥供水集团变革的开始，而帮助我们实践这一理念的最重要“武器”，其实是我们持续的战略设计和实践。就像目前一些地方的公用企业一样，体制改革前，供水企业虽然也叫企业，但实质上更像政府职能部门或其功能延伸。比如，她在“市场”中独此一家、别无分号，没有竞争对手；再如，门难进、事难办、惹不起，等等。因此，那个时候的合肥供水集团，更像一个有固定任务的事业单位，并不需要企业发展战略之类的东西。

2010年，新任党委书记、董事长方振在“书记讲党课”时提出，合肥供水集团将不再是“水霸王”，而要当市民和用户的“贴心小棉袄”。同时提出了在全市城市公用事业企业中争创一流的目标。从被动的“水霸王”到主动的“小棉袄”，几字之差，反映的却是合肥供水集团作为企业身份的确认，是企业战略从无到有的飞跃。这一理念上的变化，却引发了之后合肥供水集团翻天覆地的大变革。

在全国自来水行业中，我们有几项主要指标排在前三名。总资产46.2亿元，净资产40.6亿元，资产负债率在10%以内。人均劳动生产率33万元，全国405个城市当

㊀ 加里·哈默尔：“战略是一种革命”，见迈克尔·科特著《未来的战略》，四川人民出版社，2000年4月，第34页。

中，大部分企业的人均劳动生产率都是20万元左右。在企业人数上，从2010年到现在一直都是1 853人，巢湖水业集团是172人，现在还是172人，肥西是127人，现在还是127人。武汉、郑州的同类企业都是4 000~5 000人，我们的人均劳动生产率排全国第一。管网漏损率13.19%，全国405个城市平均是23%，周围的大部分城市都在20%左右。管理费用这几年也在连续下降，各项指标表现都非常好。

——2016年7月6日方振"书记讲党课"讲话稿

人还是那些人，设备还是那些设备，改变的只有企业的定位和发展目标。可见，是企业新理念和新战略思想，彻底激发了合肥供水人的发展动力和创新活力。所以，就企业高层及其他管理者而言，正确的战略规划就是按照有限和紧迫的顺序提出并解答一些关键问题：公司的基本路线是什么？什么是我们的既定宗旨和目标？何为公司的长期和短期目标？两者是否平衡？等等。[⊖]

2017年春节刚过，合肥供水集团正式将工作思路的表述由"以安全生产为第一要务，打造'贴心小棉袄'精品品牌，以ISO9001质量管理体系认证为抓手，练内功、抓管理、上水平，精干主业，做好增收节支大文章，在全市城市公用事业企业中争创一流"调整为"以安全生产为第一要务，打造'贴心小棉袄'精品品牌，以ISO9001质量管理体系认证为抓手，练内功、抓管理、上水平，做好增收节支大文章，全面实现'标准化、模块化、简单化、信息化'，打造'可复制的'合肥供水新模式，在全国水务行业争创一流"。

这意味着，合肥供水集团的视野和目标从合肥市和安徽省走向了全国，并且要从垄断行业进入竞争市场，成为一家在国内乃至国际上有影响力的水务企业。

从"水霸王"到"小棉袄"，再到"水务航母"，从"乐做'水霸王'"到"争创全市一流"，再到"争创全国一流"，文字表述变化的背后，反映的是合肥供水集团企业战略目标从无到有、从小到大的演变过程，折射的是合肥供水人从无梦到有梦、从小梦到大梦的发展历程。作为垄断型的城市公用事业企业，合肥供水集团本可不这样做，但我们自加压力、自我超越，"不待扬鞭自奋蹄"，越跑越快，越跑越精彩，使合肥供水集团在用户口碑、企业形象、生产效率、企业氛围、管理水平、发展潜力、竞争实力等方面均产生了质的飞跃。

从2010年到2017年，合肥供水集团的战略思想发生了三次跳跃，直接引领了企业持续进步的进程。管理学理论普遍认为，企业的变革主要由外部环境变化引起或因企业目标改变导致。合肥供水集团的变革实践证明，战略变革在企业变革过程中具有先导性、决定性、全局性和重要性。合肥供水集团的战略变革及管理，或许

⊖ 乔治·斯坦纳：《战略规划》，华夏出版社，2001年1月，第36页。

可以为我国城市公用事业企业的改革和发展提供一个可以借鉴的样本。

二、2010年：“工作思路”剑指服务，争创全市一流

2010年1月，党委书记、董事长方振在党委会上提出了后来几乎成为企业“语录”的合肥供水集团工作思路：“以安全生产为第一要务，打造‘贴心小棉袄’精品品牌，以ISO9001质量管理体系认证为抓手，练内功、抓管理、上水平，精干主业，做好增收节支大文章，在全市城市公用事业企业中争创一流。”这一工作思路，成为指导合肥供水集团“十一五”末、“十二五”期间各项工作的思想基础和重要原则。

2010年1月，方振在给700多名员工讲党课时，从合肥市委、市政府“三大推进”战略方针的实施入手，论述了合肥在“效能革命”、服务理念革命后发生的翻天覆地的变化，向员工阐述了合肥供水集团今后的基本工作思路，正式提出了合肥供水集团要做用户的“贴心小棉袄”这一革命性的理念。

这一作为战略“雏形”的“工作思路”和革命性的服务理念接连推出，标志着合肥供水集团以战略和文化为引擎的变革的开始。长期以来，我国一直把供水行业作为一项公益性事业，供水行业实行政府管理体制，主要业务由各地方政府直属企业独家垄断经营。在这种体制下，运营者既不需要开拓市场，也没有竞争压力，一些供水企业很像一个独立的“小王国”。因此直接导致的问题就是市场化程度低、服务意识差、经营效率低下，企业缺乏自主经营的积极性。自然，这些问题的日积月累所带来的，就是城市公共服务质量的低下和民众的不满，甚至在一定程度上阻碍了城市的发展步伐。

21世纪初以来，随着我国工业化、城镇化的进程加快，供水行业发展模式的弊端越来越明显，行业的运营机制和管理越来越不能满足社会用水需求，迫使我国供水行业探寻新的发展思路。2003年，我国供水行业开始引入市场机制进行改革，建设部等相关部门先后出台了一系列文件推进水务行业的市场化[一]。从此，供水市场逐步开放，供水企业的政府保护壁垒随之削弱，行业垄断优势减弱。越来越多的非公有资本甚至是外资开始参与城市供水设施的建设和供水企业的经营管理，迫使供水企业接受市场的洗礼，加入市场竞争的行列。

当然，由于各种原因，水务行业的市场化程度与竞争性行业相比仍然很低，企业市场竞争力与国际水务集团相比还相差很远。中国加入WTO后，国际水务集团

[一] 徐辉，张攀：我国城市水务市场化改革探析——兼论兰州模式和西安水务改革事件，《水利经济》，2012年第1期，第11-15页。

已加快进入中国水务市场的速度。近年来，全球最大的三家水务公司——法国威立雅水务集团、苏伊士环境集团、英国泰晤士水务公司都将中国作为其全球市场的重要部分来开拓，中国供水企业面临更加残酷激烈的竞争威胁。

上述外部环境的深刻变化，加上合肥市政府对城市发展及相关服务业的客观要求，以及合肥市民对现代供水服务体系越来越迫切的需求，都成为我们实施战略变革的根本动力。当然，从现在看，当时的工作思路其实就是一种可指导企业成长的发展战略，这在合肥供水集团发展历史上还是第一次。要让用户满意、在服务用户过程中甘愿自降"身份"，扎扎实实地做用户的"贴心小棉袄"，更是我们的第一次。

当然，习惯了固有文化和"活法"的人们，一开始对这个"工作思路"是不大理解的，这就是沙因先生提到的"学习焦虑"和"生存焦虑"之间的关系问题。当大家的"生存焦虑"还没有超过"学习焦虑"时，他们自然选择不学习、不变革。㊀

2014年10月，合肥供水集团申报"最美政工干部"材料写到：

"河出潼关，因有太华抵抗，而水力益增其奔猛；风回三峡，因有巫山为隔，而风力益增其怒号。"改革力度前所未有，触及思想和灵魂，各种不同的声音立刻迎面而来。有高调反对的，有胡搅蛮缠的，甚至还有寻衅滋事的，可谓五花八门。

之后的多年中，以"贴心小棉袄"为品牌，以安全生产、质量管理体系、增收节支、争创一流为目标，从服务入手，围绕用户体验和科学管理，全面实施了变革，从思想到方法、从组织到人员、从制度到流程、从过程到结果，改革工作步步推进，全面提升了合肥供水集团的服务能力和管理绩效。时至今日，"贴心小棉袄"不但成为合肥市的知名服务品牌，其影响还扩大到安徽省和全国，被国家、省和市媒体广泛宣传报道，成为合肥供水集团最靓丽的名片。

公司战略对公司经营具有极其重要的意义。中国古人早已认识到战略的重要性，提出了"凡事预则立，不预则废。言前定则不跲，事前定则不困，行前定则不疚，道前定则不穷"的思想。彼得·德鲁克也认为，使企业遭受挫折最主要的原因恐怕就是人们很少充分思考企业的任务是什么。企业战略是一种有意识、有预计、有组织的行动程序，是解决一个企业如何从现在的状态达到将来位置的规划。公司战略为公司的发展明确了方向，便于公司积聚资源，齐心协力地前进。

回首来时路，我们感受到，2010年基本工作思路的提出，为合肥供水集团提出了明确的工作目标，成为公司战略引领的起始。这一重大的变化，不仅仅是集团自身定位的变化，在深层次上其实是集团价值观的转变、集团战略的转变。这

㊀ 埃德加·沙因：《企业文化生存指南》，机械工业出版社，2004年5月。

一重大的变化，使合肥供水集团的身份由代表政府的“部门”转变为市场参与主体，目标由上级满意转变为“用户满意+上级满意”，角色从管理用户转变为服务用户。

三、2015 年：“221”剑指管理，形成合肥模式

2016 年 6 月，合肥供水集团人力资源部（组织部）作为绩效考核工作的主控部门，不仅没有发挥带头示范作用，还在月度绩效管理工作中不作为、乱作为，对各单位、部门的 ABCD 等级评定管理软弱、涣散，发现问题不积极主动解决、上报，存在严重的好人主义现象。

对这种情况，合肥供水集团高度重视，先是主管人力资源工作的董事长带头自罚 1 000 元、协管人力资源的总经济师罚款 1 000 元，集团人力资源部（组织部）部长罚款 1 000 元，并在全体中层管理人员大会上对人力资源部（组织部）进行通报批评。

为此，人力资源部（组织部）召开了部门专题会议，深刻反思，大家一致认为“ABCD 工作法”的有效运用，不仅解决了员工收入“干多干少不一样”的问题，最关键的是在先进评比、人才选拔管理方面具有重要意义，先进评比不再靠“拉选票”“人情分”，人才选拔管理不再靠“找关系”“排资历”，而是和员工平时工作表现、ABCD 等级评定息息相关、紧密联系。正确导向的绩效考核办法，能充分调动员工的工作积极性，营造出“比马赛马不相马”“要真的不要假的、要实的不要虚的，脚踏实地做事、阳光快乐工作”“人际关系简单化”的良好工作氛围。而好人主义做法，对企业管理有百害而无一利，最终将导致制度无信、管理无章，万万要不得！

之后，人力资源部（组织部）及时完成了集团公司《绩效考核办法》的修订，发布《人力资源部（组织部）绩效考核办法》，从自身存在的问题改起。同时建立绩效考核群，制定每月绩效考核申报表，严格落实每月 5 日前申报、审批和公示制度，自制度执行以来，考核成效良好。

这是人力资源部勇于剖析自我，在 2016 年写的关于“反对好人主义”的案例材料。什么是“好人主义”？合肥供水集团为什么要反对“好人主义”？话题还得从 2015 年出台的另一个陌生数字——“221”说起。

以“工作思路”面目出现的第一阶段战略规划的逐步实施，使企业在五年内发生了“脱胎换骨”式的变化。但毋庸讳言，随着经营管理变革的逐步深入、标准化建设的持续开展、服务用户举措的层层推进，公司战略的实施也逐步迈入“深水

区"。由于改革发展时日尚短，加上文化的"刚性"和"顽固性"等特点，公司由传统公用事业及垄断国有企业性质而形成的一些不良文化，还是大量地、深层次地、多层面地存在于经营管理和员工思维及行为模式中，影响着公司的持续改革发展，成为公司新时期改革发展的重要"障碍"：

第一，在公司改革发展的方向及以"贴心小棉袄"为指引转型为现代服务业的战略方向上，公司不同层面都存在一些争议甚至怀疑。这些思想上和战略思路上的争议，自然会体现在企业经营管理的策略及全体员工的工作中。尽管大部分员工十分赞同和拥护公司目前的改革发展方向，但仍有一些同事在言谈话语中依然流露出对往日的一些留恋之情，"怀旧心态"在一定程度上仍然存在。而怀旧的同时，自然是依照旧文化的眼光来看待现在的改革发展。这样的"往日情怀"，也自然会对目前各方面进行的变革起到阻碍作用。

第二，虽然公司近年来在倡导和践行科学管理方面做了大量工作，但公司各个层面存在不科学、不规范，按老办法做事、经验主义盛行等现象一直存在。从历史发展进程看，尽管这样的文化状态也可以理解，但它们的长期存在，却会成为科学文化建设和精益服务发展的大敌，需要公司全体员工下大力气克服，以树立科学文化，摒弃经验主义。

第三，由于外部环境和传统因素的影响，长期以来公司员工中存在着忽视制度、对规范和契约缺乏敬畏心、凡事喜欢变通的文化取向。当然，这是一个普遍性问题，不仅是本公司员工所独有的。在公司各项工作中，从管理层到一般员工，也还存在不少此类现象。比如，对公司绩效 ABCD 评价的"变通"、工作中对流程的忽视、服务问题上缺乏"较真儿"意识等。

第四，人际关系方面存在讲关系、注重面子、不愿意较存在真儿、不能动真格儿、愿意做老好人等行为模式。从管理现实看，目前经营管理中沟通协调不畅的问题，一方面囿于职责与分工体系的不完善，另一方面也是部分管理干部好面子、不愿意得罪人的心态使然。而且这样的现象在管理者和员工身上或多或少地存在，是公司进一步发展的较大阻碍。

所以，在公司的持续发展中，我们思考和探索的结果是，公司近年来持续的变革创新与发展，从制度和管理者队伍建设入手，已经撬动了公司部分的"旧文化"，有的甚至触及"根部"。但从整体看，新制度对旧文化的冲击和变革还很不够，在有的问题上只留下了浅浅的"印迹"，没有撬动根本性的东西，需要在今后的经营管理中持续努力，逐步改造"旧文化"。如若不然，"旧文化"在适当的条件下就会"春风吹又生"。

基于这样的思考，在 2010 年工作思路的基础上，2015 年 1 月 8 日、1 月 9 日和 12 日，利用两天半时间，合肥供水集团召开党委中心组理论学习（扩大）会议，着力解决这个导向问题。结合当前形势和供水实践，会议明确提出：今后一段时期内，合肥供水集团将坚持以“221”为指导思想开展各项工作。“221”是指“两个坚持”，即坚持工作思路不动摇，坚持深化改革不动摇；“两个反对”，即反对好人主义，反对经验主义；“一个提升”，即做好一个大大的“C”（Check，监督）。这不仅是2015年工作的重点，也是指导合肥供水集团今后一段时间内工作的中心。

所谓坚持工作思路不动摇，就是继承第一阶段战略内涵——以安全生产为第一要务，打造“贴心小棉袄”精品品牌，以ISO9001质量管理体系认证为抓手，练内功、抓管理、上水平，精干主业，做好增收节支大文章，在全市城市公用事业企业中争创一流。

所谓坚持深化改革不动摇，就是紧跟时代发展的步伐，始终坚持深化改革，全面建设“标准化、模块化、简单化、信息化”的“可复制的”合肥供水新模式，打造全国供水行业新标杆。

所谓反对好人主义，就是按照“要真的不要假的、要实的不要虚的，脚踏实地做事、阳光快乐工作”总体要求，动真碰硬，不让坚持党性原则的人吃亏，不让“老好人”占便宜。

所谓反对经验主义，就是从企业实际出发，冲破落后的传统观念和主观偏见的束缚，勇敢地否定自己，否定过去已经取得的成绩，有问题要解决，有错误要改正。

所谓做好一个大大的“C（Check，监督）”，就是全面推行PDCA循环管理机制，尤其突出“C”环节，建立合肥供水特色议事决策体系和监督体系。

回过头来看，从2010年的“基本工作思路”到2015年的“221”工作思路，不仅是表述上的改变，更是思想体系上的完善。“221”指导思想是一套体系完整、逻辑清晰的战略体系：“两个坚持”是战略目标和实现路径（工作思路是战略目标，深化改革是实现路径）；“两个反对”是破除目标实现过程中的阻碍力量（是目标实现过程中必须着力解决的问题）；“一个提升”则是战略目标实现的管理手段。

首先，“坚持工作思路不动摇”是战略目标。合肥供水集团的目标是明确的：满足合肥市民的生活和生产用水需求。这一目标可以进一步细分为：水质、水压、服务质量、安全生产和国有资产保值增值。其中，安全生产是基础，水质、水压、服务质量是基本要求，国有资产保值增值是对国有企业的本质要求，争创一流是对上述要求需达到程度的具体的、动态的要求。合肥供水集团的基本工作思路从企业自身视角出发，囊括了上述所有目标要素，并结合自身特色，以员工易记易懂的形式展现出来，既概括又通俗。

其次，“坚持深化改革”是目标实现路径。如前所述，在当时的社会环境、行业体制机制和管理模式下，合肥供水集团实施的全面创新发展遇到了内外部不少的阻力。而我们在诸多困难面前的思考是，要实现目标，只能通过不断改革、不断发展。深化改革既为合肥供水集团提供了目标，更为目标的实现提供了现实的、必须埋头苦干的基本路径。如果不能革旧迎新，不能解放思想，不能持续创新，只满足于已取得的成绩、故步自封，或者为目前各种困难所难住和吓倒，我们的战略目标根本不可能实现。因此，"标准化、模块化、简单化、信息化"的"可复制的"合肥供水新模式，打造全国供水行业新标杆，就成为深化改革最有力的宣示。

再次，"两个反对"是破除目标实现过程的阻碍力量。如前所述，好人主义和经验主义是公司深化改革路上的两大阻碍。好人主义是制度执行的天敌，是改革创新的绊脚石；经验主义则是不求上进，凭过去的经验"过日子"。如果不反对好人主义和经验主义，合肥供水集团的战略目标就不可能实现。用方振的话说："当时干部习惯于做好人，最后就只有我一个人是'坏人'"。在这种社会和文化背景下，人们就会"不求有功，但求无过"，导致经验主义盛行。因为按照以往经验做事就不会有风险，而创新则可能导致：成功了没有功劳，失败了则需承担风险。

最后，"一个提升"是保证战略目标实现的具体措施。再完善的战略目标，没有执行也不可能实现。亨利·明茨伯格提出，战略制定者的绝大多数时间不应该花费在制定战略上，而应该花费在实施既定战略上。对企业来说，制定出战略只是万里长征的第一步，能够落地的战略才是有效的战略。因此，好的企业战略都会明确提出保证战略成功实施的具体措施。合肥供水集团的这个具体措施就是"一个提升"——做好一个大大的"C"。

"一个提升"是指通过提升 PDCA 循环中的"C"（Check，监督）来保障战略的有效实施。合肥供水集团将战略实施看作一个 PDCA 的管理过程，并将"C"看成矛盾的主要方面，作为重点单独提出来。PDCA 循环是一种管理思想和一套科学系统的程序，在全面质量管理活动中得到广泛运用，并被逐渐推广到一切循序渐进的管理工作中。对合肥供水集团来说，为何要特别突出 PDCA 循环中的 C 环节？这与国有企业管理的不良传统有关。新的战略目标（P）确定后，下面就要实施（D）了。实施的好坏要由 C（Check，监督）来判断，然后根据问题进行处理（A），并根据处理结果进入下一个 PDCA 循环。由于没有市场竞争，国有企业的实施通常做得不好，由于缺乏 C（Check，监督），战略目标最终可能无法实现。但由于没有过程监督，就可以找出各种借口说明战略目标没有实现，不是因为做得不好，而是出现了特殊情况（计划赶不上变化）。因此，国企的管理往往是一流的"P"、二流的"D"、三流的"C"和找借口的"A"，最终目标只能实现到三流的水平。正是由于 C 是整个循环中的"短板"，合肥供水集团提出"做好一个大大的'C'""正着来，倒着查"，通过 Check 来推动 D 的水平，让 Check 的结果决定 D 的人的收益，从而保证Check能实现P的目标。

做好一个大大的“C”，还可以促进“两个反对”的实现。在明确的标准体系和严格的监督下，经验主义将没有用武之地，好人主义也将失去市场。因此，“一个提升”抓住了合肥供水集团战略实施中矛盾的主要方面，是保证战略目标实现的关键举措。从效果看，“一个提升”不仅是被提出了，而且是被做到了。当前，合肥供水集团的任何一个过程，任何一个环节，任何一个程序，任何一个层次都有C。C并非只是纪委、纪检监察室的事。每个环节、每个部门的上一个环节对下一个环节，下一个环节对上一个环节，都实现了互相监督，取得了很好的效果。

“221”指导思想确定后，自2015年年初开始的两年多来，我们不断在公司整体层面和各部门及单位强化实施和执行，取得了较大的成效。在这一过程中，我们将“四化”作为实现战略的基本路径，力争在此基础上打造“可复制”的模式。其中“标准化”是现代企业管理的基本特征。通过分工，将工作分解为标准化的流程，通过标准化提升工作效率。“模块化”是一种处理复杂系统问题的方式，通过将复杂系统从上到下逐层分解为更好管理与控制的模块，将复杂问题简单化。“简单化”是为了用最简单的方法取得最好的效果，同时保证方法的可复制性和易传播性，是一种管理方法或模式得以有效传播的前提条件。“信息化”是科学决策的基础，没有充分的信息，企业就无法做出正确的决策。信息化还是信息时代对企业管理提出的新要求。顾客需求、消费偏好、管理问题等都隐藏在各种信息之中。通过对生产和经营管理信息的分析，就可以通过信息化倒逼流程再造，提升企业管理水平。此外，信息化还是企业扩张的有效保障。扩张必然导致企业经营管理地域的扩张，信息化为远程管控提供了技术保障。在对外扩张中，抓住了信息化就抓住了根本，也就抓住了“牛鼻子”，抓住了主要矛盾。

总之，我们的管理原则是，标准化是基础、模块化是方向、简单化是根本、信息化是手段，通过“四化”，合肥供水集团将在制水生产、工程建设、供水服务、综合管理等领域，全面建成“可复制的”合肥供水新模式。下面是我们在各部门（单位）的相关总结中摘取的一些有意思的案例，可以在一定程度上体现“四化”建设的状态。

一单串千线——北城区供水所用“工作联络单”探索管理新模式

党群、安全、业务三大板块工作涵盖区所各个层面，重难点工作、专项工作均涉及所有科班和相关人员，涉及面广、人多、事杂，且链条长、中间环节关键节点多。之前，相关重难点及专项工作均以口头或会议形式将工作内容、相关要求、完成时间等进行安排部署，久而久之，由于其他工作等因素，导致重难点工作停滞不前、脱节断档，有头无尾，出现推诿扯皮现象，执行力低下，没有痕迹，无法考核问责。细加分析，这其中的原因主要有：一是老好人现象严重，工作推进困难；二是执行力不强；三是没有痕迹；四是推诿扯皮。

为加强日常管理，彻底解决上述问题，北城区供水所以集团公司"221"指导思想为指引，本着"简政、放权、明责"原则，将PDCA作为工作的出发点和落脚点，贯穿全程，重点突出"C"（监督），坚持"要真的不要假的、要实的不要虚的"，按照"分层管理，分级负责"的原则，对重点或专项工作，以工作任务单的形式，明确具体牵头人，对照层级分解，限时办结，强化工作效能。在具体实施过程中，一是密切关注"进口关"，专项登记；二是甄别判断，定人、定事、定时；三是分解落实，明责确权；四是情况反馈，实时监控；五是检查验收，销案归档。通过长期的实施发现，"工作联络单"使责任主体进一步明确，执行力得到有效提高，杜绝了"推诿扯皮"和"老好人"现象发生，使得PDCA落地坐实，留有痕迹且奖惩有据，同时也培养了人才。

反对经验主义，创新供电线路管理新模式

精细化管理是"221"指导思想的延伸和发展，四水厂对厂区设备、供电线路集中建档，分类管理，确保需要时人人能够明白设备状况和供电线路位置走向。

很长一段时间以来厂内基础设备、设施管理的基本方法都依靠经验主义，老带新，师带徒。师徒调走或退休等，常常造成线路走向、地下电缆走向不明的现象，极易出现自家电缆被别人挖断不自知，最终造成大面积停水的事件发生。

针对二路供电线路滨湖变468#和莲花变314#所有供电线路以及东流路加压站两条供电线路，四水厂进行了摸底了解，对电线杆进行编号并拍照建档，编制了供电线路基本信息，绘制了平面供电线路图，确定了巡视项目、内容，对供电线路断电应急物资和备品备件确定相关责任人。通过以上工作的开展，创立了水厂供电线路管理新模式。根据建档，定期安排人员巡视，及时记录线路运行情况，发现问题及时处理，有效地消除了安全隐患，同时避免了因人员流动、城市建设地表位置变迁造成的线路去向不明、出现隐患不能及时整改的矛盾。以一个"严"有效地杜绝了经验主义造成的生产事故。

敢红脸、敢碰硬的杨维淼

"221"指导思想最核心的内容是反对好人主义和经验主义，做好一个大大的"C"，反映在实际工作中就是严格遵守规定，不当"好"人，坚持真理、不怕得罪人。

在包河区供水所，表现最为突出的要数管网管理科科长杨维森以及他领导的科室。杨科长任职时间虽不长，但工作认真负责，敢于红脸、碰硬，他的较真是出了名的。为了提高自身业务素质，他养成了调查研究到现场、解决问题也要到现场的

好习惯。为了尽快掌握工作标准，他一有空就学习贯标文件，即使回到家里也不忘看上一会。在他的影响下，全科同志都能认真按规章办事，严格把关、一丝不苟。作为科长，对一些重大的工程项目，他都要亲自把关。有几次，他参与管网验收时发现有不合格项，当即要求整改，施工方托人说情，杨科长不但没同意，反而给予了对方严厉的批评，对方最终不得不进行整改。有位施工队的人说，“我最怕你们杨科长了，他这人什么都好，就是难说话。”其实，他们怕的正是杨维淼勇于担责的那份认真劲儿。

水厂变压器流油维修案

规模较大的水厂变压器每隔几年都需要注油并维修一次。变压器加油通常需要 8 个小时。这 8 个小时，水厂需要停产。当时，生产运行部按惯例提出申请，分管领导和总经理已签字同意，只等董事长签字后实施。由于影响到几十万市民 8 个小时的用水，虽然是由专业人员按惯例进行，但董事长还是没有马上签字。董事长询问能不能换一种解决思路，所有人都讲不行，只能这样做。不仅合肥这样做，全国同行都是这样处理的。最后，董事长提出，能否采用 A、B 岗的思路解决。新买一台变压器，安装好后，由旧变压器切换到新变压器后再给旧的注油和维修，之后作为备用变压器使用。这样，停止供水的时间就很短，几乎不会影响到市民的用水。

两年多的实践证明，“221”指导思想不但提出了合肥供水集团的战略发展目标，指明了目标实现的清晰路径，还进一步从正反两个方面提出了保障战略目标实现的具体措施——从反面解决主要阻碍的措施和从正面保障目标落地的措施，形成了一个动态的、发展的、不断优化的体系，保证了战略的有效实施。

四、2017 年战略再升级：“1113”剑指市场，争创全国一流

在“221”指导思想实施两年后，2017 年 2 月 7 ~ 8 日，合肥供水集团召开党委中心组理论学习（扩大）会议。会上，经过上下多次的讨论，最终提出了合肥供水集团发展思路（2017—2030 年）。其中，合肥供水集团的“工作思路”由原来的“以安全生产为第一要务，打造‘贴心小棉袄’精品品牌。以 ISO9001 质量管理体系认证为抓手，练内功、抓管理、上水平，精干主业，做好增收节支大文章，在全市城市公用事业企业中争创一流”升级为“以安全生产为第一要务，打造‘贴心小棉袄’精品品牌，以 ISO9001 质量管理体系认证为抓手，练内功、抓管理、上水平，做好增收节支大文章，全面实现‘标准化、模块化、简单化、信息化’，打造‘可

复制的'合肥供水新模式，在全国水务行业争创一流"。其中一个重要的变化，就是将"争创全市一流"修订为"争创全国一流"。

为了保证新战略的实施，合肥供水集团再次更新了发展思路，共由五部分组成：

一是文化根基"1113"：坚持"一个核心、一个思想、一个法宝、三个导向"不动摇。其中，一个核心，就是"贴心小棉袄"核心价值观；一个思想，就是"221"指导思想——两个坚持、两个反对、一个提升；一个法宝，就是 PDCA 工作法；三个导向，就是要真的不要假的、要实的不要虚的，脚踏实地做事、阳光快乐工作；人际关系简单化；简政、放权、明责。

二是管理哲学：思想决定思路，思路决定出路；普通员工是管出来的，领导干部是悟出来的；民主决策，集中管理；ABCD 工作法；比马赛马不相马，人际关系简单化；要真的不要假的、要实的不要虚的，脚踏实地做事、阳光快乐工作；PDCA，正着来、倒着查；空口无凭、签字有效、留有痕迹；头悬一把剑，背后一双眼。

三是发展战略目标：通过"整体上市与对外扩张同步——双箭齐发""制水生产与污水处理同步——双轮驱动"的战略步骤，逐步实现"合肥水务梦"战略目标：打造"一流产品、一流管理、一流服务、一流品牌、一流效益"的水务环境综合服务商，2030 年成为国内现代化的水务行业航母、国际上有影响力的民族水务企业。

四是六大管理方向：一是以"控制漏损率"为抓手，成立制水公司、管网营运公司、营销公司，构建企业管理新格局；二是以"大审图、大质监、大施工"为突破，做强做优做大三欣公司，开创工程建设新篇章；三是以"一站式服务"为龙头，筑实"红黄绿"灯管控平台，打造供水服务新形象；四是以"智慧水务"为引领，做大做强安徽科源，开拓供水业务新领域；五是以"四化建设"为目标，深入推进精细化管理，建立合肥供水新模式；六是以"水务环保"为方向，积极探索污水处理和黑臭水体处理，拓宽业务经营新思路。

五是根本保障，即实现上述发展思路的根本保障——"头悬一把剑、背后一双眼"，构建合肥供水特色的大监察体系，即纪律监察、法律监察、审计监察和行风监察。

"企业战略规划是企业发展长盛不衰的根本保障"，方振这一振奋人心的话语，既点明了合肥供水集团发展的方向，又引领着我们前进的步伐。按照战略规划路径指引，未来合肥供水集团将成为集原水、制水供水、环保、工程建设和水相关五大板块于一体的专业化的大型水务环保集团，实施集团管控模式，构建管理新格局。

五、合肥供水战略变革经验

1982年，管理学家乔治·斯坦纳在《管理政策与战略》一书中指出，企业战略管理是确立企业使命，根据企业外部环境和内部经营要素设定企业组织目标，保证目标的正确落实，并使企业使命最终得以实现的一个动态过程。2010年以来，合肥供水集团锐意进取、自我革新、自加压力，将供水集团从长期以来形成的“水霸王”垄断意识成功变革为“贴心小棉袄”服务精神。在这一过程中，我们在战略变革和管理中积累了一些发展的经验，可以简要总结如下。

第一，顺应时代潮流，自我变革，敢想敢为，才能启动企业创新发展之旅。从历史过程看，合肥供水集团的战略管理和变革大致经历了四个阶段。一是内部管控阶段。由于行业的特殊性，供水企业长期实行内部控制式管理方式，主要精力都放在内部生产上。这一阶段，企业虽然也会遇到一些挑战性的问题，但内外部环境相对稳定，没有竞争，企业基本没有谋划未来的需要。二是面向用户阶段。供水市场化改革后，由于各地供水企业竞相采用新技术提高劳动生产率和降低成本，使供水行业出现了差异化局面，供水企业逐渐意识到不得不面向用户、转向市场。随着竞争的加剧，企业仅靠内部控制式管理，已无法应对市场的挑战并达到政府的要求。供水企业产生了较强烈的筹谋未来发展的动力，有了更强的战略管理意识，如目标管理、预算管理和长期计划等。这时，企业的战略管理虽然仍处于起步阶段，但已开始面向市场，有了竞争，管理主题由以生产管理为中心逐渐转向以用户为中心，服务用户、让用户满意成为最重要的问题。三是面向竞争市场阶段。随着中国工业化、城镇化进程的加速和国有企业改革的进一步深化，合肥市的城市面积和人口数量极速膨胀，这使合肥供水集团开始面临前所未有的、特别复杂的、不熟悉的、变化频繁的、难以预料的外部环境，开始面临许多以往没有的严峻挑战。四是深化改革阶段。十八届三中全会做出深化国企国资改革的重大部署，要求国有企业必须深化改革，做强、做优、做大。此时，企业仅仅依靠经验管理，无法满足城市发展的需要和政府的期望，必须通过加强管理对新环境进行深入分析，做出新的响应，采用新的管理方式，来谋求自己的生存。

当前，合肥供水集团痛下决心，坚决破除传统企业陈旧观念的束缚，转变垄断行业被动服务的理念，自我加压，主动换位思考，主动承担起公用事业单位应有的社会责任，开启集团改革的新局面。在服务态度、服务质量方面，集团作为资源垄断型企业，应该彻底转变过去“水霸王”的思想，以谦卑的心态尊敬用户、仰视用户，树立主动服务的意识。同时，为进一步提高为用户全方位服务的效率和快速处理能力，公司自我加压，修订和完善供水服务承诺标准。在管理水平方面，公司不断增强管理意识，制定规范性的规章、制度，确保各项工作的规范化、制度化，形成了按制度办事、按规范运作的局面，实现企业管理水平上台阶。

发展是时代潮流，企业无法改变，只能适应。挑战是困难也是机遇，关键看如何去应对。因此，领导群体在发展过程中想为敢为的境界、胆识、魄力和勇气是化挑战为机遇的首要条件。"创新意味着冒险，冒险精神意味着有风险，有风险就意味着有失败，而且可能有很多失败，只有不怕失败才能成功。"[㊀]

第二，正面牵引推动，高瞻远瞩，理念先行。作为城市公用产品服务商，供水企业天然的垄断性容易使其忽视对用户的服务。作为垄断性国企，合肥供水集团能够自提要求、自我加压，主动提出做用户的"贴心小棉袄"，从"水霸王"向"小棉袄"转变，既需要巨大的勇气，又要有超前的远见。不是所有习惯了当"霸王"的人都愿意自降"身份"当"小棉袄"，有的甚至还会提出抱怨和反对意见。因此，合肥供水集团能主动提出当用户的"贴心小棉袄"，是一种勇气，也牵住了企业后续改革的"牛鼻子"。同时也是一种战略上的远见卓识，促进集团核心竞争力不断提高。

值得高兴的是，合肥供水集团的理念并没有在"贴心小棉袄"这一口号上止步，而是与一系列的创新性服务实践完整结合在一起：一站式服务、综合柜员制、不断升级的供水热线、微笑服务、用户即时评价系统等。在"贴心小棉袄"的理念指引下，合肥供水集团在服务保障方面，实现了维修及时率100%、用户满意率100%；在服务提升方面，工单和业务受理单回访率100%，回访用户满意率99.28%，做用户"贴心小棉袄"的价值理念真正得到了体现。

第三，抓住主要矛盾，有胆有识明确"两个反对"，坚决实施标准化和精细化管理。战略的提出是一回事，落实是另一回事。战略实施需要制度的保障才能有效实现，仅提出理念而没有制度保障的战略往往无法落地。如果可以在"水霸王"和"小棉袄"之间选择，从自身利益最大化角度考虑，多数人会选择前者。因此，合肥供水集团的变革面临巨大阻力，因为变革需要对资源和既得利益进行重新分配。正如方振 2016 年 7 月 6 日在"书记讲党课"中所言，供水企业"经济账算得少，政治账算得多，平均主义思想严重，特别是完全竞争性的行业和部门没有放开，大锅饭思想严重"，"管理中不讲原则，忽略制度执行的严肃性"。

在一个机制相对僵化、思想较为保守的企业搞科学、高效的精细化、制度化管控、反对经验主义，绝非易事。对于习惯于使用经验管理的国企，更是难上加难。为此，合肥供水集团结合工作实际，首先从制度建设、机制建设、流程建设、标准建设入手，通过细化、科学量化准则，把着眼点放在科学理念的提出及执行落实上。

㊀ 王健林：《万达哲学》，中信出版社，2015 年 1 月，第 71 页。

通过严格的制度保障和激励的引导，持续努力，把集团公司打造成一家完全实现科学化管理的企业。

在组织体系上，公司确立了董事长领导、总经理负责、副总经理分管的领导体制。各个部门根据这一结构设置了相应的岗位，各个岗位的工作职责、权限、责任等分别通过职责说明书、岗位职责和绩效考核等予以明确和固化，通过组织架构的建设，公司明确了各职能部门和业务模块之间的具体分工和职责。

在制度体系上，公司制定了三级文件管理制度，形成了决策议事管理体制、“ABCD 工作法”绩效管理制度、人才培养制度、招标管理制度、首问责任制、民主管理制、限时办结制等，这些规章制度的建立，为公司形成较为完善、系统的管理考核体系奠定了基础。

在考核方法上，通过实行 ABCD 绩效考核办法，体现按劳分配、按绩取酬、干好干坏不一样，奖罚公正透明，制度面前不讲人情。按照“以岗定薪，同岗同酬，岗变薪变”原则，彻底打破“大锅饭”。坚决杜绝好人主义、经验主义，做到敢于较真、敢于得罪人、敢于抓管理，真正体现按劳分配、按绩取酬。

在标准化建设工作上，努力提高员工的工作积极性，实现管理功能的优化，删减企业的管理层次。针对每一岗位、每一项具体的业务都建立起一套相应的工作流程和业务规范。在调整接入式服务流程的基础上加入更优质高效的主动服务机制，流程的优化简化了工作程序、提高了工作效率。

通过制定一系列精细化管控措施，我们把精细化管理变成一种长效机制。实施精细化管控后，员工在思想和行为层面均发生了巨大变化。在员工工作行为方面，无论是制水厂、营业中心还是供水服务中心，由于分工明确，各司其职，员工都能自觉遵守安全生产操作规则和用户服务准则，领导对计划管理的重视程度加强，相应的指标考核体系的存在，能够激发员工的工作热情，各种指标完成情况较以前有明显改善。员工能主动改变以前养成的陋习，工作积极性得以提升，生产效率明显提高。

第四，抓矛盾主要方面，紧扣“一个提升”，以点带面。战略目标的实现需要具体管理措施提供保障。做好一个大大的“C”，是合肥供水集团保障战略实施的具体举措。通过做好监督，保证了合肥供水集团所有的工作都能按照闭合式循环流程进行，尤其是在 ISO9001 质量管理认证体系、党群工作标准化、安全生产标准化建设过程中，通过制订各类贯标程序性文件对 PDCA 循环进行过程监控，加强事前对各项工作的质量管理，明确各类工作完成时限和具体措施；突出事中监控，有质量记录查看各项工作是否按目标执行，实现了全过程跟踪。做好一个大大的“C”，以 PDCA 工作法为切入点，通过每个环节里的“C”，促进 P、D 和 A 的不断优化，创造了合肥供水特色议事决策体系和监督体系。

管理理论和实践证明，在企业管理中，任何事务如果没有进入管理流程，没有目标和监督考核，就无法真正达到成效。合肥供水集团以标准化建设为基础，在供水工作中全面推行 PDCA 循环管理机制，尤其突出“C”环节，建立健全监督机制，对重要领域和重点工作实行全过程监督，以终为始，“正着来，倒着查”㊀，确保各项重要工作落到实处。查找到问题之后，合肥供水集团没有以罚代管。而是在处理问题的同时，还在全公司范围内开展大讨论活动，广泛征求意见，进行总结分析。在此基础上，是制度问题就修改制度，是流程问题就梳理流程，是管理问题就启动问责机制。对于方案效果不显著的或实施过程中出现的问题进行总结，为开展新一轮的 PDCA 循环提供依据。

第五，保持目标稳定，学习优秀企业，不断提升。对于一个企业，战略选择并不具有唯一的最优性，但由于战略长期性、全局性的特点，一个战略要发挥作用，需要较长的时间才能落地。“不要一年换一个样，要一以贯之，坚持不变，稳步推进”，合肥供水集团 2010 年提出的工作思路，执行过程中思路虽有微调，但主要思路一直沿用至今。历经 7 年多的实践检验，这一工作思路依然对当前的供水工作有清晰正确的指导，并且将在今后很长一段时间内，伴随着时代的发展，延续深化。战略的长期稳定性是合肥供水集团战略得以有效实施的重要因素。

在保持战略目标相对稳定的前提下，不断向优秀的标杆企业学习是合肥供水集团促进战略实施的又一重要举措。2010 年以来，公司将万达、老乡鸡、绍兴水务确定为标杆企业，学万达提高内部管理，学老乡鸡提高外部服务水平，学绍兴水务的漏损率控制及组织管理体系。系列和持续的学习活动，对公司的变革发展起到了重要的推动作用。同时值得欣慰的是，合肥供水集团的学习过程，不是“浮光掠影”式或“走马观花”式的，而是紧密结合工作实践，有感而发，持续实践。下面是方振写的一篇文章，主旨是如何学习万达，从中我们可以看出合肥供水集团学习先进企业的急迫性和对标杆企业研究的深度。

学习万达，我们究竟要学什么？

十年前，如果有人问我有关万达的事，我都不知道万达是干什么的。现如今，吃在万达，玩在万达，购物在万达，生活在万达；合肥包河万达、天鹅湖万达、瑶海万达、滨湖万达城——万达已给我们带来了清新、时尚的生活方式，耳目一新的

㊀ “正着来”，就是日常工作正常开展，成功运行的工作直接进入下个循环；“倒着查”，就是出现问题的环节，首先由纪检监察室介入调查过程事实，往前倒推责任节点，由结果倒推中间过程及顶层设计，在体制建设、执行过程以及全过程监督中，找出责任节点，查实问题根源。

品质感受。

向全体员工推荐《万达哲学》一书后，我再次手捧该书，读着读着，不经意间被万达“掌门人”王健林先生的军人气质、文人睿智、商人精明、慈善家的爱心所折服。

再次通览《万达哲学》后，令我有感而发的是，2012 年 4 月 22 日，王健林在武汉绿公司年会上的演讲《文化产业创业与竞争优势》。在演讲中，王健林揭示了“万达文化产业仅用几年时间就成为全国行业龙头”的秘密，并强调创新给企业发展带来的巨大动力。学习万达，我们究竟要学什么？

王健林通过十几年前做商业地产在和沃尔玛、家乐福等跨国连锁企业合作中发现了跨国公司的“秘密”，这就是连锁经营模式。因此，万达文化产业借鉴跨国企业经验，实行连锁经营并做到三个统一，即①统一品牌，VI（视觉识别系统）标识、外立面设计、内部装潢全国统一；②统一制度，全国各公司制度统一、流程标准化；③统一运营，全国各公司统一采购、统一经营模式，因而采购成本比同行业单店节约近 30%。从中使我明白了中国一句古话“一只羊是放，一群羊也是放”的道理。显然，人的潜能得到释放后，企业核心竞争力便突飞猛进，企业盈利能力也快速提升。同样，2014 年 4 月 12 日王健林在中欧国际商学院所做的《解密万达执行力》演讲中，也强调万达的计划模块化，并特别强调计划，专门成立了计划部。要求所有工作都应有计划，如开工计划、成本计划、利润计划、招聘计划等。每项计划又分为年计划、月计划、周计划，并实行“红黄绿”灯制度管理。我认为，我们学习万达，就是要学习万达的连锁经营模式和计划的标准化、信息化以及超强的执行力。说到底，就是要学习“可复制”模式和 PDCA 工作法。

2015 年年初，合肥供水集团党委审时度势，提出了“两个坚持、两个反对、一个提升”的“221”指导思想，即坚持工作思路不动摇，坚持深化改革不动摇；反对好人主义，反对经验主义；做好一个大大的“C”（监督）。同时提出以万达为标杆，以老乡鸡为样板，苦练内功，夯实基础，经过两到三年的努力，全面建成“标准化、模块化、简单化、信息化”的“可复制的”合肥供水新模式，打造全国供水行业的新标杆。

诚然，“可复制的”合肥供水新模式，既涵盖了连锁经营模式，又体现了以信息化为平台的标准化。“四化”建设中标准化是基础，模块化是方向，简单化是根本，信息化是手段。抓住了信息化就抓住了主要矛盾，也就抓住了“牛鼻子”。因此，以信息化为平台，以贯标为抓手，通过信息化倒逼流程，是“可复制的”合肥供水新模式的突破口。同时，以老乡鸡为样板，勇敢地否定自己所取得的成绩，既是“肥西老母鸡”华丽转型为“老乡鸡”的榜样，也是我们供水人要学会放下，轻装上阵的胆识和自信。

不言而喻，眼下，通过重新品味《万达哲学》，无疑会为我们正在打造全国供水行业的新标杆而再次焕发激情、激发干劲，更能为有幸成为合肥供水人而增强自豪感！

让我们携手并进，衷心祝愿“合肥水务梦”早日实现。

当然，万达、老乡鸡、绍兴水务等只是优秀企业的“代号”，所有优秀企业都是合肥供水集团学习的对象。未来，合肥供水集团将根据企业的发展阶段，选择更多优秀企业作为自己学习的标杆和榜样。

第六，尊重发展规律，善用关键时点，会为巧为。合肥供水集团作为具有60多年历史的国有企业，能够在近年取得骄人的成就，与其尊重发展规律，善用关键时点，会为巧为关系密切。主要领导在上任之初就抓住“新官上任”的关键时点，提出全新的顶层设计理念，突破企业原有的发展思路。“221”指导思想的提出，为企业今后一段时期内的发展目标指明了方向，并马上通过三项制度改革突破旧体制，强力推进新战略。中层干部公开竞聘，打破中层干部职务和待遇终身制，全部解聘后重新竞聘，突破管理干部瓶颈。绩效考核以推动人际关系简单化为思路，坚决杜绝经验主义、好人主义，有效打破“干好干坏一个样”的平均主义、突破原有“大锅饭”局面，充分调动员工的工作积极性和主动性。在选人用人理念上，按照“要真的不要假的、要实的不要虚的，脚踏实地做事、阳光快乐工作”总体要求，坚持“比马赛马不相马”的用人导向，采用公开选拔、竞争上岗等竞争性选拔干部的方式，加强人才梯队建设，努力营造“干好干坏不一样”的工作氛围。在管理模式方面，按照“做我所写、写我所做”的原则，实行PDCA循环管理机制，“正着来、倒着查”，形成用制度规范行为、按制度办事、靠制度管人的有效机制，避免制度与执行出现“两张皮”的现象。在全面推进标准化建设中，突破过去的供水模式，充分发挥标准化、信息化优势。

六、打造企业成长的“巨力双翼”

2017年2月17日，《合肥日报》第3版刊登了介绍合肥供水集团的一篇文章，题目叫作“精细化管理年，撸起袖子加油干”。其中说到企业文化，是这样描述的：要解决发展的各种问题，必须重视文化的教化作用，用文化陶冶人的真善美，养成文明行为和习惯。大到一个国家，小到一个企业，文化信仰是我们的根基、灵魂。要想做好企业文化，一是必须充分发挥领导在企业文化建设中的核心作用；二是中层管理者要成为企业文化建设的主力军；三是全体供水人要成为企业文化建设的践行者；四是加强制度顶层设计；五是学会讲故事；六是开展丰富多彩的企业文化活动；七是关爱员工，营造幸福温暖大家庭；八是注入“原动力”。

创新发展以来，合肥供水集团一直着力在企业成长的两个核心方面做出积极而持续的努力，一是文化，二是战略。从理论上看，企业文化的“原点”是适合企业战略成长的文化要素。同时，随着企业的持续成长和战略的逐步实施，这一文化“原点”也将随之成长，并最终成为优秀企业文化共同价值的启动点与核心内容。所以，在科学管理理论“满天飞”，致使许多企业“知识饱胀”而无所适从的情况下，科学准确地选择企业文化的战略原点，是企业文化建设成功的第一步。因为这种文化是适合自己的、能够促进企业成长的。同时，从企业成长角度看，这个文化“原点”一定是“动态”的，即企业成长的过程，也就是企业文化“原点”持续提升或者创新的过程。

关于文化与实践的关系，著名文化人类学家马林诺夫斯基在《文化论》一书中有精彩的描述：“文化是包括一套工具及一套习俗——人体的或心灵的习惯，它们都是直接或间接地满足人类的需要。一切文化要素，若是我们的看法是对的，一定都是在活动着，并发生作用，而且是有效的。文化要素的动态性质指示了人类学的重要工作就是研究文化的功能”。[一]文化与人类的实践包括战略密切相关。那么，战略呢？著名战略管理学者弗雷德·戴维认为，战略实施包括营造一种支持战略的企业文化，包括建立一套有效的组织结构，确定营销举措、制定预算、开发与应用信息系统，将员工薪酬与公司业绩挂钩[二]。由此我们知道，企业文化和企业战略永远是一体的，有怎样的战略，就有怎样的文化，反之亦然。在合肥供水集团 2010 年开始的创新发展过程中，尽管我们并没有更多的“文化自觉”，但随着变革的深入，文化与战略成为相互促生、相互助力的“巨力双翼”。文化理念的确立引导了战略思想和战略规划；反过来，战略实施的过程，又成为改造传统体制和机制、改造原有不良文化的过程。

著名企业文化学者沙因认为，文化至关重要，因为它是强大的、潜在的并且经常是无意识的一种力量，它决定了个人和集体的行为、感觉方式、思维模式和价值观。[三]由此可见企业文化的重要性，文化要素影响甚至决定了战略、目标和运营模式。从哲学层面看，合肥供水集团“贴心小棉袄”企业文化建设是企业发展的原动力，因为企业文化首先决定了企业的价值观。而我们知道，价值观是判断、区分好与坏、善与恶的基本标准，决定着企业目标能否被员工和社会大众尤其是用户所接受。从战略角度看，战略管理思路的产生，首先要分析、确定组织的使命和目标；而如何选择使命和目标，则取决于企业的价值观。所以，文化是一个企业发展的最

㈠ 马林诺夫斯基：《文化论》，华夏出版社，2002 年 1 月，第 15 页。
㈡ 戴维：《战略管理：概念与案例》（第 13 版），中国人民大学出版社，2012 年 8 月，第 6 页。
㈢ （埃德加·沙因：《组织文化与领导力》（第四版），中国人民大学出版社，2014 年 3 月。

原始的动力。

一方面，在合肥供水集团的战略变革过程中，文化从一开始就发挥着重要的作用。变革之初，合肥供水集团作为自然垄断企业，传统观念根深蒂固，"潜规则"不少，独家经营的优越性让企业缺乏竞争活力。成本高，服务被动，人员松散，运行效率低，内部管理机制和服务落后于社会、用户和现代企业发展需求。在这样的文化背景下，企业无法发展，必须变革。从一定程度上说，不良的企业文化是企业变革的促发因素。2010年年初，谈到改革的紧迫性时，方振总结了这样一些特点：

机构臃肿、职能不清、责任不明、人浮于事；办事流程繁琐，审批程序过多，给用户带来诸多不便；大锅饭和平均主义还不同程度存在，缺乏科学有效的考核评价和激励机制；职工工作热情不高；独家垄断的经营方式，存在一些"潜规则"。

"我们要做用户的贴心小棉袄"这一响亮而又温馨的口号提出，实质上是通过文化变革推动企业变革。2010年以来，在公司新一届领导班子的带领下，七年多的改革与创新发展过程，不仅激发和扩展了公司长期以来坚守的优秀文化，而且通过持续变革养成了诸多新的文化要素。这些文化要素在企业的经营管理变革中成长，产生了巨大凝聚力和影响力，同时也提升了企业对外的知名度和美誉度，指引企业在未来的发展中能更快、更好地前进，实现企业做大做强的目标。

另外，公司的战略也在持续不断提升着公司的文化。从战略本身看，无论是2010年、2015年还是2017年，战略思路中都包含很多文化内涵，尽管当时我们未必把这些内容当成战略。比如，2015年提出的"两个反对"，其实就是在改革遇到传统不良文化的阻碍时，从战略高度提出的，希望通过战略设计和实施来改变企业文化的决策。又如，作为公司核心价值体系，"贴心小棉袄"一直贯穿在公司战略设计之中。这些事例，实际上都是我们力图通过战略设计和实施去变革文化的重要举措。

与此同时，三次战略的持续升级和实践，也从公司经营管理诸多层面提升了公司整体的能力，在服务用户、标准化管理等方面取得了良好的业绩。因此，"以ISO9001质量管理体系认证为抓手，练内功、抓管理、上水平"是合肥供水集团战略变革中的又一特色。开展贯标工作的目的，就是要将先进的标准化管理理念（实质是管理文化）引入到企业发展实际，建立职责明晰、流程科学、运转顺畅，又符合企业发展实际的现代化企业质量管理体系，有效实现各项工作PDCA循环管理和精细化、规范化、科学化管理。这在本质上是用科学精细的管理文化取代经验性的粗放的管理文化。“PDCA 循环管理是我们企业各项工作的灵魂，我们不是为了贯标而贯标，不是为了认证而认证。近年来 PDCA 循环管理是合肥供水集团管理的核心和根本，这一思想和理念刻在我们的骨子里，融进我们的血液里，体现在我们的行动中。”合肥供水集团对 PDCA 循环管理的总结，也反映出企业战略变革对文化养成的重要作用。

正如沙因先生所说，我们最终称为“文化”的东西，往往是植入的产物，创立者或领导们设计它们，并运用它们对群体施加影响。[㊀]从这种意义上说，文化从根本上是被领导者所创造、嵌入、发展的。随着组织的不断成熟，文化渐渐具有约束性、稳定性，并为组织成员提供结构和意义，甚至最终明确未来何种领导将被接受。从合肥供水集团变革成长的历史过程中我们体会到，被“植入”的文化最终要为成员提供意义并发挥作用，战略及其实施过程是最重要的基础。

㊀ 埃德加·沙因：《组织文化与领导力》（第四版），中国人民大学出版社，2014 年 3 月。

第3章

03

激活组织：三项制度改革

社会秩序的维持不是无意识地进行的，它是以规则来维持的。个人根据个人利益的不同情况，来决定是维持还是破坏这些规则。此外，还要看人们的责任感的教养如何。

——雷蒙德·弗思

一、“老夫少妻”的寓言故事

2004 年，张维迎教授在一次讲座中提到这样一个寓言：

假定一个社会由 4 个人组成，两男两女，男性女性中有一个 80 岁、一个 20 岁。如果政府规定 20 岁的姑娘和 80 岁的老翁结婚，20 岁的小伙子和 80 岁的老太太结婚，那谁都生不出孩子，即使每个人都长生不老，这个社会的人口也不会增长，这就像计划经济。但如果允许人们自由组合，20 岁的姑娘和 80 岁的老翁会离婚，20 岁的小伙子和 80 岁的老太太也会离婚。然后，20 岁的小伙子和 20 岁的姑娘结婚，他们都有生育能力，就可以生出孩子了，整个社会的人口就会增加，这就是配置效率导致的增长。假如生育技术的进步使得男女的生育能力提高，甚至 80 岁的老人也能生育，这样的人口增长就是生产效率导致的增长。[一]

我们知道，张老师讲的是我国经济改革层面的配置效率和生产效率，比如配置效率包括允许劳动力自由流动、企业家资源重新配置、实现产业结构调整、开发国内外市场等。其实细加思考，其中关于配置效率的问题也很符合包括供水在内的我国公用事业企业的情况。

我国公用事业的主要业务大多由政府的企业（或机构）独家垄断经营，政府既是管制政策的制定者和监督者，又是具体业务的实际经营者。这样的运营模式，必然导致公用事业企业缺乏竞争压力，没有追求成本最小化的动力，从而导致组织管理的低效率、服务质量差、管理水平低等问题[二]。在这样的“自然垄断”状态下，如果政府无法实施有效的监管，这一类企业必然产生的一个结果就是：产品或服务

㊀ 岑科、傅小勇、邓新华：《张维迎寓言经济学》，上海人民出版社，2015 年 8 月第 1 版，第 24 页。

㊁ 王海龙：制度变迁中国家作用的再思考———从新制度经济学的国家理论看转型期我国公用事业民营化改革，《北京行政学院学报》2005 年第 5 期，第 27 页。

的均衡供给量会小于社会最优水平，同时均衡价格则高于社会平均水平。而从国内外相关企业改革的方向来看，无论是管理体制的改革还是产权机制的改革，其核心方向都是怎样提升资源配置效率的问题。

资源及其配置问题是企业成长理论研究的核心命题之一。著名经济学家潘罗斯认为，企业是一个管理组织，同时也是人力、物力资源的集合，企业就是“管理框架下的资源集合体”，企业内部的资源是企业成长的动力。潘罗斯通过构建“企业资源—企业能力—企业成长”的分析框架，揭示了企业成长的内在动力，从资源角度观察，企业内部的资源与企业成长有着显著的因果关系。比如，通过一定的管理框架，企业各阶层的管理人员都可以在管理组织和现存政策提供的范围内执行管理和监督的职能，从而内生出企业的管理能力。某个时期，企业管理能力通常存在一个最大的阈值，从而决定了企业的规模边界。当企业规模未超出管理能力的最大阈值时，未被使用的管理能力为企业成长提供了资源基础。在市场机会允许时，未使用管理能力的运用推动了企业的成长，管理能力与企业成长表现为一种正向因果关系[㊀]。

在合肥供水集团，我们对这一问题的体会尤其深刻：从2010年年末到2016年年末，我们在人员总数基本不变的情况下，供水服务范围由360平方公里增加到470平方公里，75毫米以上供水管网由2820公里增长到6777公里，新增管网是过去半个世纪铺设管网总长度的一倍还多。这样的增长速度，自然首先与政府加大市政建设投入及合肥市近年来持续快速的发展不无关系。但作为服务供给方，我们深知，能够高质高效地完成这些任务，与我们自2010年开始以“三项制度”为核心的改革发展密不可分。正是多年来的持续改革过程，打破了原有的资源配置格局，使得被长期“抑制”在企业内部的各种资源迸发出巨大活力。

二、一下子站到了所有人的对立面

2010年1月4日，合肥供水集团新一届领导班子组建，面对的是这样一个拥有56年发展历程的老企业：长期以来，作为一个自然垄断企业，供水集团传统观念根深蒂固，“门难进、脸难看、事难办”现象较为严重。同时，独家经营的优越性让企业缺乏竞争活力，成本过高、服务被动、人员松散、运行效率低、内部管理机制和服务质量已不能适应当前社会、用户和现代企业发展需求，企业发展遭遇瓶颈。

怎样让一家年近“花甲”的老国企，重新焕发勃勃生机与活力？这是2010年1

㊀ 代吉林、朱仁宏：从企业成长理论看政府驱动型国企集团内生性缺陷，《经济管理》，2008年第5期，第36页。

月4日方振到任后，首先要解决的问题。“思想决定思路，思路决定出路”，经过认真的思考，他的心中慢慢形成了一个坚强而有力的念头：改革，只有改革，才能主动承担起公用事业单位特有的社会责任，才是企业不断前行的“发动机”，才是事业取得长足发展的“主引擎”，除此之外别无选择。这样的信念，成为他在供水集团掀开改革新篇章的最大动力。

世界一流战略大师加里·哈默尔在谈到企业创新时认为，每个企业都由四个不同的模式组成。最底部的是“运营模式”（Operating Model），是指员工的日常活动，即如何组织、做什么业务、如何与顾客互动、采取怎样的工作流程等；在此之上是“经营模式”（Business Model），也就是公司对经营理念各个方面做出的选择，无论是有意识的还是无意识的；“经营模式”之上是“思维模式”（Mental Model），也就是员工对于获得成功所持有的信念，包括：能为顾客提供什么、顾客需要什么、如何定价、如何组织销售以及采取哪些分销渠道等。最后，凌驾于所有模式之上的是“行政模式”（Political Model），即权力在整个组织中的分配，尤其是强化思维模式权力的分配。哈默尔先生认为，“在获得极大成功的企业中，运营模式、经营模式、思维模式和行政模式这四个层次被完美地组合在一起，每一个模式都稳稳地叠在另一个模式上面”㊀。

基于这样的决心，也为了达成供水集团的“四种模式”统一，领导班子开始带领全员自我剖析，以改革为主线，全面加强顶层设计，建立健全体制机制，推进“机构、人事、薪酬”三项制度改革，以改革激发活力，以创新助推发展。2010年1月7日下午，方振就拿出了供水集团的工作思路：“以安全生产为第一要务，努力打造优质精品服务品牌；以ISO9001质量管理体系认证为抓手，练内功、抓管理、上水平，精干主业，做好增收节支大文章，在全市城市公用事业企业中争创一流。”而这一工作思路成为指导合肥供水集团“十一五”末期和整个“十二五”期间各项工作的基础。

2010年3月5日、3月6日集团召开党委中心组理论学习（扩大）会议，提出了“机构、人事、薪酬”三项制度改革的方向和思路。当时，方振向大家解释改革初衷时说：“合肥供水集团目前的改革是贯彻党中央、国务院关于国有企业改革重大决策和落实市委、市政府、市国资委关于国资工作新要求的必要之举，也是企业适应当前形势和未来发展的迫切要求。此次改革以创新管理机制和服务理念为核心，以改革用人制度和分配制度为重点，采取全员竞聘上岗的方式，双向选择、人适其职、人尽其才，实施模拟法人式管理，从而完善相关的人事和分配制度。此次改革将使供水集团的机构轻便，管理成本降低，信息传递和决策效率提高，最大限度地

㊀ 加里·哈默尔：《领导企业变革》，人民邮电出版社，2002年9月，第117页。

优化人员结构，提高员工素质，提升工作质量和工作效率。”

改革必须破除传统观念和陈旧思维。改革初期，虽然一些人能够认识到改革的必要性，但受长期习惯性思维影响，仍然感觉改革步子大、速度快、势头猛，一时难以理解和支持。于是，我们首先遭遇到的是所有改革者都必须面临的一个“顽固的敌人”——习惯。从实践看，无论在生活中还是在工作中，“习惯”的形成一般来源于制度的约束和非制度的“学习”，相比之下，后者的作用似乎更大一些。同时我们也发现，习惯的形成有一个较长的过程，而习惯的改变更是一个漫长的过程。其主要原因就是黑格尔说的，习惯是人的“第二自然”，它是人类的精神在特殊经验形式中的自然存在，“是灵魂的一种直接的存在”。一般人认为，习惯形成于“感觉规定”的“重复练习”。但是黑格尔认为，如果将习惯仅仅定义为一种纯粹的行为动力定型，那么它与动物实验中的“刺激—反应”训练就没有原则区别了。因而，由习惯所形成的不仅仅是纯粹经验、形体的，而是以精神为内容，使外在感性、感觉的东西变成内在精神、灵魂的东西，成为精神、灵魂的直接存在。

仅仅习惯就难以对付了，而在习惯之外，还有一种更加重要的因素——利益。由于改革力度前所未有，一时间各种不同的声音迎面而来。有高调反对的、有胡搅蛮缠的、有寻衅滋事的，五花八门，不一而足。2010年3月17至3月19日三天，合肥本地网络论坛上爆出443个帖子，其中大部分出自同一个账号。短短三天时间内，共7万多点击率，这些帖子以“合肥某大型国有企业老总的雷人事迹”等为主题，指名道姓，借题发挥，将矛头对准了改革的发动者方振。

“现在想起来，我当时是一下子站到了所有人的对立面。”回忆不太久远的往事，方振说。“当时是很多方面都有问题，内部员工们不支持，外部社会也不是太认可。”合肥供水集团改革的事情，甚至成为当时合肥市很多单位议论纷纷的话题。

当时周边的人也都在关注，也有人“支招儿”，认为应该怎样怎样。比如有的人劝方振，“你过来不需要怎么改变，按部就班管理就是。人家以前怎么做，你就怎么做。你要去搞那些干什么？”也有人说，改革可以，但你得慢慢来，“起码半年以后，了解情况以后再说。你一来什么都不懂、什么都不熟就搞改革，怎么搞得好！”

面对种种内外部的困难和阻挠，方振下定决心以速度赢得优势。因为他怕在集团待的时间越长，与大家越熟悉，越容易逐步“陷入”人情世故中，到那时候再搞改革，就不是刚来这个样子了。为了安抚大家的情绪，消除职工参与改革的顾虑，集团确定“尊重职工意见，敞开门来改革”的思路。方振带头表示：“领导办公室的门永远是敞开的，不论是职工还是用户，只要有困难、有纠结，随时都可以来。”“改革，既要做好顶层设计，又要尊重职工群众的首创精神，做到敞开门来改革。”

接下来，公司建立了“领导班子联系点制度”，公司领导班子成员主动前往联系点80余次，召开各类座谈会、说明会以及动员会45次，向员工宣传改革的思路和意义，耐心做好宣传解释和员工的思想解放工作，使员工逐步转变了“铁饭碗”“保险箱”的老观念，确立了“用辛勤工作来保住工作岗位、用优秀业绩来赢得职位晋升”的新观念，激发大家主动参与改革的热情，为改革工作健康平稳的进行打下了良好的思想基础。为最大限度地征求员工意见，还设置了专门的改革邮箱，收到的改革建议共计312条，涉及15个方面，改革领导小组办公室第一时间汇总，并报党委会讨论研究，广泛采纳员工合理化建议，开门搞改革。对那些不理解不支持的员工，方振一对一做思想工作，倾听他们的意见。通过这些开诚布公、艰苦细致的工作，集团的改革赢得了广泛的认同。

关于这个时期的工作，当时公司网站上是这样介绍的：

今年（2010年）3月份，供水集团成立了改革工作领导小组，下设机构人事和薪酬制度改革工作办公室，启动机构、人事和薪酬制度改革。通过开通“供水改革”电子邮箱、召开各类人员座谈会、进行机构和岗位基本情况调查、薪酬满意度问卷调查等形式，广泛征求员工意见，经过深入调研，初步确立了合肥供水集团机构、人事和薪酬制度改革方案的征求意见稿。

“通过这个过程渐渐拉近了和大家的距离。”方振说，“一开始大家很紧张，我们通过座谈会和员工们沟通，告诉大家不管怎么改革，职工的福利只能增不能降，这是核心问题，同时告诉大家，改革后的关键是干好干坏不一样。这样一来，员工慢慢就认可了，大家都说这个领导不是来玩的，是一个干事的人，这个班子是干事的班子”。

2010年5月11日，制度改革的第一稿形成。从此，“511”成为合肥供水历史上一个值得铭记的日子。2010年6月18日，第二稿完成。2010年7月12日，第三稿完成……

为了体现公开公平的原则，每一次文件的出台，集团都要召开各类会议征求意见。在这次文件制定过程中，从集团公司到各党支部、各单位层层召开的动员大会、中层干部说明会、专业技术人员和大学生座谈会、员工代表座谈会等，共计45次。每次会议上，集团领导班子成员都会以普通员工身份列席参加，听取员工心声。2010年7月16日，方振先后到二水厂和营销公司，就“机构、人事和薪酬制度改革系列文件”（第三稿）与干部职工进行了深入交流，听取广大职工的建议和意见。会上，领导班子号召和带领大家畅所欲言，不回避矛盾，敢于直面问题。与会职工结合“两封职工来信”大讨论活动踊跃发言，结合本单位、本岗位的实际，就薪酬、人事制度改革文件中的相关问题提出了自己的建议。

2010年8月5日下午，历经近5个月的时间，经过几上几下的讨论研究和酝酿，合肥供水集团召开机构、人事和薪酬制度改革动员大会，《机构、人事和薪酬制度改革工作意见》《机构改革实施意见》《全员竞聘上岗实施办法》等三项制度改革相关文件正式出台，拉开了合肥供水集团三项制度改革的序幕。

方振在动员讲话中指出，此次改革是供水集团发展史上涉及面最广的一次改革，旨在实现“三个转变、四个确保”：即政策向一线倾斜，重心向一线转移，资源向一线集中；确保职能部门减少，确保机关人员减少，确保中层干部职数不增加，确保工资总额不突破。

三、激活组织，解放“第一资源”

1962年，美国学者艾尔弗雷德·D·钱德勒出版了其著名的《战略与结构：美国工商企业成长的若干篇章》一书，通过研究杜邦、通用、标准石油和西尔斯等四家美国公司的发展历史，钱德勒得出了“结构跟随战略”的著名命题。所谓“结构跟随战略”，就是指企业组织结构是随着经营战略的变化而变化的，经营战略决定着企业组织结构模式的设计与选择，战略重点的转移决定着组织结构的调整，企业组织结构不仅具有多样性特征，还具有动态适应性特征。

回顾合肥供水改革的历史，如果把2010年1月提出的“工作思路”：“以安全生产为第一要务，打造优质服务精品品牌；以ISO9001质量管理体系认证为抓手，练内功、抓管理、上水平，精干主业，做好增收节支大文章，在全市城市公用事业企业中争创一流”作为战略指导思想，其实我们的改革也是按照“结构跟随战略”的思路，一步步来实施组织变革的，只是当时并没有思考很多。

如同许多传统公用事业的企业一样，改革之前，合肥供水在组织结构上存在的问题比较多，其中核心的问题有两个方面，一是组织结构和管理指挥系统方面的问题，即下属单位多、部门多、层级多、职责不清，工作效率低下，推诿现象严重；二是主业和辅业之间的问题，即供水主业之外的辅业较多，在很大程度上干扰了主业的发展。很显然，这样的组织结构，肯定是无法适应诸如“打造优质服务品牌”和“在全市城市公用事业企业中争创一流”这样的战略目标要求的。所以，三项制度改革的首要任务，就是如何建立适应于战略需求的组织结构。

在组织结构变革之前，企业领导首先需要针对一个问题做圆满的回答：即使我们需要变化，为什么非要新的结构呢？[一]机构改革的出发点是精简程序，提升效率，提高用户满意度。为了保证改革过程的顺利进行，我们在制定了初步方案之后，认

[一] 奥里特·加迪西、斯科特·奥利夫特，《可操作设计》，见F·赫赛尔本等著《未来的组织》，四川人民出版社，2000年4月，第57页。

真倾听员工意见，积极采纳合理建议。最终，我们坚持“以提升公共服务效能为导向，推进内部机构改革”，按照精简高效和工作需要相统一的原则，建立“扁平化”管理模式，实行授权和集权相融合，将51个职能部门和单位减至33个，其中机关职能部门由13个减至7个，取消机关职能部门中层副职和科级建制，管理层级由原来的5级减少到3级。通过精简流程和重复交叉环节，使企业的机构轻便，管理成本降低，信息传递和决策效率显著提高，员工的“贴心”服务意识明显增强。

人才资源是企业发展的第一资源。能否为用户提供优质水、放心水、幸福水，取决于是否拥有一支年龄结构合理、综合素质高、业务技能强的专业化员工队伍，是否有一个利于员工全面发展的人力资源生态环境。合肥供水集团新一届领导班子倾力于营造一个公平、公开、公正的人力资源生态环境。本着“公开竞聘、平等竞争、择优录用”的原则，以激励员工积极进取为目标，以精益求精、科学严谨的态度，加强调查研究，注重实践和创新，对用人机制进行了大胆尝试，多方征求意见，数易其稿最终出炉了《全员竞聘上岗实施办法》，实行全员竞聘上岗。原有职级自然免除，以素质论高低，以能力比强弱，以业绩定优劣。同时，优化人员结构，建立人才梯队，力争做到用人所长、人岗匹配、人适其事、位得其人、才尽其用。

2010年8月初开始的中层正职竞聘，在合肥供水集团历史上前所未有地打破了中层干部职务和待遇终身制，全部解聘重新竞聘上岗，打响了全员竞聘上岗的“第一枪”。经过全公司公开报名、组织考核、党委研究等程序，确定中层正职人选，符合报名条件的49人，竞聘32个职位。所有中层干部实行一年一聘制，同时大力推进中层正职轮岗交流。

中层副职竞聘是此次改革的重要“看点”。竞聘岗位一经公布，全体员工积极参与、踊跃报名。整个竞聘分公开报名、资格审查、笔试、面试等环节依次进行。另外组织考察，同时综合竞聘职位单位的推荐意见，择优录用。123名符合条件的员工参加笔试，按照分数高低，按1：2比例淘汰后进入面试。面试工作为时2天，76人参加面试，竞聘28个中层副职职位。面试重点测试参聘人员处理问题的实际能力和综合管理水平，深入了解竞聘人员的思辨能力、个性特征及工作处理能力，防止出现“能干不如能说，能说不如会考”的现象。面试采取淘汰制，以1：2的录取比例进入组织考核阶段，最终由集团公司党委研究确定，并首次采用“党委会票决制”，确保选拔结果公开、透明、民主。

按照“比马赛马不相马”的选才原则，89个中层正副职精简为69个，公开选拔了一批年轻干部，年龄在35周岁以下的由过去5人增加到22人，出现123名员工角逐28个中层副职、189名员工竞聘65个科职（业务主管）的精彩“赛马”场面。同时，在竞聘中我们敢下决心、敢动真格，大胆起用年轻干部，有些特别优秀的年轻人甚至破格提拔、越级提拔。同时，有些原任中层干部在此次中层干部竞聘中落聘，降到普通员工，体现了我们坚持改革的决心和毅力，这也是合肥供水发展史上规模最大的一次公开竞聘选拔。

与此同时，供水集团为切实落实好“人才资源是第一资源”的理念，在大力推行全员竞聘上岗的同时，也注重建立后备干部人才库，构建人才梯队：一是重点考虑后备干部在干部队伍整体结构的梯次配备。从班子现状发展出发，在年龄结构、知识结构、专业结构上，逐步达到合理的配置。二是对一些重要岗位，启用有一定工作经验的优秀人才，对有发展前途，能独当一面的年轻员工予以提拔重用。三是有计划、有目标地培养后备人才。经考察选定培养目标，结合干部管理制度，对缺乏基层工作经验的，有计划地安排到基层任职或挂职，对缺乏全面管理经验的，安排到机关任职或挂职锻炼，同时加强培训和岗位交流锻炼，以加快其成长。

在薪酬体系改革方面，我们确立了“以岗定薪、同岗同酬、岗变薪变”的重要原则，采取模拟二级法人管理模式，加强对员工个人绩效考核的管理，突出重实绩、重贡献，向关键岗位、关键人才和生产一线倾斜。创造性地制定了《员工积分奖励管理办法》，员工薪酬与本岗位的工作业绩挂钩，从获得荣誉、取得资格、工作表现及取得学历、职称等方面给予积分奖励，并与工资收入挂钩，从而激励广大员工的工作热情，增强责任意识、危机意识、服务意识和学习意识。同时按照“目标分解、责任落实、运行监控、考核奖惩”的原则，制定了《绩效考核办法》，将员工收入与履行岗位职责、服务用户效果、工作业绩、实际贡献直接挂钩，充分发挥薪酬的激励导向功能，打破了“大锅饭”。建厂 56 年来，普通员工月收入首次高于中层管理人员，同时解决了 146 名职工同工不同酬的问题，进一步调动广大员工的工作积极性和创造性。

与集团自身机构的改革一样，辅业改革也是一个较大的工程。国有企业尤其是传统公用事业企业的辅业，是一个颇具中国特色的现象。毋庸置疑，在计划经济年代和改革开放后较长的一段时期内，这些辅业企业在增加企业收入、稳定员工队伍等方面发挥了一些积极作用。但现如今，无论是“相关多元化”还是“非相关多元化”的辅业，都在一定程度上造成对主业发展的不利影响，比如占用资金、分散主业精力和注意力、容易产生财务不清问题，甚至成为腐败的“温床”等。如果是一家完全市场化的企业，投资由市场主体自己说了算，也就无所谓“主业辅业”问题了。但对于公用事业企业来说，在政府投资、为民服务、带有较强社会效益色彩的主业并没有得到很好地发展、没有为市民提供更好服务的前提下，辅业的存在就显得不那么“有说服力”了，即便是盈利能力强的辅业也是如此。

从这个意义上讲，合肥供水集团主辅分离改革，既是集团组织变革的重要步骤，也得益于合肥市深化国企改革的举措：“全的产业链非常容易做，但到最后就变了味，很多企业内带服务项目最后都变成企业的‘亲生儿子’，到最后砍不掉就成为企业的累赘，成本也比较高。公交、供水、热电、燃气等公益类国有企业，2017 年年底主业、辅业必须分离，主业改革后要集中精力专心发展，改革的目标很清楚，优质服务、高效保障。”时任合肥市市长吴存荣为改革定下了“铁律”。

任何组织变革都会遇到阻力，如中国台湾学者邱毅在《变革：恐龙型企业的再造》一书中所说，组织成员对组织变革的抗拒原因归纳为三个方面：第一，企业结构与策略本来就有惰性，变革打破了原有的权力均衡，因而引发成员的抗拒。第二，企业原有的文化僵固性，变革会带来新思维，而组织成员往往囿于习惯领域无法接受这种改变。第三，企业内成员存在互赖关系，变革使相互依赖关系被改变，成员会感觉到不安全的恐惧，故而抗拒变革。当然，也有学者直截了当地认为，利益而非价值观才是决定组织变革的力场平衡的关键因素。㊀

基于上述认识，在推进辅业改革改制过程中，我们坚持政策导向，正确处理好改制、发展和稳定的三者关系，切实维护好国家、企业及职工的合法权益；对所属企业的业务和职能按照不同性质重新进行了界定分类，进一步理清了产权关系，剥离和关闭非主业企业，集中人力、物力提升主业，提升对城市供水的保障能力。同时根据国家法律法规规定和相关文件要求，在对辅业人员进行分流安置时，充分做好宣传动员，主要领导零距离与改制企业员工座谈，宣传政策、了解心声、化解矛盾，合理安置分流职工就业；充分引入竞争机制，实施集团内部重组，强化管理，剥离辅业和企业办社会职能；从而达到练内功、抓管理、上水平，精干主业的目标。

作为辅业改革的“操盘者”，我们深知改革中原有的习惯、制度、利益、情感等多种因素的相互纠葛。但我们更清醒地认识到，集中精力做大做强供水核心业务，全力做好供水保障和服务工作，为推进合肥向区域性特大城市迈进提供一流的供水服务和供水保障，才是我们最核心的使命。所以，在改革过程中尽可能地关注员工的普遍利益问题，但对于实在有悖于上级精神和企业轻装前进、持续发展的问题，也采取了较为坚决的措施。

比如，合肥供水集团原来有一个合作的民办医院，每年的职工体检都定点在这个医院，每次几千人体检参加，一个人起码好几百元，这是一笔很大的业务量。但实际上这家医院的医疗水平一般，在辅业改革时集团把它关了。之后的职工体检，供水集团统一组织招标，省级三甲及以上资质医院才有资格投标。同时按照不同年龄的员工，不同程度地增加体检项目。体检的医院档次高了，体检质量有保障了，体检项目增加了，员工当然全力支持。

在改革中，从领导层到员工都不支持的事例也有。比如，集团的幼儿园要交到

㊀ 钱勇、曹志来：脱嵌入到再嵌入：企业组织转型的过程——基于铁煤集团主辅分离改革的案例分析，《管理世界》，2011 年第 6 期，第 118 页。

社区去，包括领导在内的许多员工都不愿意；还有集团员工居住的小区管理，在向社会化服务转型中也遇到了不少问题。大家不理解，甚至连领导班子成员也不理解，后来经过大家不懈地努力也都成功转型。

责任压力的警醒，无须扬鞭自奋蹄。“晚上 10 点上床眯一会，到 12 点就会醒。脑袋里一个想法接着一个主意，3 ~4 个小时思路都格外明晰，快天亮才能再次有困意。”改革前后 200 多天，方振没睡过一个安稳觉。他说：“改革是关系 1 800 多名员工切身利益的大事，一定要稳，要稳中求进。”食不安、寝难寐，直到改革尘埃落定，他才稍稍舒了口气。

四、组织不放弃我，自己也不放弃自己

在传统国有企业，管理干部能上不能下的文化根深蒂固，动一个干部着实不是一件容易的事情。在合肥供水集团大家都知道，分管重点工程、供水规划、给排水设计等工作的现任副总经理朱长银，在改革过程中却是第一个被免掉的干部。

2010 年，朱长银担任集团的工程部部长，主抓当时的一个重点工程项目，由于协调不当，加上承担施工的公司存在资质、现场管理等方面的缺陷，项目在规定时间内没有干完，产生了不良的社会影响。2010 年 7 月，供水集团决定免去朱长银的部长职务。

“当时一些人包括某些领导来做我的工作，我说那不行，必须按照规矩来。在工程问题上他没搞好，没按照时间节点来。他当时可是拍着胸脯说没事、保证完成任务，任务没完成就得免职。”谈到此事方振说，“其实大家都知道，出现这些问题，并不完全是他的错误，很多问题是过去的体制造成的”。

“怎么说呢，这个东西比较复杂，是领导肯定要负起领导的责任。但说起原因，应该说也有其他部门的责任。所以，一点怨言没有也不可能，周边的人都觉得这种事情挺冤的，不能完全由一个人承担。这件事在当时对我的冲击还是比较大，因为毕竟是一个重要部门的负责人，但还是能理解。”回忆往事，当事人朱长银说。

有意思的是，当时的朱长银，甚至方振董事长都没有想到，他还有“东山再起”的机会。之后，凭借自己扎实、专业的工作能力和管理水平，朱长银重新担任了工程部部长，并提升为集团公司副总经理。那么，这件事情对集团的改革和之后的持续发展起到什么作用？朱长银说：“这个事情对供水集团上下的冲击比较大，董事长也是动真格的了，真有不干事、疲疲沓沓，或者责任心不强的，那就是要来硬的。比如我这个事情，放在以前最多也就是批评一下，不会去动真格的。所以说，这七年我们在真抓实干方面真的发生了很大的变化。”

2010 年 8 月开始，按照《机构、人事和薪酬制度改革工作意见》《机构改革实

施意见》《全员竞聘上岗实施办法》等文件要求，合肥供水集团拉开了全员竞聘上岗的序幕。

说起全员竞聘，当时担任人力资源部部长、原供水集团总经济师的郑伟萍感慨颇多：“三项制度改革中，我印象最深的一个是全员竞聘，从机构精简到人员岗位定岗定编，再到全员竞聘上岗，这是一个系统的工作。而全员竞聘是从中层开始的，之前我们也搞过竞聘，就是拿出一些岗位来，大家来竞聘。而这次完全不一样，是全部中层干部“就地免职”，然后进行申报，觉得自己适合哪个岗位就申报，然后经过考试、竞聘演说等方式竞争上岗。”“这样的动作，这么多年来也是唯一的一次，这个过程确实对公司上下来讲都是一种震动。全员竞聘下来，有59个人落选，因为是双向选择。当然，到最后解聘的一共7个人，都是长期没人敢动的，有的在外面自己做生意。”

中层聘岗的同时，我们按照“定岗、定编、定员”的原则，根据市国资委企业用工总量控制指标要求，努力打破人浮于事、冗员过多的局面，因事设岗，优胜劣汰。对各类岗位、编制实行有效控制，优化岗位结构，强化一岗多责，简化程序，功过分明，畅通员工进出、晋升渠道，鼓励机关人员到基层锻炼，为优秀人才提供展示才华的平台。按照核定的编制和岗位职责，员工和单位进行双向选择，同时建立内部劳动力市场，制定《内部劳动力市场管理办法》，对淘汰人员进行转岗培训，培训合格后重新竞争上岗，主动做好部分落聘人员的思想工作，使他们能正确对待个人岗位的变化，进一步强化了员工的责任意识和危机感。改革中，有29人进入内部劳动力市场待岗培训，解聘了5名不适应岗位要求的员工，这也是合肥供水集团过去56年里的第一次。同时，为了建立能进能出、能上能下的人才交流机制，对在同一岗位工作达到6年的中层管理者，进行岗位大交流，目前全部中层正职均完成岗位交流。同时对在重点岗位、关键岗位的工作人员，以原则上不超过6年为标准，进行大轮岗；切实把优秀人才放到能够发挥作用的岗位上，人得其位，事得其人。这样做，不仅有效激发了员工的工作激情，而且有效推进了党风廉洁建设。

这次史无前例的改革，在合肥供水集团内部掀起了巨大波澜，也给所有当事人带来了巨大的变化。在这次改革中，一位“80后”硕士研究生在竞聘上岗中连跳两级；曾经的一位中层副职因为竞聘失败变回普通员工，但他从2010年9月到2013年7月，在水厂基建、技术改造岗位上苦干、实干，最终以出色的表现，再次回到中层副职岗位。

“这次改革就是要打破常规，不拘一格，把能干事、会干事、干成事的同志选出来，能者上、平者让、庸者下”，虽然时隔6年，当时董事长说的话还记忆犹新，在集团公司大刀阔斧的三项制度改革中，我是幸运的，改革后为我们年轻人提供了更多的发展渠道和更广阔的发展空间，这次改革带给我更多的应该是收获和震撼。

我是2005年集团公司招聘的第一批硕士研究生，从进集团公司的第一天起，我就本着踏实做事、认真做人、兢兢业业的原则从每一件小事做起，把平凡的小事做好、做精、做极致。2010年，新一届领导班子成立后，开拓创新、锐意进取、攻坚克难，大刀阔斧，开始了一场“壮士断腕”和“刮骨疗伤”式的机构、人事、薪酬三项制度改革，管理岗位全部重新竞聘上岗，实现能上能下、能进能出，我也主动融入到这一轮创新改革的进程中。

虽然我也知道新一届领导班子想干事，而且有干事的决心，但我对这次的改革还是心存顾虑的。因为我知道，作为传统垄断国有企业，改革的阻力很大，人际关系非常重要，尤其像我们刚参加工作时间不长，也没有什么背景的年轻人，当时能参加工作不长就提拔科长，已经不容易了，仅隔两三年时间，想再成长谈何容易啊！可能这种心态当时很多人都有，也都是抱着观望的态度在看，到底是动真格，还是走走形式，还是搞不下去临时草草收场？为了打消大家的顾虑，竞聘制度出台后，集团公司以多方式、多场合、多层级进行宣贯，公开选拔，公开竞聘，阳光操作。就是因为这样的顶层制度设计和公开透明的选拔方式，才使我鼓足了勇气参加选拔。当时也就想，机会难得，年轻人应该表明支持改革的态度，尝试一下、锻炼一下，哪怕失败，也当成磨炼自己的一次机会。

凭借这股“血气之勇”，我在竞聘过程中的表现还算不错，最终竞聘成功了，真是惊喜连连。说实在话，如果说鼓起勇气参加竞聘时思想比较简单，没有更多负担的话，真正竞聘成功后，一种沉甸甸的压力感油然而生，我的心情也变得非常复杂。一是十分感念集团公司领导的信任和重托，让我们年轻人搭上了改革快车；二是感觉压力大，尽管自己有勇气、不服输、不怕失败，但接下来要面临的工作，自己并不熟悉，纠结、担心，以及年轻干部如何与老同事相处，的确是一种挑战；第三点也是支持我一路走到今天的，就是巨大的动力！我当时也是暗暗下定决心，即便有再大的困难，也坚决不能退缩，一定不能辜负领导的信任，一定要干出个样子来，不能给党委丢脸。

就这样，我和其他一些年轻同事一起，通过竞聘脱颖而出，开启了人生新起点。现在想想，那真的是一个激情燃烧的岁月！从2010年至今，转瞬间已过7载，我先后担任四水厂党支部书记、营业中心主任、客户服务中心主任兼党支部书记。作为一名中层干部我对工作始终怀着一种敬畏的心态，当作一种责任，认真、敬业、奉献、担当，也感受到合肥供水三项制度改革带来的翻天覆地的变化，供水的种种弊端也一一破除。

回想当时，的确很难想象新一届领导集体带领公司7年的发展历程。三项制度改革是置之死地而后生的蜕变，先破后立；完善现代企业制度、设立多项议事规则，科学决策，引领供水不断向前发展；“贴心小棉袄”服务品牌生根发芽，根植民生，长成参天大树，绿树成荫；产业链整合、原供排一体化，做大做强供水梦；四化建设，精细化管理，企业管理的又一次创新推动；PDCA 无止境循环，持续改进，永不停歇，企业发展节节攀升；以安全生产为第一要务不动摇到“221”工作思路的传承转型，集团公司的改革发展之路任重而道远，作为其中一员，相信我们集团公司一定会迎着改革的大浪，与时俱进，开拓创新，拥有更加美好、更加光辉灿烂的明天！

这是在改革中连跳两级的硕士研究生、现任客户服务中心主任任洪宾的自述。可以想见，任洪宾的想法是改革之初很多同事的想法。而任洪宾后来的成长轨迹，也是很多“脱颖而出”的年轻管理者的成长轨迹，这是值得我们庆幸的，这也是我们改革的最大收益与成果。

“在那次竞聘中，提拔了很多年轻的同志，这帮年轻的同志，以原来的那种提拔方式，可能还要等很多年。但是从后面的管理情况来看，这帮年轻人还是非常有能力的。通过这种公开竞聘的方式，很容易发挥年轻人的优势。”公司的一位领导评价说。

曾经由中层变为普通员工的李宽，也讲了自己当时的“挣扎”和之后的“奋斗”：

以前，做到集团公司中层这个位子，不犯什么错误的话一般是不会下来的。三项制度改革时我报的是当时万安公司的副总经理，竞聘的是原岗位，结果落选了。当时觉得很纳闷，因为自己觉得做得很好了，怎么就这样了呢？当然，事后冷静地想想，其实自己是有差距的，比如整体把控能力、决策能力。知道了自己的差距，以后的工作中就当成最重要的东西一点点去补。所以啊，要不经过这个过程，自己肯定还是老样子。每个人的思想观念都需要一种提升和转换，只是有的人是自觉的，有的人是被动的，不过只要能转变就好。

有一段时间是很郁闷的。因为也不只我一个人，有 20 多个人都进行了岗位的调整，有上有下的。后来觉得自己还年轻，毕竟是搞技术的，心里有底，而且对公司也是有感情的，还是要适应改革，先在自己的岗位上踏实干。当时领导把我调到基层去干了一年多，感觉还是做出了一些成绩的。后来参与水厂建设，大概花了一年多时间，最后三个月很痛苦。我当时是一个人，从报规划、到业主、到施工单位、到后勤、供应设备、管道安装等。两年多时间里，组织不放弃我，自己也不放弃自己。领导对我的情况也都了解，先在供水所干了一年多，之后在集团公司工程部干了 8 个月的副部长，因为有一线的经验，干得也比较顺利，当然也很忙碌。后来三欣公司要做大做强，领导就调我去负责市政分公司。

我感觉，这几年我总是在做事情，同时不停地调整岗位，特别忙，也很累，压力非常大，不过现在想想，这就是三项制度改革的初衷。所谓改革，其实主要不是什么位置的调整，更重要的是思想的转变，让我们这些当事人通过改革接受一种新的思想、新的思维方式，把一些观念和意识传递给我们。这样一来，就会让那些能干事、愿意干事的人一点点地走上前台，得到好的发展。

在人事改革的同时，薪酬改革与绩效考核制度也在一步步实施。为了彻底打破干好干坏一个样、“大锅饭”和平均主义，薪酬制度改革实行模拟二级法人管理，充分体现了“以岗定薪、同岗同酬、岗变薪变”和个人绩效考核挂钩的工资管理原则。同时，合肥供水集团制定了《绩效考核办法》，将员工收入与履行岗位职责情况、工作业绩、实际贡献直接挂钩，激励和调动广大员工的工作积极性和创造性。按照月度、年度分类制定《绩效考核办法》，每月拿出1 000元作为人均月度绩效工资基数，根据员工履职情况、服务用户效果、工作业绩、实际贡献分A、B、C、D四个层级进行打分，并作为个人年度评先、评优依据。每年6次得A以上且党风廉洁方面过硬的在年底自动当选为优秀工作者；连续三个月被认定为D级员工的，人力资源部将对其进行考核，视考核结果进行调整；一年内六个月被认定为D级员工的，退回人力资源部，执行《内部劳动力市场管理办法》。这些举措有效地激励和调动了广大员工的工作积极性和创造性。

薪酬与绩效改革突出了岗位薪酬与个人绩效考核挂钩，促进了收入分配向集团的关键岗位、关键人才和生产一线倾斜。中层干部之间月收入最高与最低相差达1 800元，普通员工之间月收入最高与最低相差达900元。改革有效打破了干好干坏一个样的平均主义、“大锅饭”局面，充分发挥了绩效考核在生产经营和企业管理中的杠杆作用，进一步调动了全体职工的工作热情和服务水平。2011年，供水集团评选出创新工作86项，亮点工作19项，月度考核综合得分区间在98.8～120之间不等。同时，各单位、部门通过精细化管理，有效降低了企业管理和生产成本，第一次出现了普通职工收入超过中层管理人员的情况，充分调动了大家的工作积极性和主动性。

合肥供水集团出台的《员工积分奖励管理办法》，将员工薪酬与本岗位的工作业绩挂钩，从获得荣誉、取得资格、工作表现及取得学历、职称等方面，给予积分奖励。积分达到100分的，个人工资就将上调一级岗位工资；个人的积分作为年终考核的参考依据；在对员工进行提拔任用、竞聘上岗等事项进行考察时，员工个人近三年的积分结果列为考察内容；员工因正常退休和组织调动的剩余积分按分值给予一次性奖励。

五、与人为善

1984 年 12 月，张瑞敏初到青岛电冰箱总厂，就颁布了一项写在粉红色纸上的“青岛电冰箱总厂劳动纪律管理规定”，一共有 13 条，分别是：

1. 不迟到，不早退，不旷工；
2. 不准代他人划出勤卡；
3. 工作时间不准打扑克、下棋、织毛衣、干私活等；
4. 工作时间不准串岗；
5. 工作时间不准喝酒；
6. 工作时间不准睡觉；
7. 工作时间不准赌博；
8. 不准损坏工厂的设备；
9. 不准偷盗工厂里的财物；
10. 不准在车间里大小便；
11. 不准破坏工厂的公物；
12. 不准用面纱柴油烤火；
13. 不准带小孩和外人进入工厂。

熟悉海尔的人都知道，这看似“简单粗暴”的 13 条规定，实际上却是海尔管理和文化的起点。而转年的 1985 年，张瑞敏通过砸掉 76 台不合格冰箱，向全体员工宣示什么是“质量意识”。从此，“有缺陷的产品就是废品”这句话，深深地扎到了海尔人内心深处。海尔人自己认为，全面质量管理推广的不是数理统计方法，而是提倡“优秀的产品是优秀的员工干出来的”，从转变员工的质量观念入手，实现品牌经营。

所以，任何层面的文化，一定是从企业经营管理的实践开始的。关于这一点，IBM 的郭士纳也表达了类似观点。在接受《麦肯锡季刊》的访问时，郭士纳认为，价值观确实非常重要，但同时也认为太多的价值观沦为口号。“当我在 IBM 学院教课的时候发现，十家大公司的年报无一例外宣称‘这就是我们的价值观。’更让我吃惊的是，几乎所有的价值观都如出一辙：‘我们以客户为中心、我们重视团队合作、我们尊重我们的员工队伍。’但是，当你来到那些公司，往往会发现口号并没有落实为行动。我进入 IBM 的第一个问题就是：‘我们有没有团队精神？’因为新战略实施的关键在于是否有能力为客户提供一套整合方法。‘噢，有的，我们有团队合作。’我被告知。‘您看那上面的标语，沃森先生 1938 年就把它们挂在那里了，现在还在那儿，团队精神！’‘哦，很好。’我答道。‘我们怎么给员工发工资？’‘噢，我们按个人绩效支付工资。’奖励体系是最有力的行为动因——文化也是，团队精神很难在一个仅凭个人绩效考核员工薪酬的土壤里生根发芽。”㊀

在合肥供水改革发展的实践中我们也充分体会到，一种文化的培育必须从管理的现实开始，而三项制度改革，就是激活供水集团这个传统组织、积极导入创新文化的开始。

一位接受访谈的员工说：“三项制度改革给所有员工引导了一个新的方向，就是你只要真正有能力，就不需要依靠你的背景、关系等，只要把自己的工作做好、做扎实，就有出头的机会。而为了让自己更好，进一步激励大家去学习和实践，有一个更好的职业成长方向。作为当事人我发现，三项制度改革后公司的精神面貌焕然一新，以前是领导布置了什么事情，我就做什么事情，现在是主动地找事情、想事情。员工的积极性调动起来了，公司遇到的各种问题就迎刃而解了。”

一位中层干部的话更加直接：“思想上转变很大！这种大刀阔斧式的改革之后，大家都经历了阵痛，但最后受益的既是集团公司，也是我们个人。三项制度改革最大的作用是激活了个人，也激活了组织，让大家都‘动’起来了。”

通过管理变革调整错配的资源、激发组织活力，是合肥供水此次改革中最大的收获。在改革过程中我们也一直在思考，如何保持组织和员工持续的活力，让他们发自内心地而不仅仅是迫于情势做出改变，这是改革取得成效、管理可以持久的关键。无论是人类社会的历史文化变迁还是企业文化的变迁，我们都可以发现有两条明显的路径：一条路径可以归纳为外部性路径，即通过外部的约束、规范乃至压制和强迫，“迫使”一种文化发展变化，这种变化往往不以人的意志为转移，但也会遭到各种各样的“抵抗”，也会随着情势的变化而“时过境迁”；另一条路径可以称为内部性路径，即在外部约束前提下，通过“慢工出细活儿”式的思想、价值观、情感等方面的持续“渗透”，让人们慢慢地从内心深入理解和认同这种文化，并且持续地在行动上表现出来。

基于这样的认识，在三项制度改革中，我们坚持了一个基本原则，就是“与人为善”。参照激励理论，我们将这种“善”分为以下两个方面：

第一，“激励性的善”，即一定要通过改革，优化资源配置，解放生产力，释放活力，让那些愿意跟随企业进步、希望通过努力取得个人成长的年轻人脱颖而出，让那些敢于挑战、勇于创新、具有较强适应能力的员工成为企业发展的核心力量。

第二，“保健性的善”，即对待在改革中竞聘失败和暂时没有岗位的员工，我们

㊀ 重塑自我和价值观：郭士纳访谈录，《麦肯锡季刊》，2015-07-30，中国人力资源网，http://www.hr.com.cn/p/1423414515。

没有置之不理，而是从“与人为善”的原则出发，尽可能妥善地帮助他们找到适合自己的岗位，哪怕是最后解聘的人员，我们也是尽量做到“仁至义尽”。因为每个员工的思想觉悟及阅历各不相同，对企业变革的认知也不尽相同。做到“与人为善”，会付出一些额外的成本，改革的步子会慢一些，但这是为旧有“体制”付出的代价，不能完全将错误归咎于某一个具体的员工，合肥供水集团会与员工一起承担。

在实践中，合肥供水集团认识到，对于员工，组织变革往往意味着不确定性，这种“不确定性”会让大多数员工感到焦虑，对个人及企业未来发展也充满了疑惑。一方面，有些员工相对保守或崇尚稳定，对组织变革的容忍度较低，会有较强烈的抵触心理；另一方面，组织变革意味着资源的重新配置、利益的重新分配及岗位职责的重新安排，也就意味着一部分人的职位、权力、薪酬及其他的个人利益都会发生变化。还有，有的人担心变革后自己不能适应新的工作或者不能承担新的职责，会影响他们的工作效率，进而影响自己的经济收入。如果上述种种抵制情绪得不到企业领导的重视，不能及时地引导和消除，就会进一步演变成为抵制变革的行为。所以，从一定意义上讲，“保健性的善”最终也是为了企业改革的成功。比如，在改革中我们遇到的阻力不小，包括干部的竞聘、岗位的调整、新人员的提拔，当然也包括对一些老同志的关心等，但所有问题最后还是处理得比较圆满。在这个过程中，合肥供水集团始终本着善良之心，一点点地去化解矛盾。包括对于当时失去管理岗位的一些中层干部，我们更不会放弃，在之后的工作中一直有计划、有组织地给他们锻炼和成长的机会。就像前面说过的，组织不放弃他，他也不会放弃自己。

对此，郑伟萍总结得比较到位：“虽然我们力度比较大，一些政策的调整也比较大，但总体来讲还是比较平稳的，应该讲，这和我们员工整体素质是有关的，大多数员工能支持你，少数人就没有市场了。”“当时我们做大家的工作，比如我就认为，理论考试考得不好，并不代表这个人实际工作能力不强。所以我一直跟竞聘失败的人讲不要气馁，是金子总会发光的，只要你有能力、能干好工作，还是会被发现的。其实现在看来的确是这样，有的人考试没考好，下来之后好好反思，通过努力工作干出成绩来，也有能上来的。最终没上来的，可能就说明这个人比较平庸，或者不太适合这个岗位。”

“改革是关系 1 853 名员工切身利益的大事，一定要稳，要稳中求进。不光是我，相信每个合肥供水人这期间都经历过不眠之夜，但改革成效是有目共睹的。”方振说，“当时就像捅了马蜂窝一样。不过现在回头看看，确实应该感谢我们的员工，没有他们的配合，合肥供水集团不会有现在的局面”。

被德鲁克先生尊称为“管理学的先知”的著名管理学家玛丽·帕克·芙丽特的一个核心管理思想是：建立在相互尊重、相互理解基础上的组织关系，才是有效管理的根本所在。她解释说："企业组织必须建立在共同的思想基础之上。如果我们不希望被资本力量的特殊兴趣所主宰，那么同样明白无误的是，我们也不希望被对劳工力量的特殊兴趣所主宰。资本与劳动的利益必须统一起来"。[㊀]

六、初见成效

改革前后的200多天直至改革结束，1 853人完成双向选择，无一人上访。"能者上、平者让、庸者下"的干事劲头在供水集团内部蔚然成风。

改革红利的释放激发了企业发展的内生动力与活力，供水集团整体运转的效率全面提升。比如在机构方面，扁平化管理模式初步形成，基层服务力量得以充实，供水一线服务人员比改革前提高了19个百分点。同时，人员机构更为合理，在全员竞聘过程中，有21名原任中层干部落聘，16名年轻同志脱颖而出进入中层干部行列。

此次改革最大的功效，是对员工思想产生了一次较大冲击，使其工作态度发生了较大变化，从轻松应付到紧张认真，对每一个员工都是一次巨大的鞭策和震撼，真正从过去的"要我干"变成"我要干""要干好"，整个公司充满着积极向上、活力四射的氛围，员工的精神面貌发生了根本性变化。组织文化有时候是企业创始人创造的，有时候又是在遭遇困难和克服困难时诞生的，有时候是由公司的管理层决定改进企业的表现时持续发展而来的。[㊁]可以说，合肥供水的企业文化，与上述三个方面都有相关性。

管理制度日趋完善也是此次改革的成果之一。在大力推行"三项制度"改革的同时，我们狠抓管理制度建设。以ISO9001质量管理体系认证为抓手，梳理和修订质量管理体系文件，明确工作职责，严把工作节点，建立健全各项规章制度。同时，结合企业实际，建立了《党委会议事规则》《总经理办公会议事规则》《资金调度例会制度》《月度工作例会制度》《限时办结制度》等一系列新的规章制度，满足企业质量管理的需求，使各项工作有章可循、有规可依，不断提高制度建设的质量和水平，形成了一切工作按制度办事、按规范运作的局面。

让我们自豪的是，合肥供水集团的改革成效也得到了省市领导的充分肯定。2011年1月4日，时任合肥市长吴存荣的办公桌上出现了当年第一期《合肥信息要

㊀ 葆琳·格雷汉姆：《玛丽·帕克·芙丽特——管理学的先知》，经济日报出版社，1998年4月，第244页。

㊁ 金·卡梅隆、罗伯特·奎因：《组织文化诊断与变革》，中国人民大学出版社，2002年10月，第4页。

情专报》(以下简称《要情专报》)。这是由合肥市委办公厅向主要领导呈报的重要工作简报，这一期的标题就是“合肥供水集团稳妥推进三项改革，探索城市公用事业领域管理与服务新模式”。看完后，吴存荣对合肥供水集团的改革举措给予了高度评价，并在《要情专报》上做出批示：“创新工作、保障有力、服务人民、热情周到。”此时，距合肥供水集团新班子组建，刚好满一年。还是在这一年，合肥供水集团的改革事迹，又登上了安徽省委办公厅第76期《安徽信息要情专报》。

“全面推进‘三项制度’改革，有效降低成本、提高效能；强力推进主辅分离改革，精干主业做大做强；以安全生产为第一要务，打造优质服务品牌；以ISO9001质量管理体系认证为抓手，练内功、抓管理、上水平，做好增收节支大文章，现在合肥供水集团已经进入一个新阶段。”方振接受采访时说。

加里·哈默尔在《领导企业变革》一书中写了一句话，对我们的触动很大，也衷心希望所有的企业改革者都能够从这句话中汲取力量：“一位美国非洲裔女士拒绝坐在公共汽车的后排；一群母亲，迫使立法机关对酒后驾车者严惩；一个12岁的少年成立了一个环保组织，并最终吸收了25 000名会员；一位捷克诗人与极权主义者进行了坚决的斗争。这些人都曾经改变了世界，难道你不能使你的公司发生变化？不要说这令人难以想象”。[一]

㊀ 加里·哈默尔：《领导企业变革》，人民邮电出版社，2002年9月，第115页。

第4章

04

贴心小棉袄，温暖你我他

文化包括传统上解决问题之方式，由反应而组成，因具成效而为社会成员所接受。总之，文化乃习得解决问题之道所构成。

——福德

一、当然是“贴心小棉袄”

2016 年 9 月，公司的十位员工就企业文化问题接受外部专家的访谈。专家的问题是：“你认为最恰当的企业核心价值观应该是什么内容?”所有员工几乎不假思索、异口同声地说：“当然是‘贴心小棉袄’!”

可是，如果将时钟回调到 2010 年年初，那个时候，大家连什么是“贴心小棉袄”都不知道!

2010 年 1 月 4 日，合肥供水集团新一届领导班子组建。斑驳的院墙、起伏的水泥路……坐落于合肥市南一环的供水集团彼时已经是有着 56 年历史的老国企。作为自然垄断企业，长期以来，“水霸王”的传统观念根深蒂固，“门难进、脸难看、事难办”现象较为严重，独家经营的优越性让企业缺乏竞争活力，运行效率低下，内部管理机制和服务质量已不能适应当前的发展需求，企业发展遭遇瓶颈。

当然，客观地说，由传统公用事业企业衍生出来的这一文化，不是哪一个人的错，更不是哪一位领导者的错。从更广泛的意义上说，是社会整体的一种文化“错位”，只不过合肥供水“身在其中”而已。

在这样的情况下，公用事业企业面临的最大问题，就是如何更好地履职——也就是高质、高效地满足用户服务的问题。基于此，这一类单位的改革方向，是怎样才能既快速又精准地满足用户的需求。因此，我们深知，公用事业单位的变革，必须由原来的以“自我”为中心转变为以用户为中心：一是用最快的速度，做到第一时间满足用户；二是更为精准地了解并有针对性地满足用户，以此全方位、多层次地满足多元化社会条件下，用户追求更优质服务的需求。

2010 年 1 月 14 日上午，合肥市长江剧院座无虚席。

合肥供水集团组织开展“书记讲党课——我们要做用户的‘贴心小棉袄’”活动，合肥供水集团执行董事、法定代表人、党委书记方振给与会人员讲了一场生动、深刻的党课。合肥供水集团领导班子，各单位、部门共计 700 余名干部、职工参加了此次活动。

党课首先从合肥城市的历史演变着手，从市委、市政府“三大推进”战略方针的实施，指出做好供水服务工作的重要性与紧迫性，要求全体员工加强责任感、使命感与危机感。在这次具有“头脑风暴”意义的党课上，方振开创性地提出“我们要做用户的‘贴心小棉袄’”这个响亮的口号，用中国传统语言，把优质服务品牌形象化，呼吁全体合肥供水人把用户当作“衣食父母”，用子女孝顺父母的心态去对待用户，用谦卑的心态敬畏用户、仰视用户，立足用户需求，不断提升服务水平，彻底破除“水霸王”的陈旧观念。

在改革发生之时，旧有的传统由偏好到标准、由标准到认同、再由认同到文化，往往支配着人们的主观意识和客观行为，会体现出内控自制的历史惯性运动。方振认为，国有企业也是企业，需要按照市场化方向运作。因此，对现在的国有供水企业进行市场化改造、建立现代企业制度，是当务之急。与此同时，他敏锐地意识到，企业变革中文化建设的重要性，其实就是企业变革、理念先行！“供水集团现在缺乏精神上的支柱，实质上就是缺乏企业文化。‘贴心小棉袄’要成为我们的企业文化，发挥潜移默化的作用，不但指导日常工作，甚至最后都能影响员工的家庭家风，成为一种精神支柱。”这是在“贴心小棉袄”提出之际，他表明的决心与信心。七年过去了，“贴心小棉袄”已经不再是一个口号，而已经实实在在地“包裹”在合肥市民的身上。对于“贴心小棉袄”提出前后供水集团服务方面的变化，供水集团总工程师高和气这样说：

“供水企业过去毕竟带点垄断行业性质，或者是有些服务的时间节点是由我们来定，但是现在基本上是由用户来确定时间或者确定要求。一开始，大家的思想观念还没转变过来，有点不适应，或者不理解。但是你现在反过来想一想，比如一个演员要大牌，观众在特别喜欢你的情况下，一次两次能接受你，时间长了可能会厌恶你。其实用户和我们之间的关系也一样，你必须要以服务的理念，放低自己的身段主动服务用户。”

一位中层管理人员对这一方面的体会也很深：

“服务行业对待用户的时候，不能认为别人是找你来做事的，而是要主动服务用户。‘贴心小棉袄’理念、口号刚提出来的时候，我们也不是很理解这种做法。但是通过一些工作、交流及自己的亲身体验，觉得这种导向是非常有必要的！现在用户都能感觉到供水集团的服务确实转变了很多。我们是很忙、很累，但是得到的回报是不一样的。我们要在思想上、行动上保持一致，最终受益的还是我们供水人自己。”

任何组织的变革，都来自内外部新环境的逼迫。有的组织被“压”死了，有的组织“凤凰涅槃”获得重生。比如，20 世纪初最大的 100 家企业，100 年后只有 16 家还在。同样，2000 年前后的十年中，46% 的财富 500 强企业跌出了这份名单。㊀

在这一过程中，新文化理念的导入和原有文化的重建十分重要。但是，这些能够引领企业“走出埃及”的新文化理念，必须有人去学习、发现或者创造，并且带领大家去实践，让大家看到实践的结果。于是，许多企业的变革期，往往出现费孝通先生在《乡土中国》之“名实的分离”中描述的情境：“在新旧交替之际，不免有一个惶惑、无所适从的时期。在这个时期，人们心理上充满着紧张、犹豫和不安。于是，这里出现了一个‘文化英雄’，他提得出办法，有能力组织新的实验，能获得别人的信任。”费先生还说：“这种时势权力在初民社会中常可以看到。在荒原上，人们常常遭遇不平常的环境，他们需要有办法的人才，那是英雄。在战争中，也是非常的局面，这类英雄也脱颖而出。现代社会又是一个变迁激烈的社会，这种权力也在抬头了。最有意思的就是，一个落后的国家要赶紧现代化的过程中，这种权力表示得也最清楚。”㊁

因此我们认为，一个组织在文化转型和变革期最需要的，是能够将成员从文化的荒原中带出去的“文化英雄”。唯有这样贴近民众生活、心理和思想需求现实的文化英雄的诞生，文化的建设才不会被高高举起、轻轻放下，文化的建设和发展才能够得以真正实现。从这个意义上讲，“贴心小棉袄”正当其时、恰如其分！

当然，要真正将成员带出文化的荒原，必须将“贴心小棉袄”这一类的新文化理念与企业的变革实践紧密结合。因为“文化在本质上是一种功能性装备”，它是物体、活动和态度的体系，其中的每一个部分都作为达到某种目的的手段而存在。同时，文化“是个整合体，其中的各要素相互依赖”，“围绕着重要和关键的任务，这些活动、态度和物体组成制度，诸如家庭、民族、地方社区、部落，以及经济合作、政治、法律和教育活动的组织化团组。”㊂

二、我们多耽误一分钟，用户的正常生活就被多影响一分钟

“我们企业文化的核心就是‘贴心小棉袄’。那么，‘贴心小棉袄’是什么？任何一个企业都可以说，没有用户就没有企业存在的必要。用户是上帝，用户是衣食父母。合肥供水集团是国有企业，是民生企业，我们有这个义务，有这个责任。我

㊀ 金·卡梅隆、罗伯特·奎因：《组织文化诊断与变革》，中国人民大学出版社，2002 年 10 月，第 6 页。

㊁ 费孝通：《乡土中国》，上海人民出版社，2006 年 4 月，第 63 页。

㊂ 马林诺夫斯基：《文化论》，华夏出版社，2001 年 1 月。

们和用户的关系不是平等的买卖关系，是子女和妈妈的关系，是子女和父母的关系。我们要敬畏用户、仰视用户。”

这是方振在一次讲话中对全体员工说的。多年来，在服务实践中，我们是这样说的，更是这样做的！“贴心小棉袄”理念提出以来，所有合肥供水人用实实在在的行动诠释着“贴心小棉袄”的内涵与外延，认真履行服务承诺，并不断提升“贴心小棉袄”服务水平。

2010 年 1 月 24 日，“贴心小棉袄”理念提出后的第 10 天，合肥供水集团“贴心小棉袄”便民服务队走进社区活动启动仪式在合肥市琥珀山庄举行。来自合肥供水集团“贴心小棉袄”便民服务队的近 10 名队员顶着寒风为过往用户散发水费缴费宣传单，为社区内用户解决用水难题。标志着“贴心小棉袄”社区志愿服务队成立。此后，在合肥供水集团领导班子的进一步带领下，“贴心小棉袄”志愿服务队正式启动，集团全员注册成为志愿者。坚持每个周末风雨无阻进社区，零距离服务用户，零距离提供维修服务，面对面开展业务咨询，在供水服务中做到“五个一”，即“一个电话、一声问候、一张名片、一次回访、一份满意”。“我们多耽误一分钟，老百姓的正常生活就多影响一分钟”。自“贴心小棉袄”社区志愿服务队成立以来，先后走进 300 多个小区，周末入户服务 10 000 多户次，发放各类用水常识宣传材料 200 余万份，防寒防冻等宣传材料 100 多万份，便民雨伞 3 万余把，解决供水等问题 2 万多个，受惠用户达百万余人，实现维修及时率 100%，用户满意率 100%。针对空巢老人、困难家庭和残疾人士等弱势群体，安排专人定期上门服务，并发放印有工作人员姓名和电话的“贴心卡”，家里不管是用水或者其他困难，只要一个电话，随叫随到上门服务，用实际行动践行志愿服务。

经过实践中的进一步摸索，围绕供水服务，结合日常工作和自身优势，合肥供水集团又将“贴心小棉袄”志愿服务队下设了四支特色化的队伍：“贴心小棉袄”社区志愿服务队、“贴心小棉袄”礼仪志愿服务队、“贴心小棉袄”网络志愿服务队和“贴心小棉袄”爱心志愿服务队。参与活动的所有队员统一服装、帽子、徽章、口号等标识，持合肥供水集团“贴心小棉袄”志愿者证。

崔丽莉是一名地表抄表员，这份工作她一干就是六年。在这六年中，她的水费回收率月月 100%，年年 100%。虽然她的工作环境很脏，有时候还不被用户理解和认可，但是累并快乐着。有的用户当发现用水出现大水量的情况，第一时间总是带着怀疑和质问的口气说她“一定是抄错表了”“一定是没有抄吧”，但是这些对她而言是绝对不存在的现象。如果遇到这样的用户，她总是耐心和用户解释或者到表位寻找大水量的原因，最终解决好问题。用户曾经的质疑，最终转化成对她的认可，每每听到用户的赞扬，她是那样的快乐和激动，再辛苦也觉得值了。

2016年9月1日，那天是她的休息日，中午11点的时候她的电话响了，一接听是包河万达门面房的一个用户反映上午突然间停水了，找物业也没有查到原因，希望她去看看。她第一时间赶到用户那里。经过了解，该户的水表自2016年冬天被冻坏后就不能使用了，原房客一直从隔壁门面里接水使用。后来隔壁家换了租客，因为不了解情况，就把原来通到他家的水管堵死了，导致门面内没有水。知道事情的原委后，她就和用户说：“你家原来的水表可以用啊，我帮你联系一下物业，请他们帮你把原来水管维修一下吧！”用户听后非常高兴，就在这时，她的电话响了起来，电话那头传来孩子的哭声：“学校里一个同学都没有了，就我一个在学校的值班室，你今天不是休息吗？为什么还不来接我？”崔丽莉听后心情就像是打翻了五味瓶，一种说不出来的滋味涌上心头。她安慰孩子，匆匆挂了电话。这段通话被站在旁边的用户听见了，用户很是抱歉并感激地说：“今天你休息还来帮我解决困难，耽误您接孩子了，太对不住了！”她笑了笑说：“没关系的，这是我的工作，能帮你解决问题就是我们最大的心愿”。为此，该用户还特意拨打供水热线对她的热情服务表示感谢。

是的，“这是我的工作，能帮你解决问题就是我们最大的心愿”。平凡的工作岗位上，只要我们怀着一颗感恩的心，多一份关心、爱心、耐心，就可以真正做用户的“贴心小棉袄”。

2011年8月，“贴心小棉袄”礼仪志愿服务队成立。经过层层筛选，首批34名礼仪人员脱颖而出。经过专门礼仪培训，陆续为全国网络精神文明建设工作座谈会、全国文明单位座谈会、安徽省暨合肥市“弘扬雷锋精神、建设美好安徽”实践主题活动等大型会议和活动提供礼仪会务服务百余次，展示了合肥供水集团风采。2015年9月，第二批礼仪志愿服务队34名礼仪人员再次组建。6年来，累计提供各类会务礼仪志愿服务百余次，充分展现了“贴心小棉袄”志愿服务队的风采。

紧接着，“贴心小棉袄”网络志愿服务队成立。作为互联网的主要使用者与网民主体，青年们在互联网发展中起到至关重要的推动作用。为使青年们在丰富多彩的互联网世界中树立正确的人生导向，合肥供水集团积极发动广大团员青年，成立了网络志愿服务队。40位网络传播志愿者通过转发微博、博客的方式，自觉弘扬社会主义核心价值观，传播崇尚奋斗与美德的思想观念，为励志进取点赞，为好人善行义举点赞，对社会不良现象坚决说不，让网络空间风清气正、充满阳光，让互联网真正成为真实便捷的知识库、文明理性的舆论场。

2013年，“贴心小棉袄”爱心志愿服务队成立。为更好地回馈社会，合肥供水集团成立“贴心小棉袄”爱心志愿服务队及爱心基金，促进员工互助互爱，共创和谐美好生活。爱心基金主要源于公司行政拨款和员工自愿捐款，同时将安全生产和“贴心小棉袄”服务罚款纳入爱心救助基金。爱心志愿队陆续开展了邻里互助、爱心捐助困难户、六一捐资助学、百家团委助百户、青年文明号集体济困助学、义务献血、植绿护绿等主题活动。

“贴心小棉袄”爱心救助基金不仅开展上述主题活动，还大力弘扬尊老、敬老、爱老、助老的传统美德，营造和谐的社会氛围，在每年的“重阳节”来临之际，合肥供水集团都陆续开展“爱在重阳，尊老敬老”的志愿服务活动，为孤寡老人送去爱心和温情，受到了广大孤寡老人的一致称赞。从2014年起，“贴心小棉袄”爱心志愿服务队与安徽医科大学第一附属医院（安医附院）建立联系，先后救助了55名白血病患儿。

为了保证“贴心小棉袄”志愿服务规范、有序进行，合肥供水集团结合党群工作标准化建设，从制度顶层设计出发，围绕《合肥供水集团党建工作及精神文明目标考核管理程序》，制定了《“贴心小棉袄”志愿服务管理程序》，对志愿服务工作的实施、监控、管理和改进工作进行了制度的顶层设计。合肥供水集团主要领导任队长，分管领导任第一副队长，领导班子成员任副队长，队员由各单位、部门员工组成，并在合肥市志愿者服务专题网站上注册。2011年，合肥供水集团再次加压，将打造“贴心小棉袄”优质服务与开展“微笑服务”相结合，将做好“微笑服务”纳入到文明建设工作中去，形成长效机制，与星级评比、奖惩兑现、绩效考核挂钩；结合供水窗口服务流程、特点与实际，形成微笑服务规范，坚持常态化。召集窗口单位，进一步做好微笑服务座谈会，专门举办微笑服务培训专题讲座，以微笑服务为契机，把“贴心小棉袄”优质服务向深层次、多元化、高水平推进。

2011年5月，在全市公用事业企业中率先开通微博与博客，每逢供水管道改造、降压供水期间，实时上传施工进展图片和信息，及时向用户传递供水信息和企业动态，搭建与用户沟通的新桥梁和新纽带，构建新时期供水集团与用户互动的“贴心”平台，赢取广大用户的理解和支持，诠释“贴心小棉袄”的优质服务形象。2011年12月，供水集团在全市公用事业企业中率先使用“用户即时评价系统”，在一般的“很满意、满意、不满意”评价系统的基础上进行改进创新，从6个方面供用户选择，分别为“非常满意、基本满意、态度不好、时间太长、业务不熟、有待改进”，尤其在“不满意”的情况下，细致划分评价标准，将评价主动权交给用户，通过“一事一评”“一人一评”，实现“接待零距离、受理零距离、服务零距离、评价零距离”，以用户评价赢得用户满意。2012年6月，“用户即时评价系统”正式在服务热线和供水区所运行，即以一条热线（64422666“贴心”热线统一受理、统一派单、统一分析和统一反馈）、两级平台（“贴心”热线服务平台和6个区供水所服务平台）、三个环节（派单、处置、反馈）、四项重点（责任明确、时效可控、质量保证、考评客观），结合“五个一”服务规范（一个电话、一声问候、一张名片、一次回访、一份满意），充分发挥“贴心小棉袄”精品品牌优势，利用服务热线督办平台和各区供水所受理平台，实现有效派单、高效处置和及时反馈。

2013 年 5 月，合肥供水集团正式启用移动手机查交水费功能。合肥水费交纳方式已扩充至 10 多家银行营业网点交费、委托代扣水费，用户可根据自己需要，通过电话银行交费、网上银行交费、自助终端交费、供水营业窗口交费、预存交费、“合肥通”卡交费、移动公司代理网点交费、移动手机支付功能等 10 多种方式交纳水费。

2013 年 7 月，供水集团与中国移动公司合肥分公司通力合作，正式启动移动手机支付功能，代收水费项目。合肥市民可以通过移动手机支付功能，进行水费代收业务的查询和交纳，移动用户通过移动营业厅或拨打电话号码 12580 等方式，均可免费开通手机支付业务，在手机支付账户充入足够的金额或绑定快捷支付，便能享受手机支付的各项便利功能。开通手机支付功能的用户，可直接登录美好安徽无线城市（www. ahwxcs. com）或中国移动和包官网（cmpay. 10086. cn）注册新用户，进入系统并通过水费业务号码办理账号余额查询、水费交纳等其他相关业务；同时，用户还可以通过安装无线城市或手机支付客户端实现手机随时随地交费。

2013 年 9 月，合肥供水集团利用移动、电信、联通三大运营商的网络，正式开通“贴心小棉袄”短信服务平台，向用户免费发送供水信息。市民只要成功订阅供水短信服务，系统将每月自动向用户发布实时、准确、高效的供水信息。用户只需根据短信即可知道自家当月水费，及时交纳水费。具体包括水费提醒、交费确认、催费通知、银行批扣不成功通知、水费查询、欠费查询、短信订阅与退订、预停水通知、供水政策宣传、DIY 短信等项目；同时，为满足用户个性化服务需求，集团公司还特别设置了“手动发送”方式，便于供水政策、停水信息、用水知识等资讯的及时宣传，方便用户了解供水最新动态。

理念和思想的问题解决了，所有的工作和服务的方法也就随之而来。同理，理念确定了，要将其付诸实施，必须跟上一系列的、扎扎实实的具体工作，将理念的精神落实到为民服务的成效中。唯有如此，理念才会是受人尊敬的、不会被亵玩的；唯有如此，管理过程和服务的举措，才会是有方向的、有标准的。

三、三次提升，从“你们”到“我们”

“工作了这么多年，这样的工单还是头一回见，长见识。”“这张工单，可以入选我们区所年度最有新意工单了。”10 月 18 日晚，所里接到的一张特殊工单，成为区所员工热议的对象。

工单是这样描述的：“用户来电表扬师傅态度很好，师傅的电话是 153＊＊＊＊5960。”回单内容是：“职责所在，做用户的‘贴心小棉袄’。”“以往的工单都是清一色的故障报修，真没想到工单还可以扮演感谢信的角色。”热线接听员感慨道。

事情还得从 10 月 18 日说起。当晚 19 时 31 分，北城区供水所接到了热线电话：“瑞龙花园 14 栋整栋楼没水！”带班员当即拨通用户电话，在简单询问情况后迅速赶往停水小区。到达现场后，从小区物业得知，因为停电导致二次供水泵房停产，供电线路还在修复中。当天是周日又恰逢用水高峰时段，用户情绪较为激动，带班员一边安排值班员做好安抚和解释工作，一边会同小区物业督促电力抢修人员尽快修复供电。值班人员自始至终急用户所需，设身处地站在用户角度耐心解释安抚。经过半小时的紧张抢修，电力终于恢复运行，随后值班人员立即配合物业启动二次泵房水泵，顺利恢复供水。

这张“特殊工单”不是偶然的，是对“贴心小棉袄”服务的见证，是对“贴心小棉袄”的肯定，更是温暖的“贴心小棉袄”给用户和员工双重的回馈！

2017 年 2 月 8 日，江苏中住物业有限公司专程来到营业中心，送上了一面饱含深情的锦旗——急用户之所急，想用户之所想。合肥城市风景小区为总表供水小区，水费回收较为困难。2017 年年初，因管网破裂产生大量漏水，中住物业作为新入驻物业，对该小区用水情况并不清楚，给日常工作增添了巨大的阻力。面对中住物业的困难，营业中心抄催员主动作为，积极帮助物业联系供水区所、社居委、街道等单位，对小区内管网进行检查、听漏，并做好用户之间的协调沟通工作。在营业中心的配合、协调下，中住物业及时降低了水损，并因为抄表员的协调快速，拉近了物业与用户之间的联系，得到用户的理解，现如今每个月的水费收取也基本能完成。

江苏中住物业送上的这面锦旗，是“贴心小棉袄”理念由口号到行动的成果，也是对合肥供水集团一线的服务由被动变为主动最好的肯定。在服务实践中，合肥供水集团一直强调，服务不是一件卑贱的事情，而是一件高尚的事情。唯有真诚细致的服务，才能真正换来别人对我们的理解与尊重。别人发自内心的尊重甚至敬重，才是对这份工作最好的“酬劳”。“贴心小棉袄”的践行，帮助了别人，实际上也帮助了我们自己。自尊者自立，自立者自强！

七年的发展历程中，合肥供水集团的“贴心小棉袄”服务理念经历了三次调整，从 2010 年的“我们要做用户的‘贴心小棉袄’”，到 2012 年的“怀着一颗感恩的心，做用户的‘贴心小棉袄’”，再到 2014 年的“‘贴心小棉袄’，温暖你我他”。三次理念的调整，不仅仅是文字意义上的修订，更是逐渐实现从被动到主动、从付出到回馈的升华，把满足用户需求作为一切工作的出发点和企业生存的落脚点，全力做好供水服务工作。

“最早的时候强制你喝水，你不喝也得喝。后来呢，我们既然受恩于人家，我们就得回报人家。现在大家是平等的、互帮互助的关系，内外部的互帮互助，我们要尽我们的职责。”

这是方振谈到“贴心小棉袄”理念的三次提升时表达的心声，最简洁的话语，却表达着最真诚的“心”。

2010—2012 年，合肥供水集团提出的口号是：“我们要做用户的‘贴心小棉袄’”，核心导向是扭转观念，真心服务用户。水是百姓生产生活的必需品，合肥供水集团作为民生企业，为百姓服务、为用户着想才是企业发展的根本出发点和落脚点。那么，如何扭转“脸难看、门难进、事难办”的固有状态？唯有坚决破除国企陈旧观念的束缚，转变垄断行业被动服务的理念，树立员工的服务观念，主动承担起公用事业企业特有的社会责任。2010 年 1 月 14 日，方振在讲党课时提出要做用户的“贴心小棉袄”，不仅要做御寒的“小棉袄”，更要让贴心的服务温暖所有合肥人！一个“要”字，充分表现出站位的不同，突出了供水人积极主动的服务态度，全心全意地将真诚和热情奉献给广大用户。

2012—2014 年，合肥供水集团提出的口号是“怀着一颗感恩的心，做用户的‘贴心小棉袄’”，是针对服务过程的指导思想和方向性问题，提出了“感恩”一词，呼应“小棉袄”的寓意，强化了企业与用户之间“类亲情”“为民服务”的涵义。经过两年的精心打造，“贴心小棉袄”的知晓度和影响力迅速扩大。在此基础上自我加压，进一步升华服务内涵，在主动服务中，心怀感恩之心，用一颗对用户谦卑的、敬畏的心，去服务用户。方振强调：“我们要学会换位思考，要学会感恩。”

2014 年至今，合肥供水集团提出的口号是“‘贴心小棉袄’，温暖你我他”，就是希望通过全体员工的努力奋斗，持续强化用户服务；同时，强调从为社会和用户的服务中得到荣誉感、尊严感和职业自豪感。供水人的工作，不仅仅是满足用户需求，而是通过供水服务，在社会层面传递温暖、关爱、相助、善意等理念，为更高层次的社会和谐尽自己的一份力量。基于此，供水集团强调，在服务的过程中，要拓宽自己的视野，放宽自己的心胸，要求全体供水人不轻易向用户说“不”。同时，将“贴心小棉袄”的服务精神跳出供水工作，上升为供水人修身、做人、行事的道德约束和行为准则，升华为合肥供水集团打造全国供水行业新标杆的精神引领和文化旗帜，充分展现供水人的风采，真正做到“‘贴心小棉袄’，温暖你我他”。

四、三层“棉袄”，温暖贴心

“要换位思考，站在职工、站在用户的角度上去挖掘、去改进我们的服务”。这是方振经常挂在嘴边的一句话。简单质朴的话语，蕴藏着三层“棉袄”深刻的内涵。

合肥供水集团总经济师郑伟萍强调：“从群众中来，到群众中去，是我党的根本工作路线，也是科学实用的工作方法。党的群众路线教育实践活动要落到实处，就是要将党的群众路线工作方法落实到供水工作的方方面面。当前，我们要深入践行‘贴心小棉袄，温暖你我他’的服务理念，部门之间、同事之间、供水人与用户之间，要多换位、多思考；心中要时刻装着同事、急着用户、想着他人，把方便让给同事、用户及他人，把困难留给自己，把欢乐和微笑留给大家，这是我们集团公司党委对全体职工的严格要求，是新时期一名合格共产党员的基本行为规范，也是对三层‘棉袄’的有力诠释。”

2010年1月14日，方振在提出“我们要做用户的‘贴心小棉袄’”这一响亮的口号时，一并强调在实际工作中要着力实现领导是员工的“贴心小棉袄”、综合管理部门是基层单位的“贴心小棉袄”、供水人是用户的“贴心小棉袄”，充分展示党和政府以人为本、执政为民、全心全意为民服务的形象。

领导是员工的“贴心小棉袄”

2010年除夕之夜，时任合肥供水集团执行董事、法定代表人、党委书记方振亲自为还奋战在一线的抢修队员送去盒饭，与员工一起在工地上吃“年夜饭”。当全体抢修员工拖着疲倦的身体走在除夕之夜回家的路上时，没有丝毫不满，却高兴地说“董事长亲自到抢修现场给我们送年夜饭，还陪我们一起吃，就像给我们穿了一件‘小棉袄’，心里暖洋洋的……”

从管理实践看，领导是员工的“贴心小棉袄”，是“贴心小棉袄”后两层释义的根本保障。领导以身作则，是坚守集团核心价值观、打造“贴心”“温暖”品牌的关键。在合肥供水集团，每一级的领导和管理者，都应该成为自己下属的“贴心小棉袄”，要以尊重和信任的态度，在工作中积极支持和帮扶下属，关心下属在情感和思想方面的难题，关心下属的职业成长，引导下属建立正确的工作价值观。

合肥供水集团始终认为，员工不是包袱，而是企业最大的财富；员工不是成本，而是企业最大的资本。作为企业领导，必须要充分尊重员工的首创精神，发掘员工的潜能和才干，为员工的发展提供平台，时刻把职工的需求和冷暖挂在心上。要以解决员工在生活和工作中存在的实际问题为出发点，走进基层，深入一线，与员工面对面，真正了解员工的所思、所盼、所想。要倾听员工心声，诚心诚意为职工办实事、解难事、做好事。

“工作上严格要求，生活上无微关怀。当员工有困难时，作为一名基层管理者应不遗余力地去帮他解决。员工的后顾之忧解决了，才会全身心地、不遗余力地去工作；以我心换你心，这之后在工作上再严格的要求员工都会做到”，谈到领导是员工的“贴心小棉袄”时，董铺水源厂厂长管劲松这样说。

确实，像管厂长说的，合肥供水集团各级领导无论在工作中，还是生活中，始终都表现出对员工细心、耐心的关怀与指导。

信息中心某员工说：“我是2015年进来的，我们的科长，已经参加工作九年了，是我们信息中心资深的数据专家，教给我很多东西，比如说数据库的配置，数据库的建立以及数据库的维护等。开发人员光看书是远远不够的，我们科长就会直接告诉我们一些非常宝贵的经验，让我们更快地掌握一些技术。作为一名科长，亲手教给一些技术，我觉得这是非常难得的。”

2016年初，受强降温天气影响，全市供水保障工作接受严峻挑战，合肥供水集团全体员工全力抗寒，为用户排忧解难。这期间，领导们心系员工，在员工为用户贴心服务时，为员工们“穿”上了厚厚的“棉袄”。

2016年1月26日晚22时，方振一行来到“贴心小棉袄”服务热线。方振随机查看了热线单情况，并详细询问了热线变化情况。经过连续6天不眠不休的努力，热线来电量在1月27日晚首次呈下降态势。方振叮嘱大家，做好值班安排，保证休息时间，一定要做好后勤保障。随后，方振前往了中心调度室、抢修中心和二次供水管理中心，看望慰问夜间值班员工，并叮嘱他们要劳逸结合、注意防寒保暖。

在蜀山区供水所和经开区供水所，方振、高和气等领导看望、慰问抢修人员，并详细了解工单处置情况和后勤保障情况。方振详细询问工单处置流程，了解各类食品物资保障情况，并来到员工宿舍，查看被褥厚度。方振特别关注了洗澡间的热水供应，再三叮嘱区所负责人一定要保障每一位员工休息前都能洗一个热水澡。随后，方振、高和气赶到蜀山区香榭俪都小区和经开区青年公寓小区，看望慰问现场抢修队员，仔细了解询问具体上冻情况，以及在抢修过程中遇到的困难。夜间气温降低并开始下雨，方振叮嘱区所师傅，户外工作注意人身安全，并安排后勤部门为各区所一线员工送伞。

郭星、亢冬、高和气来到北城区供水所抗寒抢修一线看望、慰问一线员工。在详细了解供水所工单情况、后勤保障情况后，先后赶往北城世纪城和阿奎利亚小区，仔细查看了解户表受冻等情况，对现场正在更换水表的抢修组员详细询问换表信息登记等相关细节，并再三叮嘱，一要加强施工现场安全管控；二要全力做好后勤保障工作，让员工吃上热饭、喝上热水，配齐劳动防护用品，合理安排工作，避免疲劳作战。

事后，供水集团某抄催员在接受专家访谈时说："在整个抗寒防冻工作期间，从董事长开始，特别指示，一定要吃饱穿暖，晚上可以在外面住宾馆。开始我们都觉得我们只是劳务派遣员工，不是公司的正式员工，有低人一等的感觉，但实际上不是。在后续的慰问过程中，供水集团对全体员工都是一视同仁的。"

走进一线员工也是合肥供水集团领导非常重视的一项工作。合肥供水集团董事长、总经理等主要领导经常走出办公室，深入工作现场，像一个导师和家长，而不是权威的管理者一样，与各个层次的多元用工制员工接触交流，仔细了解员工工作情况，针对员工工作服务中的困难，倡导大家畅所欲言，以此加强情感交流，建立融洽关系。"董事长去基层单位的时候，很愿意和员工交流，什么样的员工，董事长都会认真对待，员工讲什么，他都会认真地听，会拿出笔记本来记录。"一位普通员工在接受专家访谈时这样讲。

与此同时，合肥供水集团还非常重视后进职工转化工作。对个别后进职工，在强化思想政治工作的基础上，会开展"一对一"帮扶活动。通过谈心等形式，及时指正他们的错误行为和思想，帮助他们树立正确的价值观和责任感。通过"比、学、帮、带"，引导他们鼓足干劲学技术、争先进。对他们日常生活中出现的思想问题，及时给予疏导、化解，对工作上取得的成绩，给予表扬。这些年来，这种"扶上马、送一程"的方法取得了良好效果，一些后进职工思想观念得到根本转变，工作热情得到较大提高。以下是关于做好后进职工转化工作的故事：

晏顺在七水厂老员工真挚感召和深切帮扶下"浪子回头"

晏顺于 2013 年 6 月 20 日从外单位转岗调入七水厂。在之后的工作中，态度不端正，屡次违反合肥供水集团和七水厂的规章制度。在未履行任何请假手续的情况下，以生病为借口脱离工作岗位。针对此位员工的情况，七水厂领导首先进行原因分析，多次找晏顺谈话，主动上门联系，了解工作时间外的具体情况，寻找根源、理清原因。其原因为晏顺私借高利贷，欠款太多。

七水厂及时向公司领导和相关部门汇报情况。按照董事长"挽救他就挽救了三个家庭"的指示，本着"不抛弃不放弃"的原则，厂部领导多次主动上门联系其父母，采用电话、微信等方式联系晏顺本人，鼓励该同志面对问题，立即回家。之后，厂部督促他利用法律途径清还欠款，建立了与其家庭的每月常态化的交流。在思想纠正方面，实行一对一专人帮扶方式，由郑育红同志专人帮扶，带其参加有意义、正能量的各项集体活动，侧面感化；在专业技术方面，实行一对一专人帮扶方式，由徐明友同志专人帮扶，带其学习岗位相关专业技能，树立良好的工作生活方式。经过一年多的努力，晏顺的工作绩效大有起色，由原来多次的 D 岗、C 岗到没有 D 岗、C 岗，直至现在的 B 岗。

领导要学会做员工的“贴心小棉袄”，这样的故事在供水集团可谓“俯拾即是”：

“有一次周六，有上级领导来调研，临时接到通知说要加班。来公司后，正好遇到方总走在身边，他对我说，‘周末还让你们过来加班，辛苦了’。我觉得这是我应该做的，而且领导本身也在加班啊，还给我这么说，我觉得挺感动的。”

“副主任经常会给部门员工带早饭，而且货比三家，给员工挑最好吃的早饭”，“我们加班的时候，主任也会自己出钱，主动给我们订餐。”一位员工说。

“回家带的东西多不多，需不需要我顺路带点？”“几点回来，回来的路上打车方不方便？不方便我找同事去接你。”

裕丰花市某员工说起这两句话时，满眼感动。没错，这是她的领导对她说的。合肥供水集团领导除了在工作上对员工进行耐心和细心的关怀以外，对员工的生活更是表现出无微不至的关怀。

综合管理部门是基层单位的“贴心小棉袄”

我们要始终坚持把方便留给用户，把困难留给自己。这个“用户”是多方面的，对供水人而言，外面的用户是我们的用户；对内部而言，我们的服务对象是我们的用户。比如人力资源部，外面打交道的是用户，内部的各个厂、各个区所、每个员工也是我们的用户。我们每个人都要自己想一下，是不是把方便留给了“用户”，自己掂量一下，能给自己打多少分？

水厂、供水所等单位、部门离公司很远，有时候人家大老远来综合管理部门一趟汇报工作，结果三句两句话就打发走了，这样肯定不行。综合管理部门工作人员对待所有来客，首先要倒杯水，“有没有茶叶、茶叶好坏是次要，但首先得倒上这杯水，要请人坐下，再谈事情。‘贴心小棉袄’要成为我们的企业文化，发挥潜移默化的作用，不但指导日常工作，甚至最后都能影响员工的家庭家风，成为一种精神支柱”。

说到集团机关和各业务单位的关系，方振经常用这样两个例子来提醒综合管理部门要做好基层单位的“贴心小棉袄”。

要达到“供水人是用户的‘贴心小棉袄’”目标，就必须持续优化“企业内部服务链”、倡导“管理就是服务”的理念，强化综合管理部门为基层单位服务的能力、做基层单位的“贴心小棉袄”。在具体工作过程中，综合管理部门是公司各项决策贯彻执行的中坚力量，位于决策层和执行层之间，起着上传下达、紧密联系、融会贯通的作用。管理层既是管理的“桥梁”，也是管理的“枢纽”，要恪尽职守，换位思考，及时反馈来自基层单位的意见和问题。在具体工作过程中，综合管理部门要有“基层服务员”精神，要做基层单位的公司战略与决策执行的引领者、各项运营资源需求的提供者、管理需求的支持者、信息交流沟通的传递者，要主动问询、发现基层单位的困难，帮助解决基层单位的问题，创新实施有利于基层单位的措施，以配合和服务的定位，共同推动基层工作。以基层单位的需求为工作的出发点，以基层单位的业绩来衡量自身工作的价值，以基层单位的满意度为工作绩效的标准。

以下是合肥供水集团员工与外部专家的对话，真实反映出综合管理部门是基层单位的“贴心小棉袄”。

专家问：“小棉袄”三个层次，集团对水厂这层做得怎么样？水厂对班组这层做得怎么样？

员工 A：以前需要的器材设备和药品可能无法落实，被忽略。现在变化很大，申请报表基本都会得到批复。

员工 B：以前感觉安保部是上级部门，发通知后不再进一步指示。现在建立安全生产 QQ 群，交流更加及时，很方便，拉近距离。领导在微信群里发视察工作的图片，可以发现自己与别人的差距，感触很深。

总体来讲，合肥供水集团倡导的“贴心小棉袄”的服务并不是单一的对外行为。在企业内部，领导是员工的“贴心小棉袄”；综合管理部门是基层单位的“贴心小棉袄”；而在企业外部，合肥供水人是社会用户的“贴心小棉袄”，这样才能由内到外、全程贯穿，体现出“贴心小棉袄”服务的实质内涵。正是因为企业与员工的精诚团结，“贴心小棉袄”的服务才被社会广泛认可；正因为供水集团领导层善于倾听一线心声、善于发现问题、善于第一时间解决问题，掌握基层情况，做到信息互通，才能及时帮助员工进步，基层领导班子不脱节，极具执行力，最终营造出集团与基层的浓厚和谐氛围。

供水人是用户的“贴心小棉袄”

庐阳所管线二班正在对辖区内的户表进行例行保温工作，班长李智勇的手机突然响起，热线告知濉溪路二村 14 栋有用户反映楼道内水表箱有漏水现象。李班长立即与用户联系，了解到楼道内已经积水。考虑到天气寒冷，积水可能结冰，对居民人身安全带来隐患，李班长果断决定立即赶往濉溪路二村。

12 分钟后，管线二班赶到现场时发现楼道内积水比较严重。班组人员立即对户表箱进行了全面检查，但发现表箱内部并无漏水，根据经验判断，可能是进户水管损坏。经过仔细听漏，确定是隔壁用户家中进户管漏水。在通知用户后，用户对庐阳区供水所的同志及时发现内部管道漏损表示非常感谢。为了排除隐患，解决用户的漏水问题，经过近一小时的努力，终于将破损管道维修完毕。将墙面恢复好后，班组人员还用扫把将楼道内的积水清扫干净，保持了楼道内的清爽整洁。

就在班组人员收拾工具准备离开的时候，用户一路小跑着下来说：“最近听说你们公司在宣传做用户的‘贴心小棉袄’服务行动，今天我们感受到了，‘小棉袄’确实温暖……”

一句“小棉袄，确实温暖……”说明供水集团全体供水人用真情和汗水浇灌的“花朵”已经绽放。合肥供水集团一直坚信，用真心、耐心、专心的精神来提供服务，才是对所有用户最好的报答！

十多年前，华为提出：“华为的追求是实现客户的梦想。”今天，华为形成了无线、固定网络、业务软件、传输、数据、终端等完善的产品及解决方案，给客户提供端到端的解决方案及服务。全球有 700 多个运营商选择华为作为合作伙伴。“‘为客户服务是华为生存的唯一理由，客户需求是华为发展的原动力’这是华为公司一直以来的认识，也是华为企业战略的核心。”华为集团董事长任正非先生在一篇文章中这样写。是的，以用户为中心是所有优秀企业都应该追求或倡导的价值观。自“贴心小棉袄”理念提出以后，合肥供水集团始终把解决用户用水难题、做好用户用水保障作为一切工作的出发点。合肥供水集团深知，“贴心小棉袄”理念的提出不是为了创造利益，而是要让所有供水人转变工作态度和方式，发自内心地将用户当作亲人，把用户当作“衣食父母”，用子女孝顺父母的心态去对待用户，不轻易向用户说“不”，为用户服务要如履薄冰，让用户真正感到满意和放心。

“无论是遭遇暴雪肆虐，还是面临炎热酷暑，他们都无所畏惧，与严寒鏖战，与意志比拼，完成一次又一次施工、巡检、听漏、抢修任务……这就是供水集团的员工，他们以默默无闻的工作态度、兢兢业业的工作方式树立了先锋模范带头作用，诠释了公用企业的新形象，公用企业不再高高在上、置百姓需求于不顾，它是为老百姓服务的企业。”这是供水集团党委副书记、监事会主席、纪委书记亢冬对所有供水员工做用户的“贴心小棉袄”最真切的描述。以下是两个“热心肠”管网工贴心服务用户的故事：

以后有事您还打这个电话，我马上就来

随着城市的不断发展，用户数量增加到 120 多万户，合肥供水集团管网工们全

天待命，即刻出发。他们不仅帮助解决家中出现的用水难题，还主动为空巢老人发放印有姓名和电话的贴心卡，承诺只要家中出现用水方面的困难，可 24 小时随时拨打电话，服务工将以最快的速度赶到。一天，服务工小徐就接到过一位老太太的电话，说家里漏水了，照着贴心卡上的号码打了电话，问清地址之后，小徐得知这是位孤寡老人，立刻动身赶到老太太家。等仔细检查后，发现是一个阀门零件坏了，这种零件因为年代久远，现在市面上基本都没有出售了。七月的天，骄阳似火，小徐二话没说，骑着车就去找，功夫不负有心人，在大太阳下转了两小时后，终于买到了零件。在修好管道后，天色已晚。小徐连口水都没顾得上喝，帮老太太收拾了家，还给她煮了碗面，老太太抓着他的手，激动得都说不出话来。小徐说，以后有事您还打这个电话，我马上就来。

1 楼到 6 楼，20 桶清澈的自来水送到居民家中

一次突发性爆管，合肥正值持续高温天气，室外温度高达 40 多摄氏度。爆管管线周边区域供水压力大面积下降，沿线高层居民用户受到严重影响。值班室，一阵急促的电话铃声响起：教师新村 6 楼一户老人家中无水！值班长二话没说，火速赶往现场！从 1 楼到 6 楼，来回十几趟，把 20 桶清澈的自来水送到居民家中！班组同志们不知跑了多少条道路，穿过多少个小区，为多少用户家中送去清澈的自来水……

在供水岗位上，还有很多同志和他们一样，和时间赛跑，同困难较劲，满身的汗水是他们辛劳工作的付出，黝黑的肤色是他们奔波现场的见证，用户们的啧啧称赞是对他们的最好肯定。他们以饱满的工作热情投身于建设服务一线，实践着“把方便留给用户，把困难留给自己”的承诺，切实保障广大用户用上优质水、放心水、幸福水。

五、“贴心小棉袄”文化的形成

埃德加·沙因在其《企业文化生存指南》中谈到企业文化时认为，组织是由个人和小团队创立的，最初这些人用自己的理念、价值观和基本假设来影响他们的雇员。如果创始人的价值观和假设超出了组织环境允许或能够负担的限度，就不能形成最初的组织文化。但是假设行动公司的创始人相信人们必须把事情辨个水落石出，并且所有决策进行之前都须获得必要的信息，那么在他创造出一系列成功的产品后，就会吸引和留住其他开始相信这些东西的人。如果通过这种方式，他们继续成功地创造出市场喜欢的产品和服务，那么这些信念和价值观就会渐渐演变成共享的和理

所当然的，就成为关于世界本质以及怎样在世界上取得成功的默认假设。[一]

2012 年 3 月 2 日，中央电视台《新闻联播》报道了合肥供水集团学习雷锋同志，弘扬时代精神，开展“贴心小棉袄”志愿服务活动；同年 3 月 5 日，《中央创先争优活动简报》第 2030 期，专题报道了合肥供水集团“争做用户的‘贴心小棉袄’”，改进工作作风，提升服务技能，为用户提供贴心服务；同年 3 月 9 日，新华网专题报道合肥供水集团创新工作方法，打造和谐劳动关系……领导、公众和媒体对合肥供水集团“贴心小棉袄”服务品牌的聚焦，源于合肥供水集团真真切切地怀揣着一颗“对人民敬畏”的心态。

巫达先生在《社会变迁与文化认同——凉山彝族的个案研究》一书中提到，美国人类学者默曼研究泰国泐人的文章，泰国的泐人在文化、语言等与当地的泰人没有什么差异，但他们自己却认为不是泰人，而是泐人。作者最后得出结论，谁是泐人呢？就是那些自己认为是泐人的人。巫达先生由此认为，一群人在认识他们所属的群体时，主观的认同是很重要的。他同时引用了马克斯·韦伯在《族群》一文的观点，认为族群对相似性的认同是主观的信念，并对族群历史有主观的“共同的记忆”。[二]

由上述“自己认为是泐人的人”“主观的认同”“共同的记忆”，我们可以联想到企业文化的状态。在企业文化建设过程中，关注“泐人”的态度——他们是否认同“你”的文化，他们自己认为是谁，即“我自己（主观）认为我是谁”，其实是最关键的。优秀的企业文化，首先要得到员工的认可与支持。再好的企业文化如果不能深入人心，若不能让企业内部的员工认同并产生情感共鸣，岂能谈得上赢得用户的认同与支持？

值得庆幸的是，在合肥供水，经过上下齐心的多年努力，合肥供水集团渐渐做到了这一点！

从理念层面说，继“贴心小棉袄”之后，合肥供水相继总结出“管理哲学”，以及包括更多企业文化理念体系在内的系统化企业文化思想，出版了《企业文化手册》。这些理念都是“贴心小棉袄”文化的集中体现，构成了“贴心小棉袄”文化的基石。

从行为层面讲，合肥供水的行动从志愿服务、率先使用“用户即时评价系统”、搭建与用户沟通的平台，一直到实行一站式服务、一次性告知、限时办结、全面升级“贴心小棉袄”热线和业务大厅功能等，都说明合肥供水集团用实实在在的行动诠释着“贴心小棉袄”丰富的内涵。

[一] 埃德加·沙因：《企业文化生存指南》，机械工业出版社，2004 年 5 月，第 16 页。

[二] 巫达：《社会变迁与文化认同——凉山彝族的个案研究》，学林出版社，2008 年版。

从形象层面看，合肥供水设计了“贴心小棉袄”Logo。“贴心小棉袄”Logo 不仅仅是一个标记和图案，它更是把企业的服务理念、价值取向融入合肥供水集团企业文化的精髓里。它通过视觉识别来传达供水企业精神，它在向社会公开传递企业的服务承诺，传递供水企业勇于承担社会责任的使命感和自豪感，它还凝聚了广大供水职工的归属感、认同感和勇于奉献的精神力量。勇担社会使命，贴心为民服务，哪里需要“小棉袄”的温暖，“小棉袄”就会来到你的身边。

“因为我们是优秀的合肥供水人，所以我们的水质更好”！这是供水集团很多员工的微信签名。方振曾说，刚提出“贴心小棉袄”理念时，多数员工都认为仅仅是一个口号而已，根本没有实质性的内容，也不可能长期执行下去。然而，令大家欣喜的是，经过几年的实践，“贴心小棉袄”理念成为供水集团全体成员的行为导向，现如今大家都因“贴心小棉袄”而感到自豪。“之前从来没有这么大幅度的改变，一开始我们都会觉得这样的理念转变是比较困难的，但是现在整个公司都接受了!”这是供水集团一名普通员工的心声。

供水集团某抄催员提到：“我们这边负责抄催的很多女同志，善于和用户沟通，到什么程度呢？就是到一些小区做用户服务的时候，很多用户会拉着她们不让她们走，中午一定要留她们在家吃饭。就是这样，我们把用户当作我们的衣食父母，很多用户也把我们当作是自己的儿女，这种关系非常融洽，非常和谐。”

“我的自豪是什么呢？就是在我的同学圈子里，以前能主动跟我聊这些事情的不多，但现在我们的‘贴心小棉袄’知名度很高，我和同学一起吃饭聊天时，‘小棉袄’都成为一个话题了，他们都认为‘贴心小棉袄’是个实实在在的事情，甚至有的时候我们公司搞点宣传，需要点赞、投票的，他们都会说‘全力支持’。”供水集团总经理、党委副书记郭星这样谈到。

“我是淝人”，“我是合肥供水人”，“我们是‘贴心小棉袄’”。经过 7 年的锻造，“贴心小棉袄”文化已经深入人心！具体来讲，合肥供水倡导的“贴心小棉袄”包括以下四个内涵：

- **感恩友好的“小棉袄”**：对同事和用户充满爱心，有感恩之心和敬畏之心，在交往中体现出友好与尊重、善良与真诚，保持阳光心态。
- **亲近知心的“小棉袄”**：愿意亲近同事和用户，以开放的心胸对待他人，愿意做同事的知心朋友；在服务过程中换位思考，将心比心，为用户分忧解难。
- **关怀帮扶的“小棉袄”**：用水直接关系到千家万户的生活质量，在服务用户过程中，无论从市场需求还是从社会责任角度，都要积极关注用户需求，及时满足用户需求，力争创造超出用户期望的服务，为用户提供优质、放心、温馨、周到的供水服务。在管理工作中，要从价值观引导、工作能力提升、个人情感、职业成长等各个方面关心和帮助员工。

- **温暖幸福的“小棉袄”：**合肥供水集团的经营管理和文化建设目标，在基本经济指标之外，要以向员工、向用户传递爱心、传递温暖为核心指向。在所有的经营管理活动中，努力释放善意，展示友好，让供水集团的优秀文化随着服务过程传递到千家万户，传递到全社会。

2016 年 11 月 10 日上午，2016 年度中国城镇供排水协会企文委第九次全会暨交流研讨会在成都召开。合肥供水集团董事长、党委书记方振应会议邀请，以“建立‘可复制的’合肥供水新模式 打造‘贴心小棉袄’特色企业文化”为主题作交流发言，引起与会企业强烈反响，掀起了一股“合肥旋风”。

尽管合肥供水集团的“贴心小棉袄”文化还在一个逐步成熟的过程中，但通过这些年企业创新发展和文化培育的过程，我们的体会是，企业文化建设之所以重要，并不仅仅在于你提出一个“惊世骇俗”的理念或口号，比口号本身更加重要的，永远是口号是否实践了？是否得到了内外部所有利益相关者的认同？是否真正促进了企业经营管理的进步和绩效的增长？

基于这样的思考，起码今日的合肥供水集团可以这样说，以“贴心小棉袄”为核心的企业文化，在企业的经营管理中起到这样一些作用：

第一，以“贴心小棉袄”为核心的企业文化是一种信念。60 年沧海桑田，供水集团发展的步伐未停，进取的脚步未歇，服务经济社会发展与人民生活的重任未变，进取奉献的传统未变，这些与企业成长相伴随的优秀文化基因，日积月累形成了合肥供水文化的主旋律。自 2010 年以来，合肥供水集团一直在不断打造、提炼“贴心小棉袄”核心价值观，将其打造为“企业文化品牌”“优质服务精品品牌”和“党建品牌”三位一体。

在七年的发展历程中，合肥供水集团以“贴心小棉袄”核心价值观为核心，始终将 PDCA 工作法作为企业发展法宝。在不断的理念升华中，这种为民造福、为政府分忧的责任与担当意识，这种为全市供水保障而奋力拼搏、勇于奉献的精神，润物细无声地融入合肥供水人的思想意识和行动中，成为合肥供水集团意识形态中的至高信仰。这些与企业成长相伴随的优秀文化，日积月累形成合肥供水企业文化的主旋律，渗透到企业发展的方方面面。

第二，以“贴心小棉袄”为核心的企业文化是一种规范。近年来，供水集团以“贴心小棉袄”系列理念为指导，紧紧围绕“两个坚持、两个反对、一个提升”的“221”指导思想开展各项工作，坚持“简政、放权、明责”的管理思想，以“PDCA 循环管理，正着来，倒着查”为管理法宝，把工作重心放在科学理念、方法的提出及执行落实上，力图把合肥供水集团打造成一家完全实现科学化管理的行业标杆企业，以此践行“贴心小棉袄”理念，以精细化管控为特征的科学管理文化在合肥供水集团蔚然成风。以ABCD和PDCA工作法为基础，以“四化”为导向的管理创新，使得合肥供水集团整体运转的效率得到全面提升，为基于精细管控的科学文化奠定了坚实基础。“企业文化很重要的组成部分就是规范的管理制度，这种规范的管理制度能保证企业按照自己的预期目标，健康正确地发展，所以企业文化的重要作用就是强化企业管理。”㊀

第三，以“贴心小棉袄”为核心的企业文化是一种形象。在工作实践中，合肥供水集团时刻牢记“把方便留给用户，把困难留给自己”的服务理念，随时关注用户需求，不推诿，不搪塞，积极作为，尽可能创造条件满足用户需求，为用户提供一切可能的便利。以阳光的心态、温暖贴心的话语、敏捷高效的行动及准确有效的结果，为用户提供最佳服务。多年来，合肥供水集团从服务城市大建设到走进用户家中，不断升华服务理念，丰富服务内容，延伸服务半径。

第四，以“贴心小棉袄”为核心的企业文化是一种品牌。新时代，合肥供水集团不断丰富供水文化成果和服务品牌，加强供水文化产品、惠民服务与群众文化需求对接，开展形式多样的品牌活动，拉近品牌与用户的距离。同时，全力打造“贴心小棉袄”精品品牌，始终以用户满意、员工认可、企业发展三个维度为出发点，以专业、系统、精准、深入作为品牌推广原则，纵向深化水务行业发展，横向拓展新领域平台。从品牌创立的“跟跑者”成为“并行者”，并继续发展成为“领跑者”，建立起用户、员工、企业共同认可的品牌愿景，成为合肥供水集团发展的文化纲领，成为同行业的精神标杆。

著名文化人类学家雷蒙德·威廉姆斯先生有一个关于文化的著名理论，就是“文化是感情的结构”。他说：“在生活的一种特殊意义上，在几乎不需要表达的经验所属的特殊群体中，感情结构很难把握。我们生活方式的种种特征穿越了这个经验群体，以某种方式被传递下去，并被赋予了一种特别的、独有的色彩……和一种特别的、本土的风格……感情结构名副其实，结构稳定强壮，但却在人类行为最精巧、最不可触摸的那部分起作用”。㊁

从这些略显艰涩的话语中，可以发现几个不用想就十分熟悉的词汇：“几乎不需要表达的经验”“穿越了这个经验群体”“赋予了一种特别的、独有的色彩”“一种特别的、本土的风格”……它们所共同描述的，其实就是“贴心小棉袄”这样一种已经浸透到我们身体和灵魂之中的东西！

㊀ 王健林：《万达哲学》，中信出版社，2015年1月，第257页。

㊁ 弗雷德·英格利斯：《文化》，南京大学出版社，2008年10月，第126页。

文化功能学派代表人物马林诺夫斯基把文化看成“满足人类生活需要的一种手段”，他强调，所有的文化因素，最终都被视为用来满足人类的需求。第一个层次是满足个人生理上的基本需要，第二个层次是满足“制度上的需要”（如法律制度、教育制度），第三个层次是满足“整合上的需要”，如宗教、艺术等。据此，他给文化下的定义是：“文化是在特定环境内，人类机体和群体为了基本需要的满足和生活水准的逐步提高而充分适应环境所逐渐发展出的体系。经济、法律、教育、科学、巫术、宗教等人类的文化方面都是按其功能与整体发生联系的。”

这里需要重点关注的是“所逐渐发展出的体系”，也就是说，文化是随着人类的生活过程逐渐发展出来的。而发展出来的这些文化，都与人类生活或工作中的“功能”相关，是有用的，是现实的，也是人们一直在行动中的。如果说在合肥供水集团企业文化建设中有什么样的思考和经验的话，我们认为这就是。

“因为我们是优秀的合肥供水人，所以我们的水质更好”！

第 5 章

05

从口号到行动：“贴心小棉袄”的落地与提升

如果顾客服务的质量不好，所有人的利益都将受到损失……服务优良意味着将获得更多的利润、更多的乐趣和更大的发展，可以创造更美好的未来。

——利奥纳多·L·伯利

一、弥补服务质量差距

为彻底解决用户校验水表的流程难题，用实际行动反对以往水表校验的经验主义，2015年7月~8月，合肥供水集团监察室主导了“水表校验投诉”大讨论活动。活动中，相关窗口部门进一步梳理并完善了现有的水表校验工作流程和规章制度，就制度的执行力提升问题进行了深入探讨。同时，大讨论活动还结合供水集团积极倡导的“标准化、模块化、简单化、信息化”建设和学万达活动，依据标准化建设体系文件，就如何贯彻各项标准化制度提出合理化意见与建议，按要求在公司范围内公示，并逐一梳理落实。

在企业文化建设中，理念的提炼很重要，把文化理念与经营管理相结合落地更重要。在这一过程中，最重要的事情，不仅有态度的问题，更有方法和规范的问题。而且从一定意义上讲，方法和规范对于落实文化理念，将“贴心小棉袄”落到实处，其实更为关键。上面的案例，就是合肥供水集团在落实服务理念过程中，在制度设计和方法探讨方面持续进行的工作。在以“贴心小棉袄”为核心的优质服务文化建设过程中，合肥供水集团不断加压、推陈出新，通过研究服务质量差距，不断弥补服务质量差距，做用户真正的“贴心小棉袄”。

从理论和实践的结合上看，“服务质量差距模型”其实不是一个“高深莫测”的服务管理理论，它更像一个服务管理的方法。这一理论是20世纪80年代中期到20世纪90年代初，由美国服务营销专家帕拉休拉曼、赞瑟姆和贝利等人提出的。“服务质量差距模型”最大的贡献在于，它超越了之前关于服务的种种讨论和粗线条的管理方法，明确指出5种可能导致服务质量问题产生的“差距”：①差距1，管理者对顾客期望的感知与顾客的服务期望之间的差距——管理者认知差距；②差距2，管理者对顾客期望的感知与具体的服务质量规范之间的差距——质量标准差距；③差距3，服务质量规范与实际提供的服务之间的差距——服务交易差距；④差距4，实际提供的服务与市场宣传促销活动的差距——营销沟通差距；⑤差距5，顾客服务期望与服务感知之间的差距。该模型其实是沿着服务进程，将可能影响服务质量的 5 个问题提出来。这个理论认为，企业应从控制差距 1 ~4 的产生入手，最终实现对差距 5 的控制，进而实现顾客满意。[㊀]下面我们以"服务质量差距模型"为基准，详细分析合肥供水在这些方面的基本实践活动：

第一，弥补管理者认知差距。所谓"管理者认知差距"，就是公司的管理者想的和顾客想的是否一致。长期以来，尽管合肥供水集团十分强调"贴心小棉袄"的服务标准，但在一定程度上的确存在如何进一步了解用户多层面需求的问题。因此，营销策划和品牌推广做得再好，但对顾客的需求了解得很少，还是无法满足顾客需求。为了解用户的真正需求，提升供水服务水平，践行"贴心小棉袄"服务理念，查找供水服务薄弱环节，在之前持续工作的基础上，2016 年 12 月 20 日，合肥供水集团结合"千名党员千面旗，一寸清泉一寸心"活动，组织开展 2016 年用户满意度调查，及时了解、收集用户对供水服务工作的意见和建议。此次用户满意度调查坚持"要真的不要假的，要实的不要虚的，脚踏实地做事，阳光快乐工作"的原则，具有以下特点：一是被调查对象多。本次调查共涉及营业中心、客户服务中心、7 个区供水所等 9 个被调查对象，基本涵盖合肥供水集团下设的所有一线服务单位、部门。二是调查范围广。合肥供水集团根据各部门工作内容的不同，制定了相应的调查范围，其中，各区所被调查内容包含用户对于供水水质、水压、热线预约服务时间等 9 项测评内容；客户服务中心被调查内容包含水表报建流程宣传、报建收费公示、现场勘察等 9 项评价内容；营业中心被调查包含水质、水压、抄收服务等 10 项评价内容等，基本涵盖所有服务业务。三是调查参与度高。合肥供水集团主动邀请个人用户代表、企事业单位用户代表、大专院校用户代表等广泛参与调查，共发放问卷 354 份，回收 354 份，反馈率 100%。为确保满意度调查真实、科学，合肥供水集团将评价等级分为"非常满意""满意""一般满意""不满意"四类。调查过程中，用户提出了一些中肯的建议，如局部水压低、二次供水水质疑问、水价咨询等方面。针对用户的意见和建议，各责任单位认真分析、查找原因，快速制定整改措施，多渠道寻求服务质量进步，不断提高供水服务的长效性和及时性，切实践行"贴心小棉袄"服务理念，保障用户用上"优质水、放心水、幸福水"。

第二，弥补质量标准差距。所谓"质量标准差距"，就是管理者想象的标准和服务质量规范之间的差距。在了解用户的服务需求后，还要通过制定服务标准满足用户需求。比如，区所服务员工对接单"5 分钟响应机制"存在质疑的问题，就反映了质量标准差距的问题。具体说，有人认为在工作现场难免会漏接电话，但合肥供水集团

㊀ 高伟洁：从 P. Z. B 质量差距模型分析控制餐饮服务质量研究，《江苏商论》2010 年第 3 期，第 26 页

要求必须5分钟接单，而且不能让用户第二次打进热线，否则不管什么原因就会扣绩效。但是，如果因为电话信号不好打进来第二次呢？出于追求高品质服务的目的，将标准设计得严苛一些是应该的，但对于员工实施中的特殊情况如何处理，也应有相应的制度处理，即保证高服务标准的实现，尽可能减少服务差距，又能兼顾特殊情况，保证制度的人性化和心理感受。基于这样一些认识，为了深入贯彻“‘贴心小棉袄’，温暖你我他”服务理念，合肥供水集团从顶层设计出发，立足企业实际，以用户需求为导向，将用户需求有效转化为供水服务管理各项活动标准，编制出台《“贴心小棉袄”服务标准及行为规范》，全面规范窗口服务、热线服务、入户服务、管网服务、水质服务、二次供水服务等13大类的服务，配以简单图示，形成一套满足用户需求、切合企业实际、符合供水行业要求的供水服务标准及行为规范。

第三，弥补服务交易差距。所谓“服务交易差距”，就是一线服务的员工在工作时遵照标准执行的程度。员工在为用户提供服务时，是否按照标准提供服务，是导致服务质量差距的重要原因。由于员工的身份、能力以及他们受到的培训等方面的原因，服务交付过程难以达到服务标准的要求，对于服务标准没有做到“内化于心，外化于行”，导致在服务过程中没有严格按照标准提供服务。为解决这一问题，合肥供水集团从以下几个方面入手：一是创新开展“笑脸转盘”“我转你答”“岗位练兵”寓教于乐。业务大厅业务类型多样繁杂，对窗口工作人员提出了新的更高要求和挑战。为了增加考核的知识性和趣味性，业务大厅创新开展了“笑脸转盘”活动。“笑脸转盘”上标有每个窗口工作人员的名字，转盘转动后，指针指到谁，谁就要对随机抽取的题库中的问题进行回答，答对加分，答错减分，积分达到一定额度就可以获得相应奖励。在每周的周例会上，通过寓教于乐的独特方式，让大家在欢声笑语中加深对各知识点的学习，掌握业务知识，提高业务水平。二是编写培训习题库，丰富培训内容。将业务大厅的4大类24项业务每一项具体工作的操作流程编辑成册，编写了一套全面覆盖各项工作的流程手册。创新地将手册内容编写成一道道的题目，组成学习题库，帮助员工熟悉掌握各项业务办理。三是开展职业化素养与仪容仪表标准化培训。围绕窗口服务工作性质和特点，深入浅出地将礼仪培训与规范窗口服务工作相结合，从服务规范、仪表仪态、工作妆容、服饰着装等方面，以讲解、示范、训练为主，对参训人员进行现场模拟训练，使大家得到全方位的锻炼。通过这些方法以减小服务交易差距，使顾客尽可能满意。

第四，弥补营销沟通差距。所谓“营销沟通差距”，就是看你和用户说的和你为用户做的是否一致，其核心问题是服务传递与对外承诺不相匹配。比如，合肥供水集团的工作中就有这样一类问题：一线员工表示“关于工单问题，热线接线员跟用户定了一个时间，但是热线不了解情况，把话说得太满，盲目给用户承诺，一线员工在那个时间到不了，就会被用户责备。”一线员工与热线接线员因为工作性质不同可能会存在沟通不及时的现象。一线员工直接面对客户或者设备抢修，热线接线员主要负责用户需求传达以及服务承诺。如果双方不能及时有效地进行双向沟通，很容易导致一线员工的服务达不到接线员承诺给用户的服务，造成服务差距存在。而为弥补这种内部服务链问题，合肥供水集团采用业务知识双向交流的方式，以达到服务好横向部门的目的。作为"一站式"服务牵头部门，与后端部门开展业务知识双向交流学习活动，熟悉后端部门业务办理流程，设身处地地思考各横向部门对本部门的需求，确保本部门的工作职责和各横向部门之间有效契合，确保做好与后端部门之间的衔接配合。

此外，运营中服务人员执行力不足的问题，也是造成服务质量差距的原因。大多数人认为，其中一个重要原因与一线工作人员的现实服务能力有关，即高的服务标准如何与一线的服务实施能力相结合？这其中，不能单纯强调一线员工的素质与能力存在问题，而应思考如何通过持续的培训沟通强化服务人员对服务标准的认识与实践。随着"贴心小棉袄"理念的逐步深入，区所的服务标准越来越高，工作量越来越大，但人员配置没有做相应的调整。每个人能力都是有限的，资源配置不足将影响对用户的服务质量。营业中心面临的问题是外包人员较多，带来的问题是管理者强调服务，但是真正为用户服务的是整体素质相对不高的外包人员，可能造成服务质量达不到服务理念要求的现象。为弥补服务差距及服务人员执行不足等问题，给用户提供更好的服务，业务大厅创新培训形式，采取一对一、一对多、案例分析、每周一课等活动形式，编写考试试题，建立考试题库，做到有培训、有内容、有考核、有再培训、合格后上岗的一系列闭环管理措施，以典型案例剖析，为职工明确工作方法。通过开展问题型案例剖析会，共同探讨并解决工作流程中的节点难点问题，让员工从中受到启发，掌握协调处理工作的经验和方法，以提高员工的执行力。

如果按照常规的经验做法，他们经常感觉自己做得已经不错了。但正如上述，拿"服务质量差距模型"这一类规范化的体系对照，实际上合肥供水集团在各个方面还有很大的差距。所以，合肥供水集团近年来在服务用户方面最大的感受，正如德鲁克先生所说的那样："顾客对于价值的看法十分复杂，只有顾客自己才能回答这个问题。企业管理层甚至不应该试图对其进行猜测，应该以系统化的方式直接向顾客探寻其真正的答案"。㊀

二、多措并举、持续创新

作为为社会和民众服务的窗口单位，服务是永恒的主题。七年来，随着"贴心小棉袄"服务理念的不断提高与升华，合肥供水集团不断创新，增加服务举措。

㊀ 彼得·德鲁克：《管理的实践》，机械工业出版社，2013 年 11 月，第 44 页。

1. 拓宽水费收费渠道

2012年，为切实贯彻省委常委、市委书记吴存荣来合肥供水集团调研时关于“从方便用户、便捷可行、提升服务效率、降低服务成本的角度，做好城市低保户用水补贴的惠民举措”的指示精神，合肥供水集团在水费收取方面做了大量改进工作：一是实行低保退费货币直补化。主动对接市物价局、财政局、民政局，将低保水费补贴由原低保用户到营业大厅退费改为直接货币化退到低保用户账户，2012年10月1日起已正式实施。二是增设缴费点，拓展缴费渠道。为方便用户交纳水费，完成省银联水费代收系统和营业大厅自动收费机测试，拓宽水费收费渠道。2017年1月18日18时，合肥供水集团正式上线北城地区水费微信代收功能，市民可以添加“合肥供水”微信公众号，进入后在“我家用水”栏目中的“在线交费”菜单中输入户号，即可实现微信交费。目前，北城地区共有120 435块水表，用水人口近50万人。长期以来，北城地区用户只能通过邮政代收点、农行网上银行及邮储银行网上银行进行水费缴纳。交费方式的局限给市民生活带来了诸多不便，为了解决用户的交费难题，合肥供水自集团2016年初便着力推进北城地区网上交费项目实施工作。经过科源水务公司、计划财务部、营业中心等部门的通力合作，前期的技术开发与测试工作有序、高效推进。同时，合肥供水集团积极与银行、腾讯公司进行对接，经过多次沟通、协调，顺利完成功能开发的后续工作。2017年1月18日18时，北城用户全部实现微信交费。此外，北城地区支付宝代收水费功能正逐步推进，将于近期正式推出。届时，北城地区用户将可以通过微信和支付宝两大平台便捷交费。

2. 改善服务环境，打造人性化窗口

为优化办事服务环境，合肥供水集团在业务大厅设置了自助查询电脑、填单台、休息椅、饮水机、医药箱、针线盒、报刊取阅栏、手机加油站、擦鞋机等便民设施，设置窗口服务评价器、意见征求箱，为用户提供全方位的“贴心”服务。在业务大厅改造过程中，首先，合肥供水集团充分考虑了用户的需求和愿望，不仅按照标准化改造要求新增了自动排号系统，在原有窗口数量基础上新增了6个业务办理窗口，方便了用户交纳水费，提高了工作效率。其次，为满足客户等候需求，业务大厅还在原有座椅的基础上，新增了6排座椅，可同时容纳30名左右的客户。最后，为方便用户批量报装和批量过户，特别设置了大客户接待室，充分体现了合肥供水集团人性化的贴心服务。同时在大厅左侧，业务大厅特别增添了会议接待室。

3. 设立“绿色通道”，贴心服务无止境

业务大厅坚持“以人为本”，设置无障碍通道、自动排号等各类便民设施。为

老、弱、病、残、孕等特殊群体用户，设立"绿色通道"，特殊群体用户到业务大厅不需取号排队，由专人直接带领到"绿色通道"窗口，并负责帮助其填写各类单据，辅助行动不便的用户进出大厅，受到了用户的广泛好评。

考虑到前来业务大厅办理供水业务的用户有不少都是年老体弱的老人，为了交水费、办过户，往往一把年纪还要和二三十岁的小伙子一起排队等候，虽然业务大厅也有等候区，也有茶水供应，但是为了能让老、弱、病、残、孕等特殊群体的用户能够快一点办完业务，以免等待之苦，业务大厅以人为本，从用户的实际需要出发，专门设立了"绿色通道"，提供"一站式"服务，为他们排忧解难。这些特殊群体的用户来到业务大厅无需取号排队，由专人直接引领到"绿色通道"窗口，帮助其填写各类单据表格，全程贴身服务。这不，"绿色通道"刚开通不久就有一位拄着拐杖的年近70岁的老人前来排队交水费，业务人员不仅为其代办了所有的业务，更考虑老人腿脚不方便，办完业务后还特意将老人搀扶到公交车站并送其登上了公交车。老人临走的时候非常感动，紧紧拉着业务人员的手说："小姑娘，真是太感谢你们了，没想到供水集团的服务这么好，说是'贴心小棉袄'一点都没错，真的就和自己亲闺女一样啊。"

这样的经典案例在客户服务中心业务大厅还有很多很多，桩桩件件汇成一股暖流让老百姓从心底里感受到合肥供水集团无微不至的贴心服务，让"贴心小棉袄"这一服务精品品牌在老百姓心中生根发芽。

4. 便民快捷，新增手机服务内容

为进一步提升服务品质，方便用户交纳水费，合肥供水集团再次创新便民举措，2013年5月，经积极与中国移动公司合肥分公司合作，移动手机查交水费功能正式启用，这也是继移动网点代收水费项目之后，两家企业联手合作开展的又一项便民举措。根据此次合作计划，合肥市民可以通过移动手机支付功能进行水费代收业务的查询和交纳，移动用户通过移动营业厅或拨打电话12580等方式均可免费开通手机支付业务，在手机支付账户充入足够的金额或绑定快捷支付功能，便能享受手机支付的各项便利功能。目前，合肥交水费方式已扩充至10多家银行营业网点交费、委托代扣水费，用户可根据自己需要，通过电话银行交费、网上银行交费、自助终端交费、供水业务大厅窗口交费、预存交费、"合肥通"卡交费、移动公司代理网点交费、移动手机支付功能等10多种方式交纳水费。9月1日，正式开通"贴心小棉袄"短信服务平台，利用移动、电信、联通三大运营商网络，通过短信方式为用户提供及时有效的供水信息。

三、“贴心小棉袄”服务热线

作为与人们生活息息相关的民生企业，“十二五”期间，合肥供水集团彻底改变“水霸王”的传统观念，提升服务质量，提高用户满意度，而“贴心小棉袄”服务热线在服务举措中扮演着至关重要的角色。

2010 年，在集团领导班子的高度重视下，集团热线 64422666 从硬件环境到软件系统都进行了全面改造和升级，并于 12 月 6 日正式上线。新系统功能较为强大，实现了 30 路电话同时交互进出，并且具有自助查询、通话录音、三方通话、自动派单、服务质量考评等多项功能，在国内各大水司热线系统中属领先水平。该系统将合肥供水集团内部的多项管理流程进行整合，以热线呼叫系统为支撑，形成一个面向用户统一的闭环供水综合服务体系。热线的受理范围扩大到包括水费查询、投诉、报修等多方面，同时涵盖公司内部各相关服务单位的处理、办结及反馈。用户只需一个电话，即可语音自助完成包括停水信息公告、水费在内的多项查询业务，热线坐席也将应需提供优质专业的服务。在现场服务的各区供水所和相关服务单位，合肥供水集团都设立了督办人员岗位，督办热线工单的流转进程，一旦热线单在规定时限内没有办结，将自动流转至供水热线的督办坐席负责督办。但凡进入督办坐席的热线单，均上报集团公司纳入部门考核指标。服务单位办结的热线单，通过系统回复至热线坐席，坐席人员负责 100% 跟踪回访，回访用户不满意事项提交由集团公司监察部门督办处理，直至用户满意为止。作为合肥供水集团与用户联系的“连心桥”，供水热线成为合肥供水集团对外服务的重要窗口。

为了更好地满足广大用户对供水服务提出的新要求，自 2011 年 5 月 1 日起，合肥供水集团将“供水热线”正式更名为“‘贴心小棉袄’服务热线”。更名后的“‘贴心小棉袄’服务热线”将更好地以呼叫系统为平台，依托热线专业、高效、便捷的优质服务，更直接地将合肥供水集团“贴心小棉袄”优质服务精品品牌形象展示给广大用户，加深用户对于品牌的认知和认同，全面提升“贴心小棉袄”品牌形象，努力实现在全市公用事业单位，乃至全省、全国同行业中争创一流的目标。

全面升级“贴心小棉袄”服务热线，由 5 个坐席增加到 14 个，实现 60 路电话同时交互进出，完善服务技术手段，将语音服务公告嵌入来电问候语，提供贴心的温馨提示，具有自助查询、三方通话、自动派单、服务质量考评等多项功能，在国内供水行业热线系统中处于领先水平；结合供水窗口服务流程，将打造“贴心小棉袄”优质服务与开展“微笑服务”相结合，分批组织热线人员下基层跟班实习，提高“贴心小棉袄”服务意识和服务技能；开展“最美微笑、最甜声音”评比活动，拉开热线班组“岗位大练兵、技术大比武”序幕。同时，热线与星级评比、兑现奖惩、绩效考核挂钩。在用户和企业之间搭建起一座"连心桥"，着力打造"听得见的微笑"。2014 年 2 月，"贴心小棉袄"服务热线被授予"全国三八红旗集体"称号。

"贴心小棉袄"服务热线不仅在日常供水服务中起关键作用，在应对紧急状况时也凸显出其重要性，2016 年的"抗寒防冻"就是最好的证明。

在"抗寒大战"中，热线的根基就是系统保障，热线的线路临时增设到 45 路，是平时的 2 倍多。话务量、工单量都是惊人的数字。"贴心小棉袄"服务热线来电量在 2016 年 1 月 24 日出现了快速增长。1 月 24 日，全天接线量 5 872 个，1 月 25 日，接线量为 9 406 个；1 月 26 日，接线量突破 10 000 个，达到 15 616 个，创造了合肥供水热线接听历史上的最高纪录。

这些数字激增的背后，是所有供水人不眠不休的付出和奉献。合肥供水 6 个区供水所、三欣公司、供水服务中心、营业中心、抢修中心等 700 余人，全部投入供水保障工作中。"贴心小棉袄"服务热线临时增设话务坐席和线路，在原有 20 路来电的基础上，增加 25 路，共开通 45 路热线电话。由团委抽调各单位、部门精干人员 121 人，经过培训后，及时加入接线队伍。135 名热线专员，45 路热线电话，24 小时不间断地接听用户来电。对于咨询防冻措施的来电，认真做好解释工作；对于报修电话，第一时间派发工单，由供水所提供上门服务。每日对话务量进行汇总分析，实行一日一报制度，并与"12345"政府服务直通车和市应急办保持联系，切实做好热线保障服务工作。在"抗寒大战"中，一个又一个优秀的供水人为热线的正常运作提供了最有力的保障：

标准办的倪英是最初的一批支援接听员之一，日常工作不停歇，热线工作也从不怠慢；

六水厂化验员单珊和生产运行部夏薇，她们的爱人都在供水所工作，自己被抽调到热线增援，每天加班到半夜，爱人在抢修一线连续多日无法回家，年幼的孩子只能托付给父母照顾；

水质检测中心徐丹，化验取水加上高强度的热线接听任务使其身心疲惫，可是她从不抱怨，甚至生了病、发着烧也默默忍受，始终奋战在热线岗位上；

四水厂彭飞，家人重病住院，每天接完热线后还要回到医院照顾家人，对于高频次的排班从不推诿；

三水厂团支部书记高玉珑，放弃了调休，白天在热线接听，晚上还要回到厂里值班，两头工作从不耽误；

营业中心的王玉珉，刚投入到热线接听工作不久，就遇到一位用户情绪较为激动，一上来就骂声不断，年轻的女孩眼泪不住地往下流，却又不能挂掉电话，只有一边强行平复自己内心，一边用温柔的声音安抚用户的情绪，请他放心，我们的抢修人员一定会尽快赶去解决用户用水难题；

五水厂傅承平，一个新进公司6个月的年轻员工，自从被抽调到热线应急接听队伍中，便为这种大家团结一心抗寒抢险、爱岗敬业的供水精神所深深感染，多次主动要求延长接听时间，让已经非常疲劳的热线员多休息，并且积极学习，写出心得，为新进供水员工做出了良好典范。

王燕，供水服务中心“热线服务科”班长，一直被姐妹们称为热线的“大管家”。她是话务服务的业务骨干和行家里手。在这次抗严寒保供水的奋战中，她深知广大用户对她们的需要。在此期间，她用认真负责的态度和不畏艰苦的作风，为抗战供水保障工作做出了突出的贡献。在高频率、大数量的话务工单中，她及时发现工单处置流转过程中出现的各类问题，排查系统隐患，并积极主动与安徽科源、各联动单位进行多次沟通协调处置，有效保证每位用户的用水需求能在第一时间及时传递到师傅手上，为赢取处置时间、提高工单处置效率做出了有效积极的保障工作。

任何的工作人员都有懒惰的时候，任何的制度和流程设计也都会有漏洞。为了将“贴心小棉袄”服务热线的功能真正落到实处，实时动态地反映用户的需求，合肥供水集团采取的“与众不同”的措施是对热线的监督。一开始，热线监督和热线放在一个部门；后来，为了强化监督效果，合肥供水集团特意将监督职能划归监察部门，极大强化了监督的功效。自然，这样的监督不是为了简单地监督人，而是为了更好地为用户提供服务。“一般而言，卓越企业的价值观几乎都非常注重接触顾客，或是对外取向。由于高度重视顾客，卓越企业对环境的变化具备超高的敏锐度，因此适应力更胜对手一筹。”[一]

谁家的水

一次，一位热心市民发现马路上有漏水，打电话给热线反映。区所工作人员到达现场，一检查发现漏的不是自来水，就告诉热线说不是自来水，不用管了。而现在，热线监督要求不能这么回答问题，不是自来水也要尽量检查清楚，到底是什么水。一个是污水，一个是雨水，一个是自来水，就这三种。而这三种单位都是公共服务业，要找到问题的源头。如果问题的源头没找到，市民们还会打电话，继续反映和投诉。所以，合肥供水集团要求相关单位、部门，如果再发生这样的情况，一定要查清楚究竟是谁家的水。如果不是自来水的，就一定要通知到他们单位来现场，

㊀ 汤姆·彼得斯、罗伯特·沃特曼：《追求卓越》，中信出版社，2012年9月，第75页。

交给他。实在不行了，各方单位在一起研究，到底是谁家的，把这个问题解决掉。因为合肥供水集团多少年前出现过这个问题，表面上看不是自来水，经过测试却是自来水，说明合肥供水集团对这个问题没有刨根究底，影响了用户对合肥供水集团的评价，所以现在遇到这个问题就一定要查清楚，这个水到底是谁家的。

现在对热线督办工作有很高的要求，责任心一定要强，原来的热线回访、督办与热线是在一个机构里面。热线也是他们，监督也是他们，这就使用户会有这样的感觉，本来是想投诉你的，结果接热线的人可能同时也是接监督的人。后来合肥供水集团党委经过思考，把热线和监督职能划开。热线专门接电话，然后根据接电话的情况进行派单，安排窗口单位和相应的职能部门去处理。然后监督这一块，由监察室对用户投诉的办理情况、处理情况，对热线的派单情况及服务态度，对基层单位的处理情况等三方进行监督。

对热线业务监督工作，合肥供水集团会选拔在热线工作中表现比较出色的同志做，因为他们经验很足，对相关问题的督查也会很在行。对于热线中的热点和难点问题，合肥供水集团也有相应制度规定，即每周一次回访的周报，每月一次回访的总结，把热点难点和工作建议在月度例会上进行通报。对于用户的投诉，会认真负责地调查、取证，包括与当事人相应的检验报告、监理报告给用户答复。热线接到媒体的回访以后，第一时间向办公室新闻发言人报告。同时，热线把情况汇报、窗口单位了解以后，由监察室进行跟踪，然后把办理的情况跟新闻发言人、办公室及监察室等部门的分管领导报告。下一步合肥供水集团将引进更完善的信息化手段，加强对回访制度的提升。

四、服务流程再造：一站式服务 + 综合柜员制

一封满腔愤怒的信

有一次，熔安动力公司来办理新建小区的水表报建业务，"过五关斩六将"终于办理完了全部手续，供水报建事宜尘埃落定。之后，这家公司怀着满腔的愤怒给合肥供水集团写了一封信，大致内容是，合肥供水集团的服务非常好，每一个部门都很热情，对待用户都是笑脸相迎、微笑服务，但就是不能帮他们解决问题！一个问题协调来协调去，最终得出的结论就是：他们只能做好本部门的工作，别的部门他们也不能替别人做主。这样的情形，导致熔安动力办理接水业务，从报建到办结前前后后一共跑了50多趟。

方便了公司、苦了百姓

和谐家园小区办理水表出户，在所有接水事项办结之后，该小区经办人来信痛

诉，指出合肥供水集团几大弊病，如制度上有缺陷、效率不高、老大作风严重、缺少人性化，各部门分兵把守、各行其是、程序太多，以至于方便了公司，苦了百姓。

看完这两个案例，您可能也感到十分震惊与气愤，什么样的流程要跑50多次，什么样的问题要纠结那么久还悬而不决？可气，可恨，要一查到底，要一办终结。但是一查一问，各个部门都没问题，大家都在按章办事，都在按着既定的流程一丝不苟地执行着。如果人没有问题，那么有问题的就一定是传统的做法，是流程出了问题。而解决这一问题的办法，就是解放思想，创新突破，打破原来的条条框框，对原有服务体系的弊病来一次翻天覆地的变革，只有这样才能改变目前供水现状，只有这样才能让每一位来办理接水业务的用户真正享受到VIP式的贵宾服务。

所以，尽管一直在强调服务的重要性，但还存在诸如上述服务流程等问题，其原因是合肥供水集团作为一个老牌的国有企业，也有着和其他国有企业一样的通病，部门之间各自为政，甚至壁垒森严，已经成为制约供水发展的瓶颈。

为了进一步提升供水服务效能和服务水平，为用户提供方便、快捷、高效的“一站式”服务，2013年7月23日上午，合肥供水集团换位思考，主动征求用户意见，召开“一站式”服务座谈会，特别邀请来信的熔安动力设备科科长叶斌先生对供水服务工作做出评价，虚心听取他作为用户对供水服务工作的意见和建议。叶斌就合肥供水集团代建的熔安家园供水工程项目从报装到设计、施工、监理、验收整个流程中遇到的问题，提出了5点建议，并结合自身近几年来在工作中与供电、供水、燃气等公共配套项目单位深入接触的经历，通过比较，重点对供水服务工作给他留下的印象和带来的感受与参会人员进行了交流。随后，客户发展中心汇报了《“一站式服务”建议方案》，建议对单纯接表类项目启动“一站式服务”，实行“四个一”：一份用户申请单、一个项目负责人、一张收费通知单、一个开票窗口；对于供水系统建设类接表项目，向用户积极推荐“一站式服务”。

2013年11月27日，合肥供水集团召开“一站式服务”专题研讨会。集团领导及各相关单位、部门负责人参加了会议。方振指出，“一站式服务”是2014年党的群众路线教育实践活动开展的具体载体，合肥供水集团高度重视，多次组织各部门召开专题讨论会，到兄弟单位学习先进经验，重点放在改变现有框架，不在原有流程上小修小改，而是着重考虑2014年的“一站式服务”如何深入开展。“一站式服务”就是要把内部“潜规则”挤干榨尽，推翻、颠覆、简化，保证服务到位，为用户提供方便。客户发展中心代表合肥供水集团“一站式服务”工作小组办公室详细汇报了近期“一站式服务”的工作开展情况，与会人员对服务流程和各项资料逐项进行了热烈讨论和交流。会议明确了“一站式服务”的释义，指明了2014年“一站式服务”的方向，扩大了“一站式服务”的涵盖范围，对地表报装“一站式服务”流程和住宅小区“一站式服务”流程进行了高效精简，对模糊的业务办理时限进一步明确和论证，同时减少了纸质版工程资料，充分利用电子资料、网络传递和地理信息共享功能，大大提高了工作效率。

2015年3月23日上午，合肥供水集团召开“一站式”服务组体系文件审查会议，供水集团领导班子成员，“一站式”服务组成员单位负责人，职责涉及相关单位、部门负责人以及贯标办全体成员参加会议。时任“一站式”服务组组长的亢冬首先介绍了小组文件修订过程及总体思路。客户发展中心依次汇报了牵头编制的《计量水表建设管理程序》《新建住宅小区供水工程建设管理程序》和《水表出户改造建设管理程序》这3个程序文件，全体与会人员对程序文件内容展开了研讨，并提出了具体的修改意见和建议。

在集团公司领导的统一指挥下，由客户服务中心（2016年8月19日，客户发展中心正式更名为“客户服务中心”）牵头通过对供水原有的24项业务进行梳理，发现最令用户所诟病的业务环节主要体现在水表报建业务上，而水表报建中矛盾最突出的，又是新建户表、户表改造这两个方面。为此，客户服务中心认真研究，抽丝剥茧、大胆思考，发现用户反映的问题无外乎以下几个方面：第一，用户接水报建时受理窗口不统一，往往是设计受理设计的事，大厅受理报建的事，连开洞勾点、冲洗、泵压都是各有各的衙门，用户容易混乱；第二，接水业务办理过程中，用户需要携带大量资料往返于合肥供水集团各单位之间，跑办太多；第三，水表验收环节，设计标准与验收标准不一致，造成验收困难等。

带着这些问题，客服中心通过与集团公司各单位、部门进行对接，结合集团公司领导的具体要求，设计了六条措施：

（1）用户申请报建时，多窗口合并，从申请单受理到设计再到施工、监理，所有中心业务供水集团一个窗口受理、一张嘴巴说话。

（2）资料前置，将原先散落在各业务环节中的相关资料前置到客服中心业务大厅窗口，由综合柜员统一收取，避免用户后期“背大筐、办小事”，带着资料满山跑。

（3）建立信息共享平台，让接水业务中所需的过程资料能在共享平台上安家落户，所有资料实现最大程度的数字化共享、查询，既方便了用户，又便捷了自己。

（4）将原先设计、施工、监理等多个单项合同合并为四方合同，极大地减少了用户在合同签订阶段的跑办次数，缩短了合同签订周期。

（5）业务环节提前，将每个业务环节中能够提前、集中办理的部分，一律集中前置，一次性解决、一次性办理，避免后期用户再到一个衙门磕一个头。

（6）合并设计标准、企业标准为审图标准，突出小设计、大审图概念，为验收标准唯一性提供了前提保障。

六条措施如同六把利剑，彻底斩断了本位主义、各自为政的传统观念，劈出了变革创新、方便用户的崭新思路。

同时，合肥供水集团通过从供水报建到设施移交覆盖全过程的市政工程建设管理制度和服务的精简流程，主动缩短业务办理时间，将住宅小区供水系统户表报装、勘察时限由原来的 7 个工作日压缩到 5 个工作日，并在网站上公布，接受用户监督，切实做好供水服务工作。同时编印各类业务办理手册，公开业务办理流程，各项业务落实到人、责任到人；认真落实首问负责制，做到业务及时办理；对于用户报建的项目，现场查勘后立即向用户出具“一次性告知表”，提醒用户准备资料以及相关注意事项，避免用户来回奔波，用实际行动实践供水人的贴心服务的承诺。这些措施与手段，每一条每一款都不是对合肥供水集团原有制度、流程的修修补补，而是彻底推翻过去、实施流程再造。

“一站式服务”方便了用户，但却给合肥供水集团的服务人员带来了极大的挑战，因为原来的“各自为政”也不是全无道理，毕竟各部门有各部门的专业。现在的“一站式”，就对一线柜员的业务素质和能力提出了很高的要求。因此，“综合柜员制”同样也是历史上的一次重大变革，标志着在打造精品品牌、做大做强的道路上又向前迈出了一大步。

2016 年 10 月 24 日下午，合肥供水集团召开综合柜员制专题推进会。在听取汇报后，合肥供水集团党委对客户服务中心综合柜员制实施方案给予了充分肯定，并指出，客户服务中心以“怎么方便用户怎么好、怎么快捷服务怎么好”“综合柜员制是方向，涵盖所有供水业务”指导思想为纲，通过重新梳理水表报建业务流程，发现用户跑办次数多、业务流程复杂、办事效率低等问题，抓住了工作重点核心，找到了问题症结，实施方案思路清晰、目标明确，具有质的飞跃。方振强调：一是客户服务中心下一步要针对存在的问题症结，有针对性地提出具体可行的工作方案，进一步简化流程，减少用户跑办，强化综合柜员制落实；二是水表报装用户资料要实行电子资料，取消用户水表报装纸质资料；三是要找准客户经理的定位，培养一批综合业务素质高的人员，提升服务内涵；四是客户服务中心内设架构要围绕着服务用户设置，打破身份界限，实行动态式上岗；五是客户服务中心要尽快确定找市场实施方案。通过贴心服务、品牌效应，争取市场占有率。郭星指出：一是客户服务中心要转变服务理念，做好综合柜员制形象设计，设立 VIP 客户服务经理，建立规范化服务标准、编制规范化用语、提醒短信等，为用户提供周到、贴心服务，进一步提升服务效能；二是客户服务中心要紧紧围绕着完善监督、考核职能，做好业务流程的监督、考核评价工作，各相关单位要明确职责，确保流程顺畅、快捷高效，提高用户满意度。

为加快综合柜员制落地实施进程，2016年11月9日下午和11月11日上午，合肥供水集团先后相关工作研讨会。会议提出了几项最新工作要求：一是要以用户的需求为根本出发点，对流程进行整合精简，站在用户角度，把贴心服务落到实处；二是各单位、部门要围绕综合柜员制实施方案的落地情况、流程操作的可行性、合同统一签订、流程精简等问题进行充分讨论研究；三是客户服务中心要做好"服务员、联络员、督导员"工作，在以客户服务中心为中枢、纽带搭建的高速公路上，各单位要做好介入工作，统一展现给用户；四是代建、自建项目的流程要合二为一、精简流程，靠服务价格和服务质量取胜；五是依托信息化，对水表报建信息资料上传内容进行归类梳理，需要保密的资料仍然进行人工传递；六是各单位、部门要制定内部落实实施方案，找到与现实供水报建实际相符合的业务流程。会议期间，与会人员分别就环节合并、精简流程、降低成本、提升服务等方面进行了热烈讨论，积极献言献策，提出了建设性的意见。

为确保2017年1月1日综合柜员制所有业务流程固化，2016年12月14日上午，合肥供水集团召开综合柜员制落实工作推进情况讨论会。参会人员对客户服务中心牵头拟定的四方合同（讨论稿）进行深入讨论，并基本形成一致意见。当天下午，综合柜员制工作推进情况讨论会继续进行。各单位汇报了内部小循环建设情况，以及围绕着"大审图""大质监""大施工"具体把控举措，并就审图、设计标准、业务流程时限、资料清单、一次性告知事项等方面的工作进行了充分讨论。参会人员根据自身业务特点并结合综合柜员制要求，针对各自内部流程、小循环纷纷献言献策。大家对"大审图""大质监""大施工"业务中的流程节点、时限要求、所需资料清单等逐一进行了讨论，并达成一致意见。

很多讲管理学的老师，都会讲到"蚁群效应"这个著名的故事：

> 蚂蚁做事很讲流程，它们对流程的认识是直接指向工作效率。比如，蚂蚁发现食物后，如果有两只蚂蚁，它们会分别走两条路线回到巢穴，边走、边释放出一种它们自己才能识别的化学外激素做记号，先回到巢穴者会释放更重的气味，这样同伴就会走最近的路线去搬运食物。从工效学的角度看，人类的工作过程（流程和具体动作）都可能存在多余环节，提高工作效率的一个重要途径就是如何去发现和减掉那些多余环节。但工效学的概念则是减少了不必要的动作，节约了成本，提高了效能。[㊀]

与"蚁群效应"相类似，"一站式服务"和综合柜员制，都是为了减掉工作流

㊀ 许英风：论"蚁群效应"与公共组织绩效管理，《淮海工学院学报（人文社会科学版）》，2013年第4期，第24页。

程中的多余环境，缩减服务流程，提升服务效率。效率是服务好坏的关键一环，即使服务态度再好，但服务流程太过繁琐，最终没解决用户实际问题，也会造成用户的不满。

从“一站式服务”及综合柜员制变革的过程看，合肥供水集团的最终目标是高效地服务于用户。在这一过程中遇到的一个重要问题，就是如何保持外部链条和内部链条顺畅衔接，也就是说，如何协同内部团队以共同服务于外部用户。所以，尽管目前相关服务流程相较以前大有提升，但还是存在些许问题，合肥供水集团也没有满足于现状，而是不断加压，坚持“没有最好，只有更好”的原则，持续对服务流程进行优化、提升，最大限度地服务于用户。

2017 年 3 月 30 日上午，合肥供水集团“综合柜员制”正式上线运行，水表报建新流程正式启用，将为广大用户提供一份更加“省时、省力、省心”的一站式服务，实现供水业务办理的高效、精准和快捷。作为公用事业企业，供水关乎民生、关乎民心。每一次服务流程再造，都是合肥供水集团为提升群众幸福感和满意度所作出的孜孜不倦努力！全新的用户报装接水系统与综合柜员制的诞生，在供水服务历史上具有里程碑意义，标志着合肥供水集团在打造“贴心小棉袄”优质服务精品品牌道路上又向前迈出了一大步，开启了供水服务新篇章。

五、服务流程监管：一站式“红、黄、绿灯”管控平台

“一站式服务”电子报装平台，是合肥供水集团近几年针对水表报建业务，不断自我加压、进一步优化业务流程、提高办事效率、提升服务水平的具体举措。但是，电子报装系统也存在流程监管不到位等问题，为此，合肥供水集团创新性地引入了一站式“红、黄、绿灯”管控平台，对相关服务流程进行监管。

从实践看，水表报建业务大致经历了三个阶段，从最初的人工传单到开发“一站式服务”综合协同电子报装系统，直到目前在电子报装系统里嵌入“红黄绿灯”管控机制，实现了从人工操作到信息化管理的质变过程。

最初，水表报建实行人工传单，效率低下。2010 年以前，水表报装业务基本为纸质单、人工传递，存在用户跑办、信息不对称、监督不力、管理措施缺乏、效率低下等问题，成为制约供水服务水平的瓶颈。2012 年，合肥供水集团研发了“一站式服务综合协同管理信息系统”，减少了纸质单在各部门之间来回传递、交接等环节，提高了工作效率，实现了资源共享。“电子报装系统”更注重过程记录（类似于 OA 办公系统），虽然每个节点也设置了限时办结时限，但是严肃性不够，系统若出现超时，各级管理人员及牵头部门不能及时知道的话，问题是得不到有效暴露的，会造成链条问题不能得到改善，这就使得报建业务依然存在边界不清、责任不明、

配合不力、推诿扯皮、监管考核不到位的现象，制约了服务水平的提升。

在此背景下，2015年，为了整合内部管理效能，进一步提升贴心服务水平，集团从顶层设计出发，依据贯标程序文件，以信息化为手段，创新性地提出在电子报装的基础上嵌入"红黄绿灯"管控机制，解决管理缺位或不到位的问题。

2015年9月1日下午，时任副总经理的郭星主持召开红黄绿灯"一站式服务"思路及节点初步设置工作研讨会。客户发展中心首先对"一站式服务"红黄绿灯思路、节点的设置原则、监督考核办法、前期工作推进及征求的意见和回复等方面逐一进行了汇报。随后，与会单位就汇报内容展开了深入讨论，并结合工作实际，提出了具体的修改建议。郭星指出，"一站式服务"红黄绿灯设置工作作为2015年的重点工作，在合肥供水集团属于首创，没有模板可借鉴参照，各部门流程节点相互穿插，涉及面广，工作难度大，需要不断摸索，反复推敲。客户发展中心、数字办、标准办按照工作计划，密切配合，做了大量工作，经过多次专题讨论，几上几下征求意见和反馈修改完善，形成了目前的征求意见稿。

2015年10月21日上午，郭星主持召开红黄绿灯"一站式服务"节点设置工作研讨会。会上，客户发展中心对"一站式服务"红黄绿灯设置的总体概况、设置依据和原则及具体落实情况逐一进行了汇报。节点设置框架源于窗帘模式展现，按照三个水表报装业务类型，分别设一级总控节点1个、二级节点7~9个。二级节点以业务模块为主，按照业务流程横向展开，模拟窗帘环逐环相连，形成链条。其中，各业务模块匹配主控部门，尽量实现一个业务模块匹配一个主控部门。同时每个业务模块纵向延伸，下含三级业务节点，对三级业务节点也同步明确了责任部门及办理时限。

2016年5月31日上午，合肥供水集团召开《一站式"红、黄、绿灯"管控平台考核管理办法》（讨论稿）专题讨论会。总经济师郑伟萍指出，2016年是精细化管理年，制定《一站式"红、黄、绿灯"管控平台考核管理办法》，是为了进一步提升服务质量，倒逼流程再造。考核不是目的，只是方法，方便使用部门更加快捷高效的工作，协助有效管控"一站式服务"。各单位、部门对《一站式"红、黄、绿灯"管控平台考核管理办法》（讨论稿）进行了集中讨论，各抒己见、求同存异，对考核管理的流程和节点的开始时间和办结时间等提出了相关意见和建议，反复推敲考核复议流程，最后达成共识。会后，数字办将根据各单位提出的合理化意见和建议，进一步修改完善《一站式"红、黄、绿灯"管控平台考核管理办法》（讨论稿），上报专题会研讨。

2016年6月3日下午，合肥供水集团召开一站式"红、黄、绿灯"管控平台运行情况专题会。合肥供水集团党委要求，一要明确责任、落实到位。特别是客户发展中心要明确龙头作用，不能有好人主义，同时人力资源部在"三定"方案中赋予客户发展中心龙头作用相关职权。二要提高认识、全员提速。以5月12日为界，各单位、部门要提高认识、全员重视，对发现的问题要尽快解决。三要简化流程、方便用户。以服务用户为导向，进一步简化程序，真正做到“把方便留给用户、把困难留给自己”。四要加大绩效考核力度。人力资源部要加大“贴心小棉袄”服务考核力度，并与绩效挂钩。五要处罚到位、责任到人。对确定的红灯，按项目分别对责任单位及相关负责人予以处罚，责任到人。同时要建立服务考核、考评机制，定期召开考评会议，系统解决管理、沟通等方面的问题；成立一站式“红、黄、绿灯”管控平台机构，集中处理申诉或有争议的亮灯项目；探索建立一站式“红、黄、绿灯”管控平台官方APP，提升信息化水平。一站式“红、黄、绿灯”设置是“四化”建设的重要组成部分，需要不断完善优化。同时，加强对用户满意度抽查，进一步提升服务水平。自3月以来，从管控平台亮红灯的整体趋势看，每月亮红灯数量不断减少，6月亮红灯仅为1个。从链条的运行情况看，链条各业务部门高度重视，部门齐步走，限时办结，“红黄绿灯”管控机制有效地提升链条效率，改善服务质量，效果明显。

六、业务大厅的“绩效三法”和ABCD绩效考核

顾客服务的难中之难在于，管理者很难时时刻刻地监管每一位员工的行为，员工有可能对这个顾客好，对另一个顾客的态度不好；员工今天心情好，服务就热情，明天的服务态度可能会平淡无奇，难以一贯地、持久地、自始至终地提供高水平的顾客服务。怎么办？在《追求卓越》一书中，汤姆·彼得斯引述花旗银行的内梅罗夫的话说，有效的服务导向战略有三大原则：一是资深主管的积极参与；二是高度以人为本；三是严格的评估和意见反馈。[㊀]

为了提高服务效率，提升员工的工作积极性，合肥供水集团在用户服务一线——业务大厅创造性地推出了“绩效三法”，利用“鲶鱼效应”，激发员工的竞争意识，将员工的被动服务变为主动作为，用奖惩制度刺激员工的工作欲望。所谓“绩效三法”即：“业务量—系数分配法”“评价满意度—满意比率法”、“微笑服务—每日考核法”。

首先看“业务量—系数分配法”，在线业务岗位的绩效考核依据日均业务量来确定绩效系数，业务量排位越靠前，则绩效系数越高；业务量排位越靠后，则绩效系数越低，排名第一的1.5系数和排名最后的0.4系数之间相差将近4倍，通过首位重奖、末位重罚的手段，达到鼓励员工钻研业务知识、熟练服务技能的目的。此

㊀ 汤姆·彼得斯、罗伯特·沃特曼：《追求卓越》（第3版），中信出版社，2012年9月，第120页。

法一出，能否熟练、快捷地服务好用户、解决好用户的问题，就成为能否有效提高业务量，获得更高排名、更高系数的重要手段。自该法推行以来，员工的服务热情空前高涨，工作效率明显提高，"等着用户上门"简直变成"催着用户上门"。为了争夺业务量，甚至出现了多个业务窗口同时办完业务，又同时对下一位用户叫号、电脑无法同一时间处理多个叫号指令，造成叫号器死机的情况，以至于员工戏称，"人脑不死机，电脑都死机了"。那有人要问了：服务效率提高了，服务质量能保证吗？别急，接下来业务大厅有"评价满意度—满意比率法"。

其次看"评价满意度—满意比率法"，2011 年 12 月 6 日，合肥供水集团开通了"用户即时评价系统"，在常用的"很满意、满意、不满意"评价系统的基础上进行改进创新，从 6 个方面供用户选择，分别为"非常满意、基本满意、态度不好、时间太长、业务不熟、有待改进"，尤其是在"不满意"的情况下，细致划分评价标准，将评价主动权交给用户，通过"一事一评""一人一评"，以用户评价赢得用户满意。目前，"用户即时评价系统"已在业务大厅运行使用，进一步延伸评价范围，做好服务监督。让窗口人员可以及时、准确把握自己存在哪方面的不足，有的放矢地改进，进而提升服务能力和服务水平。

在考评方面，合肥供水集团每月通过"用户即时评价系统"并结合叫号系统数据，对每位员工的评价满意度进行考核，系数分配目的是提高效率，但提高效率却是必须建立在用户满意的基础上。如果用户不满意，你就是快似闪电也没有用，客户满意才是硬道理。就像"100 - 1 = 0"定律所提到的一样：服务质量只有好坏之分，不存在较好、较差的比较等级。好就是全部，不好就是零。客户满意才是硬道理！

"100 - 1 = 0"定律最初来源于一项监狱的职责纪律：不管以前干得多好，如果在众多犯人里逃掉一个，便是永远的失职。在我们看来，这个纪律似乎过于严格了。但从防止罪犯重新危害社会来说，百无一失是极为必要的！后来，这个规定被管理学家们引入企业管理和商品营销中（包括服务行业），很快就得到了广泛的应用和流传。它告诉我们：对顾客而言，服务质量只有好坏之分，不存在较好、较差的比较等级。好就是全部，不好就是零。

最后看"微笑服务—每日考核法"。作为服务行业，有什么是在等号之时一瞥甜蜜的微笑、一句温暖的问候，更能让人感觉到舒心的呢？所以微笑服务、规范服务一直是合肥供水集团业务大厅一个重要的考核项目，"微笑服务—每日考核法"应运而生，每日采取值班长巡视与监督抽查相结合的方法，对员工的服务标准、行为规范、违规违纪等进行考核。

为了使员工工作业绩显性化，2015 年，业务大厅设计了"年度业务大厅窗口人员成绩看板”，从业务量、满意度评价、微笑服务日考核三个具体方面对工作绩效进行考核。通过考核内容的标准化上墙，能够更直观地反映全体员工的工作业绩。通过成绩看板的每月上榜，在内部创造了一种优胜劣汰的压力环境，促进员工设法提高自己的知识、技能及综合素质。

在“绩效三法”的基础上，业务大厅结合工作实际，创新绩效 ABCD 考核机制，制定《业务大厅绩效考核实施细则》，对业务大厅全体员工实行分级考核，实现多劳多得，干好干坏不一样，推行年度星级考评，具体考核内容：业务量考核占 50%、用户评价满意度占 30%、微笑服务占 20%。业务大厅每日设值班长，通过值班长的巡视、监控抽查等方法对窗口人员的环境卫生、仪容仪表、服务礼仪、业务技能、岗位纪律进行考核，对不符合规定的行为进行月汇总扣罚。每月综合以上三项考核成绩汇总，对绩效考核的 ABCD 等级进行划分，汇总成绩第 1 名为 A 级，最后一名根据工作表现评为 C 或 D 级，其余为 B 级。

2015 年 4 月，一名员工的绩效考核评级为 D 级，日均业务量仅 48 笔。绩效考核办法实施后，通过自我不断加压，比学赶超，2015 年 12 月该员工的绩效考核为 A 级，日均业务量为 102.3 笔，业务成绩提高了一倍多。同时，通过绩效考核，员工收入拉开了明显的档次，例如 2015 年 7 月的绩效工资，最高收入 1 040 元，最低收入 92 元，差距达到 948 元之多。

第6章

06

做百姓“放心水、幸福水”的守望者

乡田同井，出入相友，守望相助，疾病相扶持，则百姓亲睦。

——《孟子·滕文公上》

一、泵房是我们吃饭的家伙，绝对不能掉以轻心

镜头回放1：2016年12月26日

“分断机组高配柜”“关闭进、出水阀门”“拆除固定螺栓”……合肥供水集团六水厂的送水泵房里，十几个头戴黄色安全帽、身着蓝色工作服的工人正围着一个“大家伙”紧张而有序地忙碌着。维修班的王业飞和他的同事们提高了嗓门，大声地“喊着”，商议如何修理7号水泵这个“大家伙”。

下午1点半，7号水泵的上盖终于被打开，一块木板卡在水泵叶轮里，不远处的进水管里还漂着一块更长的木板。看到这一幕，在场的所有人松了一口气，王业飞那颗悬了两个多月的心也终于放了下来。

镜头回放2：2016年10月3日

虽然已经过去两个多月，但王业飞仍清晰地记得那天的场景。10月3日夜里11点，值夜班的他接到了泵房值班人员的电话：“7号水泵压力表指针摆动幅度很大，快来看看怎么回事。”

放下电话，王业飞立刻赶到现场，尽管泵房十分嘈杂，但已有15年维修经验的他还是立马觉察出一个细节——这个水泵比其他机组的噪声和震动都要大。很快，同样有着丰富经验的六水厂副厂长陶飞也赶到了泵房。一伙人对水泵进行了常规项目检查，各项数据都在正常范围内，并没有发现异常。

第二天一早，技术人员便和设备厂家取得了联系。根据描述，厂家技术人员初步判断：7号水泵于2016年7月投入使用，仍处于设备磨合阶段，噪声和震动较大是正常现象。

对于厂家给出的“正常现象”的回复，王业飞却始终觉得不放心，“感觉心里就像有个疙瘩，解不开的难受”。随后的几天，六水厂安排值班人员对7号水泵格外“关爱”，进行密切关注。说来也怪，异常的噪音并没有再次出现，似乎验证了厂家的回复。

镜头回放3：2016年10月10日~10月14日

一周后的一个夜晚，当7号、8号机组进行常规切换时，那个回荡在记忆中的声音再次出现，7号水泵再次出现异响。而且和10月3日夜里的工况十分相似。得知这个情况后，王业飞的心里有些小激动，感觉那个“小怪兽”快要现出原形了。厂里当即决定，必须要请设备厂家的技术人员过来现场检查。

10月13日，设备厂家的技术专家来到现场，对7号机组的各项指标进行了全面检测，仍未发现异常，也没有听到传说中的异响。正当技术专家“一头雾水”的时候，王业飞提出模拟当天（10月3日，水泵首次出现异响）工况试试。

当天夜里，王业飞主动提出留下来值夜班，陪着技术专家对机组进行低频、高频的多次切换，模拟了无数次场景，从天黑试到天亮，遗憾的是，异响没有出现。

第二天，技术专家出具了一份检测报告，检测结果显示该台设备一切正常，时有时无的异响是由于共振引起的。

送走了技术专家，一夜没合眼的王业飞看着显示正常的检测报告，心里边不是个滋味儿，他第一次对自己的判断产生了怀疑。虽然在一线工作多年的他，认定7号水泵一定有问题，但是连技术专家都说正常了，自己还能有什么办法呢?

要放弃吗?不。真没问题的话，那是天大的好事。但万一是有问题没检查出来呢?后果不敢想象。他在心里暗下决心：“我就不信邪，我一定要找出来这么大的响声是怎么回事，不搞清楚绝不能放过。”

从那以后，王业飞只要在当班都会去和7号水泵“打个招呼”，亲密地趴上去摸一摸，听一听，不知道情况的还以为他在和水泵说悄悄话。即使不当班，他也会交代巡检的人多留心一些。

镜头回放4：2016年12月26日

此后很长一段时间，异响都没有再次出现，但六水厂一直对7号水泵进行24小时的“特殊关照”，大家都下定决心，共同揪出这个“调皮”的因子。事实证明这种“关照”并没有白费。当时间从秋天来到冬天，2016年12月中旬的一天，值班人员在巡检过程中再次觉察到了异响。六水厂与厂家再次联系，并坚持要求技术专家再到现场来检测。12月26日上午，技术专家终于在现场听到了异响，双方研究决定拆机一探究竟。

水泵是水厂制水生产的关键，作为大型设备，它的拆机需要经过严格的审批，对现场的安全防护、城市的日常供水而言都是极大的考验。经过集团多部门周密的部署、协调，决定于12月26日中午对7号水泵实行开机检查。当然，王业飞是冲在第一个的。

“拆机那天，所有懂点技术的人都来了，都想帮点忙。”陶厂长欣慰地说。在厂家技术专家的指导下，螺母一颗颗被拧下，笨重的水泵上壳被缓缓吊走。只见一块木板卡在水泵叶轮里，不远处的进水管里还漂着一块更长的木板。一切终于有了答案，卡在叶轮里的木板影响了进水水流，造成水泵内水流向不稳，形成异响和震动。

六水厂于2009年正式通水，日供水能力为60万立方米。2016年9月9日，合肥最高日供水量为169.5万立方米，这其中六水厂就贡献了近53万立方米。可以说，它承担着全市近1/3的供水任务。技术专家分析，长时间异响、震动会造成水泵机组螺栓和管道连接螺栓松动，造成漏水，甚至会对整个送水泵房安全运行产生重大影响。想到这里，在场的所有人不觉倒吸了一口凉气，也在心底暗暗感谢每个人当初的那份坚持。

“我相信，任何一个供水人碰到这样的事情都会这么做。泵房是我们吃饭的家伙，绝对不能掉以轻心。”这是六水厂管理者谈到此事时说的话，最为朴实的话语，却是诉说“责任”最美的旋律。

注重细节，精益求精，在专业基础上不断创新，为责任而坚守，而奋斗，“不搞清楚绝不放过”——这就是合肥供水人服务用户可贵的品质，也是“贴心小棉袄”价值观在生产与服务一线实践的结果。“在具有良好价值观，并视其为生命的公司里，员工的士气就高涨。跨国会计师事务所普华永道公司的主席尼古拉斯·穆尔把这种员工的优势称作其信奉价值观的关键所在：伦理价值观是将高度分散的组织聚在一起的黏合剂”。[㊀]

大家都知道，松下电器公司有一个著名的“自来水哲学”，它是松下电器公司最基本的经营理念，相当于宪法中的总纲。松下幸之助先生认为：“如果一切东西都像自来水一样，能够随便取用的话，社会上的情形就将完全改变了。我的任务就是制造像自来水一样多的电气用具，这是我的生产使命。尽管实际上不容易办得到，但我仍要尽力使物品的价格降低到最便宜的水准。”1932年5月5日，在松下电器公司的创业纪念日上，松下幸之助向全体员工表明了自己的这种信念，并把它确定为公司的经营哲学，要求全体员工遵照执行，他在演讲词中讲道：“大抵生产的目的，不外乎丰富人们日常生活的必需品，以充实生活的内容，这也是我生平最大的愿望。”

按松下幸之助自己的说法，自来水哲学的核心就是在提供优质产品的前提下，永远为民众服务，即通过丰富和不断增多的物质使人们得到生活的安定和幸福。他从生产电扇零件开始创立松下电器公司，在经营过程中，他逐渐悟到经营企业的真

㊀ 唐玛丽·德里斯科尔、迈克·霍夫曼：《价值观驱动管理》，上海人民出版社，2005年5月，第26页。

正使命——为大众服务。这种经营思想始终贯穿在松下幸之助经营的过程中。“二战”爆发前后，日本许多企业为了生存都和军队结成财团，生产军需产品。松下电器公司却以极大的勇气甘愿冒险，仍以民需为主要目标，以提高民众生活的水平，改善人民生活质量，制造出质量更好、价格更便宜的商品为己任。

在松下幸之助的经营史上，曾有几次危机，但松下幸之助在困难中依然坚守信念，不忘为民众服务的经营思想，使公司的凝聚力和抵御困难的能力大大增强，所以每次都能化险为夷。㊀

是的。为广大市民和用户提供最便宜的、最方便的、质量最高的自来水，是合肥供水人的使命。与广大用户甘苦与共、守望相助，在任何时候都把用户的利益放在第一位，更是所有供水人的承诺。要达成这种使命，集团必须培育精益求精的“工匠精神”，必须养成勇于探索的创新精神。所以，多年的创新发展过程中，合肥供水集团秉持“工匠精神”，不断通过创新提升科技水平，在二次供水、数字平台建设和水压水质等方面持续精进，以技术创新为导向，为用户提供更高质、高效、安全、精细的服务，将“贴心小棉袄”的服务水平再提升一个台阶。

二、二次供水水质堪忧？合肥没有这个烦恼

2017年2月4日，半月谈网站发表了一篇文章：“出厂时合格，到家就不合格了——二次供水成饮水安全软肋”。文章中说：

当前，绝大多数城市小区需自建储存、加压设施，将公共供水管网的水引入千家万户，这一过程被称为二次供水。然而，部分地方公共供水管道取出的水合格，进入小区、流出用户水龙头的水问题频发。二次供水正成为城市饮水安全令人担忧的薄弱环节。

在有的地方，与二次供水有关的投诉占到自来水总投诉量的70%左右。究其原因，二次供水存在的三大痛点，是小区饮用水安全面临高风险的直接原因：一是建设和管护分离，设施良莠不齐；二是管理维护水平低，缺乏专业化的管理人员；三是设施安全防护存隐患，水质监测水平较低。

这篇文章引起国内诸多媒体的关注，在房地产市场迅速发展的今天，高层住宅鳞次栉比，众多百姓忧心忡忡。值得庆幸的是，这个几乎困扰全国所有城市百姓的问题，在合肥却已经不是问题了。

2016年8月11日，《合肥晚报》以“二次供水水质堪忧？合肥没有这个烦恼！”

㊀ 松下幸之助：《自来水哲学——松下幸之助自传》，南海出版公司，2008年2月，第4页。

为题报道合肥二次供水的水质情况：

目前，合肥地区共有787个小区的二次供水泵房移交给合肥供水集团管理。接管后建立专门卫生管理制度，配备专职或兼职人员负责二次供水水质管理工作，坚持执行二次供水设施运行检查制度并做好记录。直接从事二次供水的人员每年进行健康检查，经卫生知识培训取得健康合格证后方可上岗工作。每月对二次供水水质进行五项检测（自检），检测项目为浊度、余氯、色度、嗅味和肉眼可见物。每季进行8项国家《二次供水设施卫生规范》必测项目检测。同时每季度不少于一次对二次供水水箱进行清洗消毒，并由具有资质的检测机构出具水质检测报告，建立二次供水水箱清洗消毒档案，确保二次供水水质合格。

这些小区二次供水泵房的水质经国家城市供水水质监测网合肥监测站的检测，水质优良，完全符合国家生活饮用水卫生标准要求，请广大市民放心饮用。

说来话长。2011年9月，合肥供水集团频繁接到热线和用户反映水压问题。经过认真分析后发现，这些用户大部分居住在有二次供水的小区，而反映水压低的都是直供水用户。针对这一情况，合肥供水集团立即组织区所班组技术人员来到东海徽园排查情况，“解剖麻雀”，寻求解决办法。

根据现场调查，东海徽园6栋高层中，1~4层为直供水，庭院管网为DN200环状管网，进水口分装口径为DN150的二级表；同时，用户4层以上的泵房水箱，是从小区庭院管网加装DN100计费表进水的。掌握了情况后，供水集团与物业联系并进行现场测试，先后打开用户家水龙头和燃气热水器，发现水压波动特别大，燃气热水器出水忽冷忽热，仅坚持不到2分钟就自动熄火，且压力表指针摆动大，无法读数。而当关闭4层以上泵房进水阀时，水龙头出水波动消失，热水器也正常平稳出水。在稳定数分钟后，工作人员再慢慢将完全关闭的泵房进水阀打开，当开到3圈半时，用户家水流又开始出现波动，且开启越大，波动越大，最后只好把阀门控制在3圈位置，维持水箱补水。

现场工作人员经过测试发现的问题是，小区庭院管网是按环状管网且两路进水设计的，但在4层以上的泵房进水时，因管网泄压过快，1~4层直供水用户水流波动就加大了。而如果关小了泵房水阀来稳定直供水水压，小口径补水无法满足水箱补水需要，4层以上用户又会出现问题。这样一来，大家得出一个结论：进入泵房的管道，不能与直供水共用一道管道，两者必须彻底分离。经过研究，合肥供水集团决定由原来的一路进水改成两路进水，即从市政管网直接进水至泵房，与庭院管网进水管道互为独立运行，避免在用水高峰期，庭院管网水压降低而影响直供水用户用水。这样的做法，实际上超越了国家住建部的相关标准。

类似上面的故事，是合肥供水集团在二次供水管理过程中经常遇到的。而在“贴心小棉袄”理念的指导下，对于此类问题，合肥供水集团没有看成是工作负担，反而当成创新的起点加以认真研究，甚至组织专门力量联合攻关，直至问题解决。因为大家深深地知道，一家想有作为的企业，未来面临的问题会更多，要在未来激烈的竞争中立于不败之地，现在就是利用各种时机，尤其是难题锤炼自己本领的时候。“一家有创意、会改革的企业，同时知道如何与顾客取得平衡。理特顾问公司做了一个关于创新的调查，发现绝大部分的好点子来自顾客，而非营销、市场或高层管理人员。在这方面，日本人再度领先。他们很喜欢用一种‘产品搅拌’的方式，将市场上成百上千种产品放在一起，找到顾客最喜欢的一种，大力支持。每年日本市场会出现上千种饮料，可是只有一二十种能够在一年后还继续活跃于市场。索尼公司将新产品的模型放在东京银座的展示室内，并观察购物者的反应”。㊀类似的理念，正是合肥供水集团在工作中“循循善诱”乃至“苦口婆心”地向员工灌输的。

那么，在二次供水方面，广大市民最关心的是什么？合肥供水集团能够切入的创新点和“科技增长点”“市场增长点”又是什么？

近年来，随着城市建设的快速发展，二次供水已成为保障城市居民用水的重要供水方式，二次供水管理问题逐渐凸显。从2008年开始，合肥供水集团批量接管二次供水泵房，在全国属于较早开始接管二次供水泵房的城市供水企业。2010年以来，经过系统研究，合肥供水集团以创新发展为主线，以保障民生、服务百姓为己任，从制度顶层设计出发，不断丰富和拓展二次供水管理新模式，制定了系列规章制度、相关技术标准和流程，严格落实二次供水系统的接管、移交等手续，强化对二次供水系统前期建设、验收、移交等环节的规范管理，逐步构建了“可复制的”具有合肥特色的二次供水管理新模式，切实增强和提升了二次供水专业化服务和保障能力。

2012年，为进一步加强集中管理，合肥供水集团在全国首开先河，率先成立了二次供水管理中心，加强二次供水管理工作。二次供水中心的业务范畴包括：

(1) 负责二次供水设备以及相关配套辅材等招标技术参数编写；

(2) 负责对二次供水设备合格供应商考核评价；

(3) 负责二次供水生活泵房图纸会审工作；

(4) 负责二次供水泵房电表审核；

(5) 负责二次供水生活泵房验收工作；

(6) 负责已验收合格二次供水泵房移交工作；

(7) 负责责任范围内的二次供水泵房资料收集、管理归档及信息化管理工作；

(8) 负责二次供水泵房的远程监控运行管理工作；

㊀ 米克斯维特、伍尔德里奇：《企业巫医：对当代管理大师与思想最权威的评述》，华夏出版社，2007年1月，第115。

(9) 负责已移交二次供水泵房的改造工作；

(10) 负责二次供水泵房的备品备件、日常维修、维护及抢修等费用审核工作；

(11) 负责质保金管理工作；

(12) 负责审核泵房信息系统的录入工作；

(13) 负责区所二次供水泵房相关计划审核、汇总、上报工作。

二次供水中心成立后，先后参与制定了合肥供水集团《住宅小区供水工程验收手册》等相关标准，为进一步统一规范二次供水管理，合肥供水集团对已移交的二次供水泵房，建立了二次供水监管档案和工作台账，包括二次供水用户设施、设备位置、规格、型号等基本信息的档案；水质、水压巡检、定期取水化验及抽查台账；加以分析归类，为今后泵房日常管理、改扩建工程、成本核算以及应急抢修等提供大量准确数据和翔实可靠的参考依据；更新设计泵房巡检报表，内容涵盖泵房水质、水箱清洗消毒、防涝电动阀、排涝设施、进水遥控浮球阀、设备运行参数、环境卫生管理等，并督促严格执行，二次供水服务水平大大提升，二次供水泵房故障率及投诉率明显降低。

将二次供水集中管理的一个优势是，合肥供水集团可以集中力量对一些业务问题进行研究与创新。比如，前面提到的“两路进水”，在业务探讨中我们就在思考：有没有更好、更科学和“一劳永逸”的办法呢？

目前，合肥二次供水方式主要有水箱变频和管网叠压（或无负压）两种方式。因受管网限制，水箱加变频是主要的供水方式。如前所述，供水高峰期水箱进水会对供水管网造成压力波动，接到市政网只是避免了庭院水网压力低问题，但整体也影响了市政供水管网全网的压力。为了有效控制供水管网压力平衡，缓解高峰供水压力，合肥供水集团坚持以科技创新为主线、向技术创新要效益的原则，集中力量专门成立课题小组，探索研究“错峰供水技术革新”工作。在理论研究取得突破后，攻关小组利用晚间用水低峰期间进行二次供水设备调试和技术测验。

在研究过程中，课题组选择大、中、小三种类型的泵房进行试点，在水箱进水管处加装电动调节阀，根据用水时段、水箱水位高低对水箱进行补水，错开高峰期水箱进水，经过一年多的连续调试和数据分析，先后攻克了设备运行、系统控制等技术难题，并总结编制了一套二次供水泵房错峰供水技术改造模板。通过发挥水箱出水及调节功能，实现了二次泵房低峰蓄水、高峰加压的错峰供水自动调控模式，以实现错峰供水。错峰供水技术进一步发挥水箱储水及调节功能，有效缓解了高峰供水期间，全市二次供水泵房大规模补水对供水管网产生的较大压力。在全市范围内逐步“复制”后，产生的效能将相当于合肥新建一座10万立方米的水厂，有效缓解全市供水管网安全运行压力，走在了全国二次供水管理的前列。

泵房外的进水和水压问题解决了，而泵房内的一些相关问题又引起了合肥供水集团的关注，因为这些既涉及用户的生活，更涉及集团的利益及全社会的安全与稳定。

首先是控制泵房噪声污染问题。一些高层住宅由于受空间条件限制等原因，二次供水泵房大都设计在地下室中。一旦泵房位置设计在住宅的正下方，泵房在运行过程中产生的噪声污染会影响到上层住户。

2014年12月，有用户来电反映水泵运行的噪声过大，影响休息。工作人员现场勘查后发现，泵房位置位于该住户的正下方，而水泵运行的声音正常，符合国家标准。后经仔细排查发现，是水泵晚间低频运行的噪声经墙体传到用户家中。由于该泵房在质保期内，二次供水管理中心牵头，业主方聘请专业的降噪机构制定降噪方案，最终确定在泵房内设置隔音房，阻断水泵低频噪声的传播途径，问题得到解决。

2015年10月，二次供水管理中心接到“贴心小棉袄”服务热线派发的工单，反映某小区A区泵房噪声过大，影响用户休息。工作人员使用噪声仪测试泵房内部噪声，测试结果显示泵房内噪声超过了国家标准。经仔细排查，初步确认由于遥控浮球阀使用年限过长、老化严重，导致水箱进水时产生水锤噪声过大，工作人员现场更换了遥控浮球阀，并将相关信息反馈给用户，暂请用户观察。

一段时间后，用户反映泵房噪声问题有所减轻，但未得到彻底解决。经仔细勘查，确认庭院进泵房的穿墙钢塑管老化严重、衬塑脱落。进水压力较大，水流经过遥控浮球阀时导致该穿墙管振动强烈，振动噪声经墙体传到用户家中。原因找到后，解决的方案迅速形成：通过将庭院进泵房的穿墙钢塑管材质更换为不锈钢管，在进水管处加装减压阀，在穿墙管外层包裹一层保温套管，再用泡沫剂把穿墙管与墙体隔离开等一系列措施，有效避免了振动噪声由墙体传到用户家中。

经过多年的研究式和创新式探索，在控制泵房噪声方面，合肥供水积累了一定经验，具体可以从以下几个方面进行：一是在泵房前期审图方面，严禁将泵房设置在住宅正下方，在设计方面杜绝泵房噪声隐患；二是泵房进出水管与套管之间采用柔性橡胶连接，避免管道振动通过墙体传至用户家中；三是对于泵房运行时间过长、设备老化严重的小区，可通过更换水泵轴承、叶轮降低机械噪声；四是通过专业的降噪机构在泵房设置隔音房、吸声板等措施进行降噪。

其次是二次供水系统稳定运行及防恐问题。为了提高二次供水控制系统稳定高效运行，合肥供水集团制定了相关标准，统一采用PLC为核心进行控制系统设计，对于二次供水控制系统协议进行标准要求。要求现场控制系统和远程监控系统之间，必须采用通用工业以太网通信协议进行通信，控制系统具备自动变频运行，水泵定时自动轮换，过流、过压、过载、欠压自动保护，无水自动停机和报警，来水自动开机及错峰供水功能。控制系统具有完善的保护功能，满足泵房运行全自动化智能控制要求，运行工程中完全无人值守。

泵房无人值守了，防恐远程监控工作就摆到了桌面上。

由于和广大市民的人身安全息息相关，二次供水泵房属于防恐重点防控区域。自 2011 年起，合肥供水集团实施二次供水泵房远程监控改造与科技创新工作，结合国内先进城市二次供水远程监控的应用情况，按照强化二次供水泵房设备运行远程监控，突出防恐、防破坏、防投毒的要求，研发了二次供水防恐远程监控系统。

该系统实时进行视频监控，全覆盖二次供水泵房区域，录像保存 30 天。门禁兼容密码、指纹、身份证、IC 卡四种验证功能，配置灵活，接口开放。增加语音通话、声光报警安防设备。当二次供水泵房出现非法入侵时，实时向调度室值班人员发出声光、短信报警，弹出泵房监控画面。值班人员能够通过视频画面，第一时间发现突发情况（如投毒、破坏）等，语音警告非法闯入者，同时远程控制二次供水泵房机组停机，避免重大安全事故发生。系统在泵房门禁正常打开（如巡检人员、物业人员进入）时，也会弹出该泵房视频画面，值班人员可通过画面观察进入人员的工作情况，并通过视频对讲进行交流。同时，系统还具备自学习功能，通过对于决策支持系统知识库的不断完善和系统自学习，实现系统自动判断故障原因，生成解决方案，辅助维护人员快速排除故障。通过对于二次供水设备运行数据的大数据分析，指导二次供水运行参数设置，辅助错峰供水，延长设备寿命，实现节能降耗。

为进一步巩固二次供水控制系统与远程监控系统的智能化，提高系统联动的智慧化，合肥供水相继开发了决策支持系统，构建了一个基于物联网和工业互联网技术的二次供水远程防恐综合管控系统，在实现二次供水现场全自动控制的同时，实现设备监控、视频监控、门禁管理三个模块实时联动，第一时间响应非法入侵，有效提升二次供水运行管控能力。该系统将具备自学习功能，通过决策支持系统知识库的不断完善和系统自学习能力的不断提升，使其具备决策支持能力，实现系统自动判断故障原因，生成解决方案，辅助维护人员快速排除故障，实现二次供水设备运行的初步智慧化。目前，合肥供水集团研发的二次供水决策支持系统，开创了全国二次供水智慧化的先河。

要在二次供水领域做好用户的“贴心小棉袄”，科技的创新和管理的创新都少不了。2015 年 8 月，合肥供水集团结合工作实际，针对合肥市公共资源管理局招投标确认的 9 家二次供水设备合格供应商，以标后管理为重点，经过 10 多次的专题研讨，策划编制了《二次供水设备供应商综合评价手册》（以下简称《手册》），加强供应商的考核管理力度，鼓励优秀供应商，淘汰不合格供应商。为确保《手册》的有效性和实操性，合肥供水集团先后多次召开合格供应商意见征询会、需求交流会，充分征求合格供应商的意见，并将合理化意见纳入招标需求的编制中，进一步修订完善招标文件，更好地服务招标工作。同时，合肥供水集团对外公布意见征集邮箱，鼓励二次供水设备厂商通过网络邮箱、现场交流等多种方式，提出可行性的意见和建议。合肥供水集团逐一分析建议的可行性，对每条意见都予以认真回复，实现二次供水的落地式管理。

遵循公开、公平、公正和明确责任、相互监督的原则，供水集团从标前、标中、标后全过程对二次供水设备合格供应商进行A、B、C、D等级考核，建立综合评价考核体系。通过月度考核确定A、B、C、D考核等级，季度考核确定排名，并在相关媒体上进行公示。凡1次考核确定为C类的，进行约谈，限期整改；2次考核确定为C类的，停止备案3个月，直至整改完毕；1次考核确定为D类，或在质保期内拒绝提供售后服务，影响用户正常用水，被市级以上媒体曝光的，直接纳入黑名单，实现“鼓励A级、维护B级、警戒C级、淘汰D级”的优胜劣汰。

同时，为了保障二次供水安全质量服务，本着提升产品和售后服务质量的原则，合肥供水集团率先创新行业标准，在二次供水成套设备招标中，将质保期由2年延长至8年，在高标准、严要求、保水质、保水压及售后服务上提出了具体要求。此举最大限度地确保了产品质量和售后服务质量，有效降低了物力和人力成本，在考核过程中，不达标的设备产品，以及一些服务能力跟不上的小企业可能会被逐步淘汰，最大程度地实现了设备运行过程中的增收节支，对未来城市二次供水发展及用水安全有着积极的意义。

在二次供水方面进行的上述持续性的探索，是合肥供水集团为民服务的典型事例，也是颇为自豪和骄傲的地方。被德鲁克尊称为“管理的先知”的玛丽·帕克·芙丽特，在谈到服务问题时表达了这样的看法：“在服务这个字眼纷繁复杂的一切现代使用方法的表象之下，隐藏着的是把服务视为一个人利他主义精神的表现，为他人付出动力，为他人带来益处的主张。我认为，服务有着一种比这个更加深奥复杂的意义。”在列举了历史上人类通过各种商业活动“相互服务”的例证后，芙丽特认为，“这是一种服务的交换，或者说是服务的相互交换。当我们说起‘相互的服务’时，在我看来，我们离事实更加接近了，并且我们正在表达生活的先付出然后收获的原则，这是生活中最复杂也是最崇高的方法。智力或者道德上有缺陷的人，不会参与生活中的这种先舍后得的过程”。[㊀]

仅仅就在二次供水方面的持续探索和收获而言，合肥供水集团十分认可芙丽特的上述观点。正如前述，从二次供水的创新管理过程中，起码得到了四个方面的“益处”：一是扩展了“贴心小棉袄”的品牌影响力，尤其是在二次供水成为普遍问题时合肥供水集团率先“下手”解决，给市民提供了安全、放心的供水服务。二是锻炼了队伍，逐步培养起一支专业化的二次供水管理队伍。目前，合肥供水集团通

㊀ 葆琳·格雷汉姆主编：《玛丽·帕克·芙丽特——管理学的先知》，经济日报出版社，1998年4月，第282页。

过机构调整改革，像播种一样，把这些专业人员分散到各个区所中，让他们与区所的专业服务人员共同努力，更方便快捷地贴近用户需求，满足用户需求。三是通过二次供水设备更严谨的招投标管理措施，节省了成本，提升了设备品质，反过来也帮助合肥供水集团在设备上提高了质量。四是科技水平得到极大提升，目前，合肥供水集团自主研发的“无人值守泵房防恐远程监控联动系统”已获得国家专利。

“二次供水是关系到千家万户用水的大事，而且由于管理体制不顺，特别容易出现风险。这些年合肥供水集团在这一方面的创新卓有成效，在为用户提供更好服务的同时，我们自己收获也很多。目前在这一方面有一些全国领先的地方，得到了同行的认可。”谈到二次供水的创新发展，方振不无自豪地说。

三、数字供水“113 工程”

“科技快速发展，如果再按照传统企业那种模式做，肯定是没法解决生产和服务中的问题的，企业发展会受到很大制约。从目前来看，我觉得集团在科技创新方面尤其是数字供水探索方面的力度还是非常大的，无论从制水层面、供水层面，还有施工技术层面等，都包含在内。”说到数字供水，新成立的安徽科源董事长穆利这样说。

2010 年，合肥市委、市政府提出打造“数字合肥”理念，作为城市发展的“五大要素保障”之一，合肥供水首当其冲。为顺应“数字合肥”建设的要求，更为了加快企业信息化建设，通过信息化转变传统管理方式，更好地践行“贴心小棉袄”理念，合肥供水集团明确提出了打造数字供水“113 工程”的战略思路，将信息化理念落实到实际工作中。“113 工程”建设的最终目标，是要将目前公司在各个业务领域相对独立、相对区隔的供水调度系统、管网地理信息系统、水厂自控系统、安全视频监视系统、营业收费系统、“贴心小棉袄”热线系统、协同办公系统、大表监测系统、二次供水监控系统、水质监测系统等进行集成整合，实现“监视监控管理、调度指挥管理、管网运维管理、客户服务管理”一体化，对人、财、物全面管控，全面实现信息化管理和流程重构，保障供水安全，降低企业成本，提高供水服务水平。

2013 年 2 月，合肥供水集团开始部署打造数字供水平台决策，党委书记、董事长方振亲自领导制定了数字供水“113 工程”规划，即通过建立一个数据集成平台、一个数字供水平台及生产运营、服务支撑和综合管理三大体系，保障供水安全、提高供水质量、降低供水成本、改善供水服务。

2014 年 10 月，“113”数字供水平台研发成功，标志着打造数字供水工程的阶段性成功。围绕合肥供水集团的战略目标，整合大数据、云计算、物联网、移动互联网等信息技术，建立一个覆盖操作层、业务层、管理层、决策层四个层级，支撑生产运营、服务营销、综合管理3大运营体系的113数字供水平台。该平台本着“高起点规划、高标准建设、高效率管理、高质量服务”的要求，采用信息化手段，以ISO9001质量管理体系为依托，实时对供水系统进行数据采集与控制，实现对水厂制水、生产调度、供水监测、供水营销、客户服务、综合办公等供水业务的科学化管理，对人、财、物的全面管控，构建了调度指挥中心的雏形。

2015年，按照数字“113”供水平台战略规划，合肥供水集团创新性地成立了“数字办”（数字供水管理办公室），牵头协调相关工作。紧密结合工作实际，合肥供水集团投入400余万元，购买了300余台手持终端移动设备，主要用于数字城管和供水监察工作，通过巡检轨迹实时记录、巡检记录实时上传等功能，实现了“监视监控管理、调度指挥管理、管网运维管理、客户服务管理”一体化，极大提升了日常巡检及外业管理水平，有效推动信息化在供水业务中的广泛应用，数字城管和供水监察案件办结率大幅提高。智慧供水平台的研发成功实现对水厂制水、生产调度、供水监测、供水营销、客户服务、综合办公等供水业务的科学化管理，达到城市供水行业管理精细化、服务标准化的要求。智能手机作为管理工具配发给供水服务维修、管网设施巡检、工程施工、水表抄催及相关管理人员，实现工单传递处置、管网设施巡检、电子化抄表、移动办公等功能。同时出台相应考核管理办法，大力推进使用，形成“干什么，怎么干，用手机”的“掌上办公”工作模式。

“113”数字供水平台开发投入使用后，怎样保证这一系统能够与其他系统发挥协同与联动作用、怎样保障服务工作需求，同时如何与“数字城管”联动，一直是供水集团近年来工作的重点。

2015年，合肥供水集团党委在听取标准化建设专题汇报时认为，“四化”之间，标准化是基础、模块化是方向、简单化是根本、信息化是手段，抓住了信息化就抓住了根本，也就抓住了“牛鼻子”，抓住了主要矛盾。要把握好信息化和标准化之间相辅相成的关系，没有标准化，信息化将是无本之木、无源之水。立足标准化建设这一基础，在信息化建设中，要充分利用好大数据、云计算、“互联网+”等技术手段，舞好“两条龙”、整合“113”系统平台、建成大数据集成中心。

为进一步保障“113”数字供水平台的高效稳定运行，2015年6月下旬，数字供水管理办公室和信息中心先后到“贴心小棉袄”服务热线、庐阳区供水所、瑶海区供水所、包河区（滨湖新区）供水所、蜀山区（高新区）供水所、经开区供水所、北城区供水所、二次供水管理中心和抢修中心等单位、部门，深入开展平台运行调研活动。调研着重了解“113”在各单位部门的运行使用情况，并对使用过程中的疑问进行一一解答。对于出现的问题进行梳理，给予现场指导，不能现场解决的问题记录下来，限时给予最终解决。此次调研工作持续时间长、涉及部门全面，共收集整理了32条具有代表性的意见和建议，按照紧急程度和问题类型，数字供水管理办公室将所有的问题和建议分派到具体部门，并对问题的解决给出了明确的时间节点，为下一步的全面运行与考核管理打好坚实基础。

与此同时，各供水所为了有效利用数字平台、持续提高用户服务效率，也经常结合日常工作开展相关研究。比如，包河区（滨湖新区）供水所就曾召开科、班长会议，针对“113数字供水平台”11月工单处置过程中暴露出的问题进行讨论研究。会议听取了各班组在处理工单过程中出现的各类问题，就具体问题逐项进行讨论和梳理，汇总意见建议以及处置方法。区所负责人要求员工重视“113数字供水平台”的规范使用，熟练掌握基本操作规程。区所根据实际操作情况制定相关规定，对每个工单的处置做出明确要求，以周报形式进行公示，并与绩效考核挂钩，确保有效运用“113数字供水平台”，提高区所数字平台的派单、接单、完成和归档及时率，切实做好用户的“贴心小棉袄”。

2015年7月1日下午，供水服务中心牵头数字办、标准办召开“数字供水系列管理办法”讨论会，监察室、人力资源部、营业中心、二次供水管理中心、抢修中心及各区供水所相关部门负责人参加了会议，并就相关管理办法进行了讨论。按照明确层级管理、清晰定义职责与权限的原则，管理办法对运行管理和考核管理进行了规定和要求，做到事事有边界，处处有节点，过程可监督，结果可考核。会议对《数字供水平台服务工单运行考核管理办法》《数字供水平台服务电子化抄表运行考核管理办法》和《数字供水平台服务管网设施巡检运行考核管理办法》讨论稿进行了全面深入探讨，各单位、部门都提出了合理意见和建议。会议对提出的意见进行了集中整合，并尽快提交研究实施，加快推进“113数字供水平台”的考核工作。

2015年7月3日，为保障“113数字供水平台”的高效稳定运行，规范和加强工单运行与管网设施巡检等信息化管理与考核，时任副总经理的郭星主持召开数字供水系列管理规定专题研讨会。会议听取了数字办关于《数字供水平台服务工单运行考核管理办法》《数字供水平台服务管网设施巡检运行考核管理办法》等编制情况的汇报。结合工作实际，与会人员重点就数字供水服务工单的派发、处置、归档、考核管理以及管网设施巡检考核等内容进行了深入研讨，就如何进一步加强数字供水平台服务工单等运行管理，郭星提出了具体要求：一是《数字供水平台服务工单运行考核管理办法》《数字供水平台服务管网设施巡检运行考核管理办法》要全面覆盖集团公司的服务窗口部门，严格按照PDCA循环管理要求，全方位参与到考核结果的运用中；二是供水服务中心与供水所要明确各自职责权限，对于管网检漏、消火栓管理、阀门管理、上门服务等工作，细化、量化考核指标，制定详细的考核清单，实现层级管理；三是供水所等二级平台单位做好自动化管理工作，严格把控好工单上传的时间节点，发挥二级平台单位的管理职能；四是希望数字办协助各供水所做好数字供水平台的管理服务工作。

2016年，合肥供水集团对“113”管网设施巡检工作提出新的要求，数字供水管理办公室积极配合供水服务中心，参加各区供水所讨论会议，商讨出新的解决方案。该方案将签到点的巡检周期转换为巡检次数，用不同的签到点名称来区分签到点级别，并依此按月统计、按周编制巡检计划。方案要求，巡检人员发现的所有隐患，必须通过手持端APP上传，交由二级平台派单，任务及时派发，及时执行，统计时按照合格条件进行判定。

为验证该方案的可行性，2016年6月28日下午，数字供水管理办公室、供水服务中心及各区供水所前往管辖区域大、管网设施复杂的蜀山区（高新区）供水所试点。实验证明，该方案有利于提升巡检效率、提高巡检质量。下一步，数字供水管理办公室将配合供水服务中心，全面推广管网设施巡检新方案，将管网设施巡检质量体现出来，并真正实现管网设施巡检的重要性分级。

在强化内部平台建设的同时，“113”工程与合肥“数字城管”的对接也在持续进行中。2014年9月，合肥“数字城管”进入全面试运行阶段，2015年1月1日，正式上线运行，考核系统也正式启动并兑现。

2015年3月19日，合肥供水集团召开“数字城管”供水业务专题会。会上，供水监察中队汇报了合肥供水集团在“数字城管”试运行期间及2015年1月~2月的考核情况，详细说明了各项考核指标及考核标准。根据合肥市“数字城管”办公室的月度考核结果显示，自“数字城管”正式实施考核以来，合肥供水集团月度考核得分逐月提高，其中，2015年2月以97.21的总分取得了企事业单位城市管理日常工作考核的第一名。针对“数字城管”目前运行中存在的部分问题和不足，以及下一步工作的想法和建议，合肥供水服务中心、各区供水所也分别进行了汇报。

在听取相关情况的分析和汇报后，合肥供水集团党委提出三点要求：一是统一思想，高度重视，认真领会“数字城管”工作的重要意义。供水服务中心及供水所要统一认识，主动对接“数字城管”的各项管理标准，要高度重视，认真领会数字化发展需要，不能“以不变应万变”。要建立沟通交流渠道，努力将“数字城管”考核工作作为促进供水管理工作进一步标准化、规范化的重要推动因素。二是做好制度的顶层设计。要结合目前“数字城管”工作特点，集思广益，征求意见。第一，建立标准化的考核机制，有奖有罚。第二，要建立内部监督审核机制，过程记录留有痕迹，确保责任到人、考核到人；三是围绕“113数字供水平台”开展各项工作。从城市数字化管理的新要求出发，结合供水集团“113数字供水平台”及标准化建设体系对供水设施的日常巡检管理、消火栓取水等一系列管理工作标准进行修订。做好相关管理制度的顶层设计，做到管理考核的指标量化、制度规范化、流程模板化，纳入贯标体系文件，将被动接受考核转变为主动提升管理，促进供水管理水平的不断提高。

2015 年，为有效推进数字城管工作，合肥供水集团高度重视，采取专项工作专人负责的方式，逐步稳定推进。一是每周统计分析、对照加强管理。“贴心小棉袄”服务热线作为合肥供水集团“数字城管”一级平台，每周根据各考核指标完成情况及得分情况，进行一次统计分析，以内网邮件形式发至各处置单位负责人，以便对照加强管理。二是标准化严要求，梳理处置流程。为了在案件接收、流转、回复等过程中，不因个人操作疏忽而导致丢分，供水服务中心协同各处置单位，从案件建立到任务派遣、任务处理、任务反馈，对每个环节、每个注意事项、每个步骤都一一进行梳理，并明确责任单位，使每个流程工作要求都一目了然。三是处置部门联动、积极应对。各处置单位主要负责人为任务处理第一责任人，将数字城管作为部门首要和重要工作来抓，并指定专项对接人负责“数字城管”工作，对本单位受理每一个“数字城管”案件均认真落实、解决。四是安排业务骨干、专项负责。为进一步加强对“数字城管”的重视力度，提高“数字城管”工作效率，“贴心小棉袄”服务热线安排业务能力好、责任心强的骨干人员，值班长——专门负责数字城管工作，做好每一个案件的上传下达、沟通协调、过程督办、及时反馈等各项工作。

在常规工作之外，针对一些专项工作，则实施专项整治狠抓落实。比如，作为消防设施，消火栓是“数字城管”立案的一个重要部件。每年 6 月 ~9 月是供水高峰期，在此期间，市民用水量大，供水设施尤其是消火栓也更易损坏。针对此现象，供水集团提前做好预警，一方面，由监察中队牵头，各监察队员每天早上 5 点出发，对合肥市消火栓开展高峰供水专项整治。另一方面，各处置单位利用“113 数字供水平台”，通过移动手持机每天开展消火栓重点巡检。另外，通过购置消火栓喷码机，为每一个合肥供水集团产权的消火栓进行喷码识别，对消火栓规范管理起到积极作用。

2016 年 1 月 ~2016 年 9 月，合肥市城管委办公室在全市城市管理日常工作考核中，合肥供水集团先后 6 次取得全市企事业单位考核第一名的好成绩。尤其在 7 月、8 月、9 月高峰供水期间，合肥供水在圆满完成战高温、保供水工作的同时，连续 3 个月蝉联全市数字城管考核第一名。数字城管是适应新形势需要的城市管理的重要手段。合肥供水紧扣“221”指导思想和“贴心小棉袄”服务理念，立足城市发展大局，勇担社会责任，将数字城管与数字供水无缝对接，将其作为促进供水管理的重要抓手，全力以赴为城市管理工作做出应有的供水要素保障。

到目前为止，合肥供水集团的“113 数字供水平台”深度集成了地理信息、管网设施数据，水质、压力、流量数据，水厂、水源厂、加压站、营业收费点、二次供水泵房的实时监控数据等，建设了企业级数据中心，实现数据共享与集成应用。建设集团化管控平台，实时抽取关键供水数据，所有信息一目了然；采用先进算法，通过数据挖掘，为辅助决策提供重要依据，运筹帷幄。而在未来，智慧水务将成为集团持续努力的一个重要方向，即通过物联网、云计算、大数据及移动互联网等技术，实现从原水到中端的供水系统再到终端的用户，所有的环节都处于监控与检测之中，随时关注供水的变化，有效提升城市水务管理的效能，并支持企业管理与运营模式的创新和产业升级，使企业获得更为长久的竞争力。

“我们公司未来在数字供水甚至说智慧水务方面的努力，会从这些方面入手。比如，在供水管网管理方面，可以通过传感器对供水状态等情况进行在线监测分析；再进一步的做法，就是探索管网控制的分区计量技术，把整个管网分成不同区域。当然，这里面最前端的工作是使用互联网技术、大数据技术，建立管网的水力模型，通过这个模型我们就能动态地了解管网的运行状况，能够指导水厂建设，更好地保证整个供水格局的效率和效益最大化。”穆利说。

四、力保水质，让用户用上“优质水、放心水、幸福水”

蔡秀萍是五水厂的水质检测工，她几乎与五水厂同岁，属于元老级人物。多年来，五水厂日供水量一直占全市日供水量的33%左右，供水水质及安全性之重要可想而知。作为化验骨干分子，蔡秀萍坚守在水质检测一线的岗位上，时刻牢记“严把水质关，当好保护神”的工作职责。2013年11月，蔡秀萍同志参加合肥市第十四届职工技能大赛水质化验组的竞赛，其理论和实操两项考核取得第一名的优异成绩。

工作中的蔡秀萍，丝毫没有因为工作经验丰富，产生“船到港边歇一歇”的思想。每天，她都按照水质检测要求，对原水和出厂水水质进行化验，频繁地往返于各个取样点取水检测，清洗、校验水质仪表，认真做好各种检测记录。每2小时对原水、出厂水及各工艺段水质指标进行检测，每4小时进行一次毒物分析。在检测中发现问题、分析问题、解决问题，并同制水班的人员对水质情况进行交流、讨论，促进水质监测同制水工作相辅相成、相互补充。

像蔡秀萍这样的检测工，在各个水厂有很多，她们的工作，也真可以称得上“默默无闻”。“我们所有的工作，首先是为了保障水质优和水压足。”谈到水质问题，方振毫不犹豫地说。

作为供水企业，水质和水压是经营管理的“基本功”，也是与广大用户切身利益联系最紧的。因此，不断自我加压、创新管理，多措并举，严格把控水质管理，是近年来工作的重中之重。

第一，从2010年开始，为了进一步提高为用户全方位服务的效率和快速处理的能力，合肥供水集团自我加压，修订和完善供水服务承诺标准，突出体现在水质保障和供水抢修上，提前执行国家标准，将水质月检全分析项目执行国家标准由原来的60项提升到106项，将制水厂浊度内控标准由0.5NTU降低至0.3NTU，全市供水管网水质监测点由70个增加至110个。

第二，确保供水水质安全，建立了严密的从原水到管网至用户各个环节的水质检测制度，采取在线、班组、厂部、水质检测中心四级水质管理模式，层层把关，确保用户用上“优质水、放心水、幸福水”。在全市范围内设置110个管网水质监测点、每月进行2次常规抽检、每月进行4次水质抽检、全年进行4次106项全分析（远超国标规定每半年一次的标准），坚持每旬定期向社会公布水质信息。多年来，合肥供水集团各出厂水水质合格率均为100%，大大优于国家标准要求。在2012年国家卫计委全国饮用水督查工作中，合肥饮用水综合得分在全国26个省会城市中名列第三。

第三，持续创新工艺、提高技能。2012年，完成“六水厂新工艺水质保障”课题试验阶段性总结，初步完成了“微涡流处理低温低浊水”处理装置的设计、安装和运行试验。全年共完成6 672项新安装管道水质检测，做到严格把关，资料完整，保证管网水质安全。2013年，通过技术革新提升安全制水技能，完成二水厂4座沉淀池投加药剂管道改造、直流屏电池及充电系统更换，四水厂泵房6号机组改造，五水厂自控防雷系统改造，并通过了安徽省防雷中心验收，六水厂加装草坪灯，聚合物自动吸料装置技改项目；共实施增强供水生产安全运行保障技改项目31项。做好原材料保障工作，共完成395批次、5 206吨各类原材料的供应工作，努力提升生产单位夏季高峰供水安全运行的保障能力。此外，还对各水厂加氯工艺操作规程、应急处理方案等进行修改完善。

2016年，为进一步加强水质管控力度，供水集团正式成立水质管控部，将水质管控工作从现有的水质常规检测工作中解放出来，延伸管控范围，扩展管控区域，重点围绕水质安全落实“分级管理、监管结合”的水质管控工作；集中优势技术资源探寻原水、制水、管网输配水、二次供水等领域水质检测、水质管理、深加工工艺等方面课题，如开展在线仪表应用、水质信息传递等调研，提出水质信息平台建设方案等；同时，着力夯实“大安全”理念，扩展水质监管手段，对水厂、供水所、巢湖水业、肥西公司按半年、季度、月开展点面结合的水质督察，加强水质监督管理，确保集团公司水质符合国家相关规定。水质管控部的职责包括：

（1）负责获取和识别国家、地方与行业水质卫生标准，制定集团公司水质内控标准；

（2）负责组织水质管理制度编制，监督执行落实情况；

(3) 负责制定水质合格率年度目标，监督、考核执行情况；
(4) 负责制定从业人员水质卫生管理培训计划；
(5) 负责水厂、二次供水卫生行政许可证及延续工作；
(6) 负责全市供水管网水质监测点设置方案审核；
(7) 负责水质在线检测建设方案审核；
(8) 负责组织水质安全专项检查工作；
(9) 负责监督水质不合格项处置工作；
(10) 负责监督水质投诉事件处置工作；
(11) 负责组织水质突发事件应急预案编制及演练；
(12) 组织水质突发事件应急处置，负责事件调查并形成报告；
(13) 联系上级卫生和行政主管部门，协助开展水质监督检查；
(14) 监督、指导巢湖水业、肥西供水公司水质管理工作；
(15) 关注国内外水质新动态，为集团公司提供决策参考；
(16) 完成集团公司交办的其他工作。

2016年12月15日，合肥供水集团召开水质工作座谈会，对于水质检测中心，合肥供水集团党委指出：一是要依托国家级监测站，通过引进和更新水质检测仪器设备，用科技提升效率，不断解放生产力；二是要找准定位，研究检测新技术，开发水质检测新项目；三是要摒弃传统的经验主义，用发展的眼光，多向优秀的企业学习及交流，立足全国，放眼全球，切忌墨守成规；四是要创新利用先进技术提升检测效率和管理效能，鼓励在职员工进行再学习，再提升，积极引进和发挥技术人才优势，大力建设高水平的检测人员队伍，打造国内一流的检测队伍，打响“国家城市供水水质监测网合肥监测站”品牌，跻身国家一流供水水质监测站行列。水质管控部要积极发挥部门职能，要依据国家水质标准及卫生规范要求对合肥供水集团水质实施全过程监督与管理，加强水质管控力度，延伸管控范围，要制定好规则，做好标准化顶层设计，优化精细管理，主动作为，履行管控职责。

以“贴心小棉袄”为服务指南，全力保持与提升水质，是合肥供水工作的重中之重。谈到水质问题，郭星总经理鲜明地表达了两个观点，一是在水质方面的“不计成本”，二是对水质提升的“精益求精”。

五、不化冻，就感动

“今天，如果有供水抢修人员去给您换水表，修水管，请您少一句埋怨，多一分理解。合肥供水人正在零摄氏度以下的寒风中，拿着冰冷的工具，通宵达旦奔波在各个小区；‘贴心小棉袄’服务热线正24小时接听您的来电。此时此刻，全体供水人齐心协力，同心同德，努力为您织出一件抵御寒流侵袭的‘贴心小棉袄’”。

这是2016年1月26日，合肥供水集团网站上一则题为“合肥供水人全力以赴，战严寒，保供水”的新闻中的最后一段话。

受北方强冷空气南下影响，2016年1月下旬，合肥迎来了大范围雨雪天气和强降温天气。2016年1月20日下午，合肥供水集团传达了市领导关于应对低温雨雪工作的重要指示，要求供水集团全力做好强降温天气供水管网和居民用水的应急处理工作，全面保障用水安全。2016年1月20日16：30，正式启动合肥供水集团冬季供水保障应急预案Ⅰ级响应。合肥供水集团6个这供水所、三欣公司、供水服务中心、营业中心、抢修中心等700余人，全部投入供水保障工作中，截至2016年1月30日，累计接听用户来电62 500多个，安排工单21 695个。全体供水人以实际行动在严寒考验中践行“贴心小棉袄”的服务承诺，真正做到“不化冻，就感动”。

极寒天气，“贴心小棉袄”服务热线首当其冲，平时日均接听电话800余个。1月23日~1月30日，服务热线是8天7夜不眠不休，共接听62 500个来电：

1月23日，全天接线量1 227个，安排工单299份，无主管道抢修；

1月24日，全天接线量5 872个，安排工单2 183份，抢修3处；

1月25日，全天接线量9 406个，安排工单4 484份，抢修4处；

1月26日，全天接线量15 616个（创历史新高），安排工单5 141份，抢修4处；

1月27日，全天接线量14 555个，安排工单4 056份，抢修4处；

1月28日，全天接线量8 385个，安排工单2 624份，抢修5处；

1月29日，全天接线量4 448个，安排工单1 780份，抢修8处；

1月30日，全天接线量2 987个，安排工单1 128份，抢修6处。

从1月24日7:30开始，“贴心小棉袄”服务热线的铃声就没有停过。根据紧急部署安排，“贴心小棉袄”服务热线临时增设话务坐席和线路，在原有20路来电的基础上增加25路，共开通45路热线电话。团委抽调各单位、部门精干人员，经过培训后，及时加入接线队伍。135名热线专员、24小时不间断地接听用户来电。为了接听更多来电，接线员们轮流吃饭，几乎都是匆匆地扒上几口饭，有的接线员都把盒饭拿到电话旁，在接线的间隙，塞几口饭下肚。饭可以将就，但有一样不能少，那就是热水。经过5小时的连续接线，接线员声音基本都已嘶哑，喝口热水，含一粒喉宝，去门口透个气，继续回到岗位上接听来电。

值班长沈莹是一个年轻的妈妈，小孩刚断奶，从1月23日进入热线室，戴上耳机开始，直到1月26日已经3天没有回过家。家里的孩子刚会喊妈妈，却错把奶奶当成妈妈。说起这个，沈莹瞬间红了眼眶，身边的人劝她回家休息一晚，她还是那句话：“熬过这几天就好了，这里更需要我。”作为值班长，她不仅要完成自己的接线工作，还抽空指导临时抽调的人员，虽然眼睛已经熬红，但依然坚守在岗位上。

班长吴萍的爱人同是供水人，在供水所工作。这次的抗寒战斗中，更是冲在了第一线，两个人都已经几天不着家。偏偏气温骤降，孩子生病，可实在分身乏术，孩子和用户之间，他们都选在了坚守岗位，孩子只能托付给家中的老人。同时坚持在岗的还有几个准妈妈，特殊的体质需要更多的休息，而她们一声抱怨也没有，更没有提出需要特殊照顾，全部坚守在热线上。她们明白：供水热线需要她们，抗寒一线需要她们，千千万万的用户需要她们，“贴心小棉袄”更需要她们！

寒流来势汹汹，寒风凛冽，路面滴水成冰。伴随着激增的热线量，区所的工单量也是直线上升，工单另一头连接着的便是供水所，他们需要直接上门面对用户，帮助用户解决难题。在这次寒冬保卫战中，他们作为先锋队伍，始终冲在抗寒第一线。

自冬季供水保障应急预案I级响应启动以来，合肥供水集团6个区供水所全面进入备战状态，24小时不间断服务。面对突增的工单量，所有供水抢修人员已经全部投入抢修中。在寒风中，滴水成冰的街道，抢修师傅们拿着冰冷的工具，通宵达旦奔波在各个小区。在奔往下一个抢修现场的途中，有的师傅累得一上车就能睡着，下了车，深夜的冷空气瞬间让他们振奋起来。“每天最冷的不是深夜11~12点，而是凌晨3~4点，那个时候最冷”，这是师傅们用亲身感受得出的“切身总结”。

这些天，能吃上一口热饭，喝上一口热水，对于区所的师傅们来说，都是一件奢侈的事情。虽然每个供水所都做好了热菜、热饭的后勤保障工作，可当全部投入到服务中时，根本就顾不上吃饭。有时候早上吃一口，直到晚上才能挤出时间再吃一点。有时候刚在车上吃上一口，这边就到了服务地点，二话不说，放下盒饭，带上工具，迅速下车，投入抢修。有时候也会遇到用户埋怨来的速度慢，影响用水，可师傅们也只能连声道歉，并加快手上的动作，早点帮助用户解决问题。只有我们知道，他们已经超过48小时没合过眼，已经完全是在超负荷工作。

对于受影响较为严重的小区，合肥供水集团及时安排应急送水车，实施应急送水服务，24小时不间断配合实施。对年纪较大的用户，区所人员主动带着提前准备好的水桶，肩挑手提，第一时间给用户送上水，再设法解决管道上冻问题。部分用户临时有事要出门，工作人员记下门牌号，约好上门送水时间。在庐阳区绿波廊小区，5户用户因表后管上冻，无法用水，工作人员手提水桶，一趟又一趟，前后跑上跑下十几趟，分别给用户送去了应急用水，并通过热水浇淋、更换表后阀等方式解决了用水问题。有的住户居住在老旧小区的6、7层楼，小伙子们因为长时间拎着水桶，手都开始发肿，手指被勒出了一道道血痕。这个时候，听不见一声苦一声累，只能看到一个个“贴心小棉袄”一路奔波的身影。

再来看一组数据：

1 月 24 日上午，长江西路与潜山路交口处的 DN800 供水管道抢修；

1 月 24 日上午，创新大道 DN600 供水管道抢修；

1 月 25 日上午，六水厂 DN1800 原水管抢修；

1 月 26 日上午，三水厂 DN1200 主供水管道抢修；

1 月 24 日上午，长江西路与潜山路交口处的 DN800 管道和创新大道 DN600 管道受低温影响导致渗水现象，抢修中心各类抢修设备第一时间进场，迅速勘察判断漏点位置。在安全防护措施进行的同时，接电、警示围挡、安全防护工作依次进行，挖掘设备、吊机等设备已经启动，抢修工作正式拉开序幕。挖掘设备迅速破路、开挖，排水设备也开足马力进行排水。DN800 管道作业面正处于高架桥下方，阴冷潮湿，不见阳光，-10℃的温度，给施工带来了很大的难度。但是险情就是命令，时间不等人，抢修人员顾不上天寒地冻，立即热火朝天地忙碌起来，有条不紊地进行着抢修工作。截至 14: 20，该处 DN800 管道修复完毕，随即恢复供水。随后，创新大道 DN600 管道也已抢修完毕。

1 月 25 日早 7 点，六水厂一条 DN1800 的原水管受低温影响，出现了近 1 米的裂缝，情况十分紧急。挖掘设备迅速破路、开挖，排水设备也开足马力进行排水。此处 1 800 毫米管埋得较深，加上管身直径较大，为加快抢修进度，多台大口径渣浆泵开足马力全力排水，辅助抢修人员做好路面排水的导流与清理工作。在确保安全的前提下，做到人歇、设备不歇，多人轮流操作。经过连续抢修，十几个小时过去了，天气逐渐暗了下来。该处原水管位于空旷的室外，无任何建筑物遮挡，抽出的排水混合着凛冽的寒风，真是滴水成冰，抢修人员穿着胶鞋，站在齐膝的泥水中，手都不听指挥地发颤，心里只想着加快作业，修复漏点，恢复供水。晚上 22：30，DN1800 原水管顺利修复完毕，此时已经达到-9℃，问问抢修队员冷不冷，没一个说冷的。十几个小时的不停忙碌，零下的温度竟然都忙出了热汗。问问他们累不累，确实累，但还歇不了。这个管道漏点修复了，人员、机器迅速赶往下个抢修现场，还有漏点要去修复，还有供水设施需要恢复，还有用户需要帮助，他们的身影很快消失在夜色中。

1 月 26 日上午，经过一夜的“战斗”，抢修队员们刚刚回到值班室时间不长，三水厂 DN1200 主供水管道又突发漏水，他们立即带上抢修工具，重新投入战斗。定点开挖、排水，各项工作有条不紊地进行。经过一夜奋战，及时恢复了供水。

在这次抗寒战斗中，我们看到了合肥供水集团团队合作的力量：当一线人员在一线抢修、在接听用户来电、在为用户耐心解释时，在他们身后，是所有供水人的全力支持和默默奉献：

三欣公司按照集团公司相关工作要求，哪里需要去哪里。三欣公司城南、城北分公司全部加入供水所，市政分公司人员进入抢修中心，充实一线力量，为严寒天气中全市用户做好供水保障。

供水服务中心连夜为供水所和抢修中心送来车载充电器，及时解决了手机充电问题。

供水所做好本所后勤保障工作，提高伙食质量，并购买水饺、元宵、方便面等食材，以备不时之需。

后勤中心为所有抢修员工、热线人员准备热菜、热饭、热汤，及时送到服务一线。

信息中心全力做好技术支持，连夜增开25路热线，全程蹲守热线，进行通信保障。

由团委组织，各单位、部门迅速抽调骨干员工，参与热线接线，尽职尽责，听从安排，没有任何畏难情绪。

……

管理学理论中有一个为大家熟悉的“组织公民行为”，是指员工在工作过程中表现出来的“那些有利于组织的行为和姿态”，这些不是员工角色内要求的行为，完全出于其个人意愿，不被正式的奖惩体系识别，但可以有效地提高组织的整体效能。从理论上讲，任何组织都不完美，在公司工作的很多时候，仅仅依靠员工角色内行为，往往难以有效实现组织目标，在这个时候，组织公民行为就发挥了重要作用。值得欣喜的是，防寒抗冻中的合肥供水人，已经整体地呈现了这种“组织公民行为”。我们认为，这正是多年来以“贴心小棉袄”为核心的企业文化理念持续传播和不断实践的结果。

“在某种意义上，这种表现凭借自身而说明了一切。它符合一种原初的欲望——归属的欲望，归属于一个群体的欲望，被另一个接受，被许多人接受，被承认、保留的欲望，确信得到支持和拥有同盟者的欲望”。[㊀]

㊀ 齐格蒙特·鲍曼：《作为实践的文化》，北京大学出版社，2009年4月，第39页。

第 7 章

07

比马赛马不相马，人际关系简单化

任何员工，无论你来自哪个国家，无论新老，只要坚持奋斗，绩效贡献大于成本，我们都将视你为宝贵财富，不断激励你成长。

——任正非

一、怎样“赛马”？何为“简单”

2016 年春节前，合肥供水集团在内网上以团委的名义发出了一份倡议书，倡导大家在春节期间“讲文明、树新风”，包括：少放或不放各类烟花爆竹，理性消费、适度消费，多陪伴父母、多陪伴家人，多读书充电等。而其中有一条“与众不同”的内容是倡导大家“与往年节日期间各类群发短信说再见，从自己做起，少发或不发拜年短信”。

从传统意义上看，逢年过节通过短信互致问候本无可厚非。但近年来合肥供水集团从员工那里了解到，这种礼节性的短信，其实在一定程度上变成了大家的负担，尤其是心理负担。比如，从员工角度看：过年了，是否给领导发个短信问候一下？到底给哪些领导发？不发似乎不好，发了领导是不是会觉得我有什么企图？从领导角度看也不是没有麻烦：下属短信问候了，你回不回？一个个回复太麻烦，“工作量”不小；但要是不回复，又担心员工有想法。所以说，这种没有多大意义的短信、微信拜年，似乎只是在“维持”一种人际关系，并已经形成了大家共同的负担。所以，合肥供水以倡议的形式号召员工，就会让员工卸掉心理负担，回避一些没有必要的人情交往，大家都轻松。实践证明，这一倡议受到了广大员工的支持和欢迎。

按照中国人的习俗，“婚丧嫁娶”也是社会人情交往的重要环节，但同样的问题依然存在，就是“请不请”“去不去”？按理说，对于这些使用个人私款（相对于公款来说）的事项，企业无权干预。但与拜年信息一样，这些私款交往通常都有人情关系的因素在，尤其是在同事以及上下级之间。所以，按照“人际关系简单化”的原则，合肥供水也对这一类问题做了规范和倡议。2016 年 11 月，合肥供水集团发布了“关于《严格规范办理婚丧嫁娶等事宜的暂行规定》”，内容如下：

为认真贯彻落实中央“八项规定”精神，反对和抵制“四风”。依据党和国家有关法规政策，按照合肥供水集团“脚踏实地做事、阳光快乐工作”“人际关系简单化”的企业文化理念，特制定本规定。

一、本办法适用于合肥供水集团全体员工，其中领导干部特指科职及以上管理人员。

二、婚丧嫁娶等事宜，具体是指：因本人或近亲属结婚、生日、满月、升学、装修、乔迁、生病住院、亲人去世，因公出差（境）、工作调动、升迁、获得奖励表彰等事宜安排的宴请活动。

三、领导干部操办婚丧嫁娶等事宜，严禁下列行为：

（一）因公出差（境）、工作调动、升迁、获得奖励表彰等，严禁公款和个人宴请，严禁收受礼金、礼品；

（二）本人及直系亲属举办婚宴、生日宴、满月酒、升学酒、乔迁酒等，严禁宴请下属、同事，严禁邀请供水集团领导班子成员参加；

（三）本人及直系亲属生病或举办丧事，可由供水集团领导、工会及部门负责人以单位名义前往慰问，领导干部严禁个人随礼，严禁参加宴请招待。

四、党员、领导干部、员工操办婚丧嫁娶等事宜，提倡下列行为：

（一）提倡在亲属、好友范围内举办，控制宴请规模；

（二）提倡勤俭节约，少收或不收礼金、礼品。

五、党员、领导干部、员工操办婚丧嫁娶等事宜，需按规定进行备案：

（一）本人及直系亲属举办婚礼、寿诞等各类喜事宴请的，党员、领导干部须提前5个工作日向合肥供水集团纪委备案，一般员工向所在单位党组织备案；

（二）本人及直系亲属操办丧事的，党员、领导干部须在5个工作日内向合肥供水集团纪委备案，一般员工向所在单位党组织备案；

（三）领导干部原则上不参加下属、员工的婚丧嫁娶等宴请活动（亲属除外），如因其他原因确需参加的，须在活动前后5个工作日内向合肥供水集团纪委备案。

六、对违反上述规定的，应进行诫勉谈话，并责令其作出书面检查和补报，情节严重的给予党纪处分或组织处理。

随着中国社会的日益进步，大家对私人权利也越来越在意。所以，合肥供水十分注意在类似的文件中将对党员领导干部的“规范”和对一般群众的“倡导”结合起来，在不违背公序良俗和不侵害个人权益的前提下，尽量营造“人际关系简单化”的氛围。

众所周知，中国社会一直是一个人际关系相对复杂的社会。黄光国先生等人认为，中国的人情概念，虽然可视为普遍性的“均等法则”之一例，但与之其他文化相比较，人情的含义却更为复杂，它与相互性的“报”之观念也有更为紧密的关系。它强调在差序性结构的社会关系内，维持人际和谐与社会秩序的重要性。换言之，“人情法则”不仅是一种用来规范社会交易的准则，也是个体在稳定及结构性的社会环境中可以拿来争取可用性资源的一种社会机制。[一]许多企业尤其是国有企业在经营管理上受制于传统的人际关系及其不良后果者甚多。改革开放以来，有一些企业或企业领导人也试图在人际关系简单化方面做一些“突破性”的尝试。比如，德胜洋楼在其《德胜员工守则》中专门有一个“同事关系法则”，提倡简单化的同事关系。如不提倡相互借钱、不打听同事的隐私、不得经常与同事一起聚餐等，因为这些事情都会“使同事之间的关系变得复杂”。基于此，德胜认为“‘血浓于水’是封建社会遗留下来的宗族观念，在今天的文明社会里，只有落后的原始部落依然依靠‘血缘关系’来区分关系的疏密及等级的划分。公司不认同‘血浓于水’的观念，竞争必须是公平状态下的竞争，任何违背公平原则的价值观都是违背现代文明的”。[二]

对于此类问题，我们的思考是：工作与生活、情感与利益的集合，形成了社会层面许许多多所谓的“圈子”，人际关系的形成与个体周围的圈子是密不可分的。四者的关系纠结不清，是导致人际关系复杂的根本原因。合肥供水提倡人际关系简单化，就是力求大家能够在所有的工作中公私分明、是非明确，人与事别论、情感与利益的分配有章法。通过倡导这样的理念，希望员工在工作中和个人发展中少点心思看人，多点心思做事；少点口舌议短，多点话语说长；少点精力欲己，多点脑筋予人。“良好组织精神的真正考验不在于‘大家能否和睦相处’；它强调的是绩效，而不是一致。‘良好的人际关系’如果不是根植于良好的工作绩效所带来的满足感与和谐合理的工作关系，那么其实只是脆弱的人际关系，会导致组织精神不良，不能促使员工成长，只会令他们顺从和退缩。”这是德鲁克先生的观点，我们深以为然！[三]

当然，要真正实现“人际关系简单化”，仅仅依靠这样的简单规范和倡导也是不够的。因为这种“简单”与“不简单”，直接与员工个人的切身利益及职业成长息息相关。可以想见，在一个没有任何制度规范和章法的组织中，任你怎么强调，也不可能有“简单化”的人际关系。所以，要实现人际关系的简单化，制度和规则必须先行。必须通过公司全方位的顶层制度设计，为所有人搭建公平竞争的环境，让大家在相同的条件下公平竞争、自由发展。基于此，“比马赛马不相马”就成为我们实现“人际关系简单化”的基本路径。

从中国企业的实践看，包括海尔在内的许多企业提出的“比马赛马不相马”理念，其实是倡导员工在工作实践中、依靠自身的绩效来获得个人职业生涯的成长。

[一] 黄光国、胡先缙等著：《面子：中国人的权力游戏》，中国人民大学出版社，2004年11月，第3页。

[二] 周志友主编：《德胜员工守则》，安徽人民出版社，2006年9月，第21－23页。

[三] 彼得·德鲁克：《管理的实践》，机械工业出版社，2013年1月，第118页。

韩愈《马说》中的名句“世有伯乐，然后有千里马。千里马常有，而伯乐不常有”说明了伯乐对于千里马的重要性。如果把人才比喻成千里马，那么选才的人（伯乐）就很重要。那么，我们为什么要提出“比马赛马不相马”呢？

我们认为，相马的决定因素是相马者，强调相马者的能力；赛马的决定因素是马，强调的是马的能力（比赛的结果）。从哲学上讲，相马和赛马强调的是一个事物的不同方面，两者是辩证统一的关系，不能肯定一方而否定另一方。在企业管理中也是如此，其实两者都重要（选人时相马很重要，用人、评人时赛马很重要），不能偏废一方。

在企业管理的具体情景中，对两者不同的强调代表了不同的文化理念，会产生不同的结果。如果强调相马而忽视赛马，则考核评价取决于领导，“说你行你就行，不行也行”；如果只强调赛马，就是强调用结果说话，领导只依据结果进行评价，就能够避免“说不行就不行，行也不行”的情况出现。因此，实行相马机制还是赛马机制，代表着公司的用人理念。一些企业喜欢相马，因为相马的权力在领导，可以选自己喜欢的人，用起来“顺手”，更方便自己谋私利；如果用赛马机制，有能力的马可能恃才傲物，不把领导放在眼里，因为在收入和升迁等问题上主要由自己的能力而不是领导的评价决定。在赛马机制下，领导的权威容易受到挑战，但业绩会更好。显然，只有采用赛马机制，合肥供水才能实现新的战略目标。

在企业管理中，仅有赛马的理念还不够。如果没有公平的竞赛规则（制度），理念可能只是理念而无法落地。有些企业口头上是赛马，但实质上还是相马。好的制度设计是文化理念在企业落地必不可少的制度安排。多年来，合肥供水以“比马赛马不相马”作为企业的用人理念。学历、履历只是过去的成绩，对人才要在实际工作中考察。在人事管理上，严格执行“三定”原则，定责、定编、定岗；实行“一把手”不直接分管人、财、物、项目等具体事务制度和“末位表态制”；“两个人不讨论人事”，所有的人员变动都要经过书记碰头会酝酿、书记专题会提议，纪委审查，党委会决议，谈话、考评、公示、发文；面向社会公开招聘新进人员，除部分一线专业技能岗位，其他岗位一律要求学历在全日制本科及以上；实行 A、B、C、D 绩效考核，通过创新《绩效考核办法》《员工积分奖励管理办法》等系列薪酬考核制度，真正体现按劳分配、按绩取酬、“干好干坏不一样”。通过这些制度和做法，坚持“比马赛马不相马”，真正实现“人际关系简单化”。

二、严把人才“选聘用”关口

人力资源管理理论认为，人是企业一切资源中唯一具有能动性的资源，是决定其他资源作用和价值的资源，因而是企业资源中最重要的。合肥供水的人均劳动生产率位居前列，说明员工的工作积极性和创造性较高，而这一现象的前提，就是“赛马机制”在起作用。既然倡导“比马赛马”，那么最后一定是根据赛马的名次给予奖赏。这样的比喻放在企业实践中，就是要根据员工工作的绩效来客观评价他们，在他们所有的奖励和提升过程中严格遵循制度规范。严把人才选聘关，让有业绩的员工持续进步，让不作为的员工看到差距，这就是实施“赛马”理念的重要举措。

“十二五”期间，在全国公用事业企业中，合肥供水首次将标准化理念引入党风廉政，严格执行《干部选拔任用条例》，建立和实施了《党委会议事管理程序》《书记专题会议事规则》《科职及以上管理人员选拔聘任管理办法》等，所有人事安排都必须实行党委表决制，不搞“一言堂”。在充分识别选人、用人风险的基础上，合肥供水严格按照 PDCA 循环和企业内控管理要求，建立健全了员工招聘、人才评价、选拔任用等人力资源管理制度体系，合法用工，合规选才。

首先是严把进人关。人员如何选拔任用是企业引导人力资源向何处去的最主要的“指挥棒”。如果指挥棒的方向出了问题，企业的目标就不可能实现。在选人管理方面，我们依据建立的《员工招聘与配置管理程序》《员工招聘管理办法》，在计划编订上，严格按照市国资委总量控制的要求，因事设岗、因岗定编、因需招人。每年，根据各单位、部门岗位缺编情况，结合岗位工作实际需求，人力资源部初步拟定集团公司年度招聘计划，报书记专题会研究同意后，提请党委会集体研究，确定年度招聘计划和实施方案。在条件控制上，严格按照集团公司党委总体要求，除政策性的退伍安置及专业要求强的维修电工岗位（维修电工岗位到定点专科院校招聘）外，其他所有岗位基本条件：第一学历必须为全日制本科。

为保障进人质量，所有新员工都必须参加全面的入职培训，并严格执行《新进人员试用期转正考核管理规定》，进行试用期考核，包括个人岗位胜任能力测评和单位综合评价。对于岗位胜任能力差、单位综合评价低的，视实际情况，给予组织谈话或延期转正，甚至解聘。

其次是“两个人不讨论人事”。在合肥供水集团，一把手主动放弃自己的用人决定权，将用人决定权交给制度、交给领导集体、交给全体员工，为企业树立风清气正的选人用人氛围奠定了最重要的基础。合肥供水坚持德才兼备的用人标准和“比马赛马不相马”的用人理念，坚持自下而上的民主推荐和自上而下的综合考量相结合，民主推荐、公开选拔，突出在贯标工作中发现人才、使用干部、处分人员。

再次是“三定”：定责、定编、定岗。按照“定责、定编、定岗”的原则，根据市国资委企业用工总量控制指标要求，努力打破人浮于事、冗员过多的局面，因事设岗，优胜劣汰。对各类岗位、编制实行有效控制，优化岗位结构，强化一岗多责，简化程序，功过分明，畅通员工进出、晋升渠道，鼓励机关人员到基层，为优秀人才提供展示才华的平台。按照核定的编制和岗位职责，员工和单位进行双向选择，同时建立内部劳动力市场，制定《内部劳动力市场管理办法》，对淘汰人员进行转岗培训，培训合格后重新竞争上岗，主动做好部分落聘人员的思想工作，使他们能正确对待个人岗位的变化，进一步强化员工的责任意识和危机感。

采用“三定”的方式能够起到激励作用。以水厂等基层单位为例，有的水厂有六十人，有的有四十人，有的仅有三十人，人少的水厂可能会向公司要求多进人，但合肥供水集团会根据水厂的规模来定责、定编、定岗。“三定”之后假如某水厂编制为49个人，而现在只有40个人，多出来的9个职位的每月绩效考核奖金照发，这些钱都会给厂里，这样就能够起到激励作用。

最后是对管理干部实施动态评价。多年来，合肥供水集团严格按照《科职及以上管理人员选拔聘任管理办法》进行任期考核，包括民主测评和组织考察。对于民主测评结果得分不高、群众普遍反映不好的管理人员，及时予以调整或免职，有效建立了管理人员“能上能下”的灵活用人机制。创新实施《合肥供水集团拟提拔、拟调整至重点岗位人员考察对象及配偶、子女财产报告制度》，使关口前移，对重要岗位实行轮岗，严把廉洁从业关。对在同一岗位工作达到6年的中层管理者，进行岗位大交流，“十二五”期间中层正职全部完成岗位交流。

除了按照组织程序正常考核评价之外，合肥供水集团还结合“我给领导提意见”“我给领导打打分”活动，对干部队伍进行全方位的评价。此类活动中，合肥供水始终坚持“能者上、平者让、庸者下”的做事劲头，打分中也有反映中层干部不适合当前岗位现象，合肥供水立即对其进行了岗位调整。

2016年10月列出的《合肥供水集团领导权力、责任、负面清单》，在“编制目的”中，合肥供水开宗明义指出：

> 为全面贯彻落实深化国有企业改革、建立现代企业管理制度、完善法人治理结构等要求，建立职责清晰、分工合理、权责一致、公开透明的现代企业管理模式和权力运行机制，实现对权力运行的有效监督和约束，营造“人际关系简单化”的企业政治生态环境，结合企业工作实际，特编制本体系……

这一系列的制度设计，都是为了一个目的：创造最好、最规范、任何人都不能“越雷池一步”的“赛马”氛围！

一把手先把自己的权力关进笼子，主动放弃“一言堂”“一支笔”，主动接受大家监督，是合肥供水集团人力资源管理的“总开关”。为了保证这个总开关真实、有效，企业用一条条的制度条款将其变成企业制度规范，谁都无法再逾越。这样的一把手和这样的制度设计，真正解决了国有企业在人力资源管理上的种种弊端，成为合肥供水的人力资源得以盘活优化的最重要原因以及企业的战略目标得以实现的最主要保障。

“我最满意的是我们公司人力资源管理的理念，通过比马赛马来选马。在人才选拔包括干部队伍的培养方面是有层次的，有一整套完整的规划，比如我们每年的培训，到外面进行系列的培训，这都是比较具体的。公司在人才培养方面是花了大力气的，投入必要的人力物力，反映了公司对人才培养的重视。不仅在干部的培养上，对职工的培养也是很有亮点。”人力资源管理部门的一位员工说。

三、让年轻人持续走上前台

企业要发展，离不开人才辈出的氛围和机制。重视人才的年轻化、专业化，既是为了适应时代的要求，也是为了培训更多人才以满足企业不断发展的要求。为了促使管理干部年轻化、专业化，合肥供水从“盘活”现有人才和引进新的人才两方面开展了很多有效的活动。为保证企业人才年轻化、专业化目标的实现，我们同样通过制度设计来保障目标的实现。

2010 年的“三项制度”改革中，合肥供水制定了一系列制度，为的是既妥善解决岁数比较大、能力和工作积极性一般的管理干部，又能够大幅度地提拔年轻干部。比如，对于中层正、副职愿意主动“让贤”的，给予一定物质政策倾斜，既给了面子，又给了实质的好处。如果参加竞聘而没有成功，面子、经济好处就都没有了。这种用利益换空间的做法为改革减少了阻力，能取得更多人的认同和支持，非常具有管理智慧。对于一般的、暂时不能满足企业要求的工作人员，也应该给予机会。多数人本质上都不错，也有能力，只是长期在不良的企业文化环境中“自废武功”，使他们暂时不能适应企业的新要求。如果给他们充分的机会，端正态度、培训学习后，他们完全可能成为满足企业要求的合格员工。当然，对于态度仍不端正，不愿改变提高的，也不能让其影响企业发展。结果是，有 21 名原任中层干部落聘，16 名年青同志脱颖而出进入中层干部行列；大学本科以上学历由原来的 57% 上升为 70%；平均年龄由原来的 46 岁下降至 41 岁。可以看出，改革后年轻化、专业化的人力资源政策取得了突出的成效。

“三项改革”仅是合肥供水人才盘活、优化的开始。近几年来，公司人力资源优化的措施一直没有停止。多措并举，通过动态持续的选聘干部机制，不断加强人才队伍建设，一直是合肥供水持续在做的工作。2012 年，合肥供水坚持“比马赛马不相马”选才理念，改革和优化人才选拔任用方式，全年选拔任用干部 68 人次。其中，提拔干部 43 人次，交流 25 人次；“公推公选”产生 49 名科职、29 名中层副职、23 名中层正职后备干部，26 名后备干部走上管理岗位。2013 年，合肥供水在优化人才选拔中，任用干部 57 人次。其中，提拔干部 16 人次，干部交流 46 人次。开展重点岗位、关键岗位的工作人员大轮岗，全年共完成重点岗位人员轮岗两批次，涉及13个岗位16人次，切实实现把优秀人才放到能够发挥作用的岗位上，人得其位，事得其人。

在保持现有管理干部年轻化和专业化之外，加强后备干部队伍的建设，也是持续培养年轻人成长的重要方法。早在2010年改革之初，合费供水就对后备干部的培养问题进行了讨论，并制定了三项原则：一是重点考虑后备干部在干部队伍整体结构的梯次配备，从班子现状发展出发，在年龄结构、知识结构、专业结构上，逐步达到合理的配置；二是对一些重要岗位，尽可能启用有一定工作经验的优秀人才，对有发展前途、能独当一面的年轻人提拔重用；三是有计划、有目标的培养后备人才，经考察选定培养目标，结合干部管理制度，对缺乏基层工作经验的，有计划地安排到基层任职或挂职，对缺乏全面管理经验的，安排到机关任职或挂职锻炼，同时加强培训和岗位交流锻炼，以加快其成长。

为完善管理人员选拔任用制度，从企业发展战略的高度做好后备干部的选拔和培养工作，建立健全科职及以上管理人员后备人选选拔和培养机制，合肥供水专门成立了“人才队伍建设考核工作领导小组”，为集团科职及以上管理人员后备人选、专业技术人才及技能人才的建设提供支持，坚持分层次、重结构、看潜力，有步骤地培养一批德才兼备、素质优良、数量充足、员工公认的后备干部队伍，营造尊重知识、尊重人才，有利于优秀人才、拔尖人才脱颖而出的用人环境和氛围。

在“领导小组”主导下，公司专门制定了《科职及以上管理人员后备人选管理办法》等制度，以强化对后备干部培养的指导与规范。

在“范围、数量和结构设置”方面，合肥供水规定，科职及以上管理人员后备人选设置范围按现行职务层次设置选拔，包括中层正职、中层副职、业务主管（科长）三个层次；后备人选数量按1：2比例确定；后备人才一定要政治素质高、工作能力强、发展潜力大；年龄结构须有一定梯次性，学历结构须在专科及以上，专业知识结构须满足岗位需求；科职及以上管理人员后备人选队伍中要考虑女性干部、非中共党员干部和少数民族干部的比例。

在“培养”方面，坚持把提高思想政治素质放在首位，注重增强党性修养和道德修养。采取院校进修、参加短训班、交流轮岗、实践锻炼等多种形式对科职及以上管理人员后备人选进行有效培养，提高后备人选解决实际问题的能力：

1. 分批选送科职及以上管理人员后备人选到市委党校、行政学院等进行学习深造，组织外出参观考察；

2. 有计划地选派科职及以上管理人员后备人选“上挂下派”，选调到机关职能部门挂职，选派到基层单位挂职、任职，挂职锻炼的时间一般为1~2年；

3. 有步骤推进交流轮岗，通过上下交流、不同单位或部门之间横向交流、同一单位或部门不同岗位的交流，让科职及以上管理人员后备人选经历多个岗位，得到全面扎实的锻炼。科职及以上管理人员后备人选提拔为新的领导前，要经历两个以上岗位锻炼；

4. 有意识抽调科职及以上管理人员后备人选参与重大活动和难度大、突击性强、急难险重的工作，为后备人选提供锻炼机会。

在"监督"方面，合肥供水建立了"培养联系人"制度。按照后备职务层次，由科职及以上管理人员后备人选所在单位、部门明确 1 名在职领导，对后备人选进行跟踪培养，搞好"传、帮、带"。培养联系人要根据平时或考察掌握的情况，定期或不定期同后备人选谈话，及时肯定成绩、鼓励进步，指出存在的问题和不足，促进其健康成长。培养联系人名单由单位、部门报人力资源部备案。

在后备人才队伍建立之后，本着"比马赛马"的原则，集团不僵化、不保守，十分注重借助工作实践来观察人才的"情景化"业绩。我们认为，"静态化"的学历、履历只是过去的成绩，对人才要在实际工作中考察。所以，合肥供水倡导在工作中评先评优，彻底打破过去论资排辈的弊端，促进全体职工踊跃争先进位，绩效考核和党风廉政过硬的员工自动进入后备干部。但后备干部中并非所有人都能走上管理岗位，有的人可能工作很出色，却没有管理方面的能力。因此要在工作中发现人才、使用干部、处分人员。

在后备人才推选过程中，严格按照纪律要求，严禁任人唯亲，杜绝拉票、贿选等违规现象出现。同时规定，进入人才库，不一定就被任用提拔，不进入人才库，也不意味着不提拔，对后备干部要继续跟踪考察，进行常态化管理，形成"比马赛马不相马"的竞争机制。通过后备干部的动态培养机制，创建了"比马赛马"的科学规则，合理的人才梯队建设为企业的后续发展提供了动力和充分的资源保障，也促进了员工的发展，提高了员工的满意度和敬业度。

要"让年轻人持续走上前台"，必须有更多的年轻人进入公司。所以，近年来合肥供水实施年轻化、专业化的一个重要举措，是有计划、有步骤地持续引进高层次人才。合肥供水非常重视大学生的引进工作，高层次大学生是优质人力资源的主要来源，也是企业人才后备力量的重要来源之一。2010 年以来，公司共引进 132 名本科生、94 名硕士生、4 名博士生，很多学生来自国内知名院校（985、211 等高校）和香港的著名大学（如香港中文大学、香港浸会大学等）。

当然，只引进还不够，还要培养。谈到对引进大学生的培养，方振说：

"公司关注新进大学生的培养，有意识地提升他们的管理能力，包括理解沟通能力，这很重要。要有选择的培养，或者给他们一个相对比较轻松的助理岗。你在这个部门担任一年或两年助理，再在那个部门担任一年或两年助理。助理岗不是一个实职，但是高于一般员工，你可以跟中层干部进行工作讨论，同时在待遇上可能一个月多一两百元，跟职称一样，给他一个荣誉，给他一个位置。”

“筑巢引凤”为合肥供水新战略的实现奠定了基础。在未来的发展中，这些高素质的后备力量将成为推动企业发展的重要力量。

四、绩效考核ABCD

为了营造“干好干坏不一样”的良好工作氛围，合肥供水在供水行业创新性地使用了ABCD绩效考核办法，即由集团公司对单位、部门，集团公司对中层管理人员，单位、部门对员工实行三个层级的ABCD考核，根据工作实绩将被考核对象按ABCD四级分类打分，真正将ABCD绩效分级管理理念深入人心，促进全体职工踊跃争先进位。

考核严格按照PDCA的总体要求，建立与单位、部门工作实际相适应的立体化、层级分明、体系严谨的《绩效考核办法》。一是实现了全体员工的全覆盖。分为集团公司对单位、部门，集团公司对中层管理人员和单位、部门对员工的三个考核层级，真正实现了立体式、全方位考核。二是实现了工作内容的全覆盖。细化了三类重点工作、限时办结工作、日常工作的考核细则，明确“完成”“调整”“整改期”等关键词的定义，不留自由裁量权，操作办法明确，考核体系严谨。三是实现了相关体系的全关联。与领导班子相关会议要求、党群工作标准化建设考核、经营目标考核、评先评优管理、管理人员选拔任用、员工奖惩和内部劳动力市场管理等全方位联系，实现制度的系统化。四是实现了考核过程标准化。设计了标准化的考核体系模型、考核层级以及具体岗位绩效指标考核建议，确保了不同单位、部门依据工作实际制定月度绩效考核办法的标准化。

按照《绩效考核办法》，ABCD考核分为月考核（满分100分）、季度考核（满分300分）和年度考核（满分300分制，包括经营目标责任考核100分、党支部工作及精神文明目标管理考核100分、安全生产管理考核100分）。《绩效考核办法》对ABCD考核的考核方式及过程进行了严格细致的规定。为了防止过程中出现走过场、徇私舞弊等问题，合肥供水集团特意做了“相关规定”：

1. 单位、部门C、D级员工的评定应结合安全生产制度、“供水服务承诺”、《员工考勤制度》、《员工奖惩办法》、党风廉政建设制度、文明创建管理办法及本单位、部门重点工作等设置具体考核细则，达到处罚标准自动评定。

2. 员工绩效等级系数划分：

A级员工绩效等级系数为1.5~1.2（含）；

B 级员工绩效等级系数为 1.2～0.9（含）；

C 级员工绩效等级系数为 0.9～0.6（含）；

D 级员工绩效等级系数为 0.6～0。

3. 员工依法享有的法定假期，不得作为评定“C”级、“D”级的依据。

4. 员工互评环节必须采用匿名打分、投票，严禁拉帮结派，搞“小圈子”，一经查实，将给予单位、部门主要负责人、相关责任人相应处罚。

5. 严禁“轮流坐庄”，严禁“假评选、暗操作”，员工对本单位、部门月度绩效考核等级及月度绩效工资分配情况有异议或发现 ABCD 评定过程中、兑现后存在弄虚作假的情况，可实名或匿名向纪检监察室举报或人力资源部申诉，一经查实，将给予单位、部门主要负责人、相关责任人相应处罚。

6. 各单位、部门需每月按时反馈员工月度绩效考核结果（每月 5 日前），逾期不予兑现另外 50%，并进行通报批评。不予兑现的 50% 将统一捐赠至集团公司“贴心小棉袄”奖励基金中。

在考核的结果运用方面，合肥供水的规定是：第一，单位、部门年度考核及季度考核结果将作为单位、部门年度评先依据；第二，单位、部门党支部工作目标管理考核结果作为单位、部门“七一”评先依据；第三，单位、部门中层管理人员月度绩效考核结果将作为中层管理人员选拔任用的依据；第四，员工月度绩效考核等级将作为评先、评优依据：（1）员工年度内评定 6 次及以上 A 级且无 2 次及以上 C 级或 1 次及以上 D 级的、党风廉政过硬的，自然当选“先进工作者”，党员符合相应条件的自然当选“优秀共产党员”，并优先推荐为“服务标兵”；（2）连续两年自然当选“先进工作者”或“优秀共产党员”的，自然进入“后备干部库”，在贯标中表现突出的，优先提拔使用；（3）年度内评定 2 次及以上 C 级或 1 次及以上 D 级员工的，取消年度评先评优资格；（4）年度内评定 3 次 C 级或 2 次 D 级员工的，按照《专业技术职称、职业技能等级聘用管理办法》取消申报聘任职称资格；（5）连续 3 个月被评定 D 级员工的，由所在单位、部门提出书面评价意见，人力资源部将对其进行考核，视考核结果进行相应调整；（6）年度内被评定 6 个 D 级员工的，由所在单位、部门提出书面评价意见，退回人力资源部，执行《内部劳动力市场管理办法》。

上述方法，也是合肥供水在过程中不断探索、持续创新的，从目前实施的情况看也遇到一些难点问题。比如一位同事说：“至于绩效考核中遇到的困难，其实就是 ABCD 本身。比如十个人以上，必须有 3 个等级，每个等级系数不同，要求必须找‘坏人’，焦点就在到底怎么分？这几年大家都对 ABCD 有概念，跟我的切身利益是相关的，评先进、评职称，包括发展党员，如果你是预备党员，我都要看你的绩效考核情况，个人的平时表现占了很大一部分参考。”

从理论上看，ABCD考核法属于强制分布法（Forced Distribution Method，也称为“硬性分配法”）。强制分布法根据类似于正态分布的一条曲线进行等级划分，预先确定评价等级以及各等级在总数中所占的百分比，然后按照被考核者绩效的优劣程度将其列入其中某一等级。[一]强制分布法由于韦尔奇在GE公司的使用并取得良好效果而被认为是一种有效的绩效评估方法，开始在全球流行。在GE，韦尔奇使用“活力曲线”（Vitality Curve）和“强制排名体系”（Forced Ranking System）将GE员工分为ABC三类，A类员工能够得到B类员工2~3倍的奖励，并能得到大量的股票期权；B类员工在被确认贡献后工资会被提高，并且有大约60%~70%的B类员工也会得到股票期权[二]；C类员工根据其表现会得到1~2年的改进缓冲期，如果逾期仍没有改进者将被解聘。

由于企业每次绩效考核时，都会强制将员工列入固定等级，这就无形中传递了一种工作压力，督促员工通过努力工作来追求优秀的考核结果，从而创造出一种积极进取的竞争机制和工作氛围[三]。Merck公司实施5级的强制分布法。EX级是指排在最前面的“特优”的5%；WD级是指紧挨“特优”之后的“优秀”的15%；HS级是指位于中间的“高标准”的70%；RI级和Ne A级分别是指“有待提高”和“不被接受”的，这两个级别在没有特殊情况的条件下，可以为0。[四]韩国三星集团实施强制分布法的分级方式与GE相似：前面最好的员工占20%，中间表现良好的员工占70%，最落后的员工占10%。在三星，前20%的员工被视为是创造奇迹的人，应该得到充分的培养、爱惜和丰厚的物质以及精神奖赏。而管理者们最大的挑战是激励剩下80%的员工，那些长期停滞在最后10%的员工将以人道的方式被淘汰掉。[五]在我国，海尔集团实行“三工并存、动态转换”的制度，也是一种强制分布绩效考核方法。“三工”就是将全体员工划分为优秀员工、合格员工和试用员工，分别享受不同的待遇，并根据工作态度、业绩和贡献进行三工间的动态转换。表现突出的员工可以被转换为合格员工或优秀员工，考核结果不符合条件的员工会被下转，甚至被退到企业的劳务市场，进行内部待岗。退到劳动市场的员工，无论原来是什么岗位均被下转为试用员工，必须接受三个月的培训才可以重新上岗。海尔这样做

㊀ 德斯勒：《人力资源管理》（第12版），中国人民大学出版社，2012。
㊁ 何凡兴：“审视末位淘汰”，《企业管理》，2002年第8期，第52-56页。
㊂ 杨颖斓：“强制分布是否能够中国化”，《中国人力资源开发》，2008年第5期，第36-39页。
㊃ 闫云云：“客观标准对降低强制分布法负面影响的研究”，华中科技大学博士论文，2012。
㊄ 闫云云：“客观标准对降低强制分布法负面影响的研究”，华中科技大学博士论文，2012。

的目的是充分挖掘每个员工的潜质，并形成各层次人才都接受监督的良性机制，使得压力与动力并存。㊀万向集团采取“阶梯式用工、动态式管理”的强制分布法，将员工分为终身员工、固定工、合同工、试用合同工和临时工五种，从而有效地克服了全员固定工、吃大锅饭、无风险和无动力的弊端，有效地遏制了员工的惰性。员工之间通过竞争性的比较产生压力并激发动力。如果工作绩效考核结果不好，则会面临被降级的危险，升降奖惩都取决于个人的能力与表现。另外，通过用工形式的流转，员工的培训、收入、福利、医疗、养老金等也都随之流转。㊁

在以道德假设为核心的“家文化”熏陶下，“仁慈效应”在国有企业的人力资源管理中普遍存在。在一些企业中谈到绩效考核的制度设计，人们往往津津乐道，但一说到绩效考核的实施，以及考核对管理效率和企业成长的促进作用，很多人又往往三缄其口。其中一个最难以解决的问题，就是能不能和敢不敢在考核中“动真格儿的”。而类似 ABCD 考核法这样的“强制分布法”，可以有效克服企业管理中的“仁慈效应”。由于等级的划分和各等级比例的限定，强制分布法强迫管理者不得不按照绩效考核设计者的思路来履行对员工绩效进行“理论分布”的考评职责，从而克服了考核者的仁慈效应，将能力强、业绩好、认同企业价值观的员工和能力弱、业绩差、与企业文化格格不入的员工有效地区分开来。由于考核结果与员工的待遇高低和职位升降息息相关，提高了管理者和员工对绩效考核的重视程度，使绩效考核的“指挥棒”效果更加明显，更容易获取员工的真实想法和状况，有利于在企业中建立良好的真实沟通。

强制分布可以奖罚分明、传递压力，还能通过显著区分员工的绩效等级来帮助公司鉴别员工，为公司人才的激励、培养、储备、使用和淘汰提供有效的依据。强制分布法通过奖励优秀员工，在企业建立良好的示范效应，惩罚落后的员工为其他员工敲响警钟，有利于在企业中建立以绩效为导向的企业文化。

ABCD 绩效考核法的实施，有效打破“干好干坏一个样”的平均主义、“大锅饭”局面，充分发挥了绩效工资在生产经营和企业管理中的经济杠杆作用，逐步在合肥供水内部形成了“能者上、平者让、庸者下”的干事氛围，形成差别化考核与奖惩，进一步调动了全体职工的工作热情和服务水平。比如，二水厂在开展月度绩效考核工作时，二水厂每位员工严格按照《二水厂月度绩效考核办法》，填写绩效考核自评表，逐级点评，再进行班组、科室初评，上报考核小组。经考核小组初审，将结果上报厂部领导研究确认后，召开月度绩效考核会议。考核会议上，由各班组、科室通报初评情况，并依据考核标准，有针对性地对本班组、科室 A、C 档人员的

㊀ 何凡兴：“审视末位淘汰”，《企业管理》，2002 年第 8 期，第 52－56 页。

㊁ 何凡兴：“审视末位淘汰”，《企业管理》，2002 年第 8 期，第 52－56 页。

工作表现予以评定，考核过程对事不对人，问题剖析透彻。通过绩效考核，充分调动员工的工作积极性，营造“干好干坏不一样”的良好工作氛围。

通过公开、公平、公正的竞争机制，A级员工千方百计继续保持，C、D级员工则竭尽全力向上努力，大大激发了内部活力。比如，一年中合肥供水集团就评选出创新工作86项，亮点工作19项，月度考核综合得分98.8～120之间不等，彻底打破“干好干坏一个样”“平均主义大锅饭”。同时各单位、部门通过精细化管理，有效降低了企业管理和生产成本，董铺水源厂出现了合肥供水集团建厂57年以来普通职工收入超过中层管理人员的情况，充分调动了大家的工作积极性和主动性。

“对于一个国有企业来说，ABCD考核法是一种创新。一开始很多人接受不了，尤其是在公司工作二三十年以上的员工更不容易接受。公司推行了好几年，也慢慢地不断改进和调整，制度的考核、内容的考核办法也是在不断地改进当中。从一个传统的‘大锅饭’到现在很好利用了薪酬的激励机制，我感觉对员工在日常工作业绩表现方面、自我的要求进步方面，有很好的促进作用。”

这是一位公司人力资源管理者的体会。ABCD管理办法体现了“比马赛马不相马，人际关系简单化”思路。由于无需与相马者处好关系就可脱颖而出，赛马不相马的理念会弱化企业的人际关系，营造出风清气正的文化氛围：

比贡献、比工作的多了，讲条件、发牢骚的少了；
主动学习增强本领的多了，浑浑噩噩混日子的少了；
工作上协作配合的多了，相互推诿的少了。

五、用绩效考核“倒逼”各项工作规范运作

任正非说，一个企业的经营机制，说到底就是一种利益的驱动机制。企业的价值分配系统必须合理，价值分配系统要合理的必要条件是价值评价系统必须合理，而价值评价系统要合理，价值评价的原则以及企业的价值观系统、文化系统必须是积极的、蓬勃向上的。[㊀]从合肥供水集团看，在集团公司层面保留制定出一个绩效考核ABCD总的原则，但各部门、各单位实际工作的“情景”比较复杂，无法使用统一的标准来评价，像任正非说的“价值分配系统”“价值评价的原则”必须再细化。“要做到公平公正，不以主观取人，关键是考核指标量化。万达集团要求所有考核指标量化，不能凭主观感觉。经营部门每年签决策文件，各项考核指标清楚。非经营部门，如人力资源中心，我们会根据项目开发计划，列明每年需

㊀ 黄卫伟：《以奋斗者为本：华为公司人力资源管理纲要》，中信出版社，2014年11月。

要多少高管、多少员工，储备多少干部，用人有什么要求，多长时间到位，做到指标量化。企业文化中心从企业官网流量、新闻报道、员工文化活动、公共关系等方面进行量化"。[㊀]

谈到这一问题时，现任党委副书记、总经理、董事郭星认为：

"我是全力拥护和执行这件事情的。董事长提出实施绩效考核的ABCD法，是我们公司改革发展中必须做的。从企业工作实践看，每一位员工、每一个岗位都应该有绩效管理，都应该进行评价。这不仅是公司的要求，难道员工没有这个要求吗？大家都愿意吃'大锅饭'吗？所以，我们不能仅仅单一地从一个角度或工作上的某一个事情来看待，说这个办法怎么不好，而应该从工作的量化过程来看，既然需要评价，那你就应该不断地分解目标看看，每个部门都动脑筋去做，就会变得有特色。说得最简单一点，小孩子上幼儿园还希望老师给奖励个小红花呢，你怎么能说ABCD流于形式呢？要解决这个问题，不能依靠公司领导，认真思考怎样去评价是你部门的责任，这个需要说清楚。"

"ABCD在每个部门运用得不一样，需要根据自己部门的实际情况来评。各部门有不同的地方，不像有的公司可以通过生产计件，用产品的质量、数量来考核，我们这里由于部门不同，可能工作性质不同，有很多东西在ABCD划分中没有很好的标准，我个人觉得这部分可以再细化一下。比如工程管理部门的工作如何评价，要与外包方打交道，也包括与其他部门协调，甚至包括天气原因等。如果因为这些问题业务停滞了，到底怎么算？所以，ABCD考核在不同的岗位上应该更有针对性，应该更细化地进行分类，我们需要进一步探索这些问题。"一位管理者谈到此问题时说。

因此，必须探索和总结适合本（部门）单位具体工作场景的、能够真正结合员工工作实际和单位部门发展的考核指标，有针对性地评价员工的业绩。绩效考核机制实施后，合肥供水就从集团层面鼓励各部门和单位积极探索。

1. 包河区供水所：绩效考核"抓两头带中间"

包河区供水所绩效考核的一个特点，是采取"抓两头带中间"的办法。所谓"两头"，就是好的和不好的。

（1）顺着看好的：当月，考核组把各班组、科室的工作日志，各类工作检查中表现好的，包括做出突出成绩的个人一一记录下来，在绩效考核中提名，然后综合打分。这样，即使未被评为A级，也要在全所职工大会上进行通报表扬，并作为今

㊀ 王健林：《万达哲学》，中信出版社，2015年1月，第51页。

后各类评先评优的重要依据。

(2) 倒着查不好的：对没有完成工作任务或虽完成任务但出现不合格项，工作有失职、失误行为，违反劳动纪律以及安全卫生等检查不合格的员工，均作为不好的记录下来，作为绩效考核的依据。由于绩效考核严格遵守了公开、公平、公正的原则，杜绝了好人主义、平均主义，因此，每次考评均被广泛认同，特别是让被评为较低级别的同志心服口服。针对工作中出现不好的情况，所领导并没有因绩效考核结束而网开一面，而是抓住典型问题并按照 PDCA 管理模式深究问题的根源，在全所职工大会上以“以案说法”的形式，对问题症结进行剖析，让全所职工从中吸取教训并获益。

2. 庐阳区供水所：突出考核重点，细化考核内容

借鉴绍兴自来水公司等单位的成熟经验，庐阳区供水所在原有的考核基础上，针对不同科室突出了考核重点、实施细化考核。比如，对管网服务班组重点实行工单处理、用户反馈投诉、安全生产三方面的考核；对管网管理科重点进行安全生产、工程录入完成及时率、档案管理三方面考核；对综合科重点进行后勤保障、仓库管理、宣传工作三方面考核。这样一来，考核内容更加细化具体，考核的效果也就直接促进了工作。比如，在对“数字城管工单”考核方面，区所对任何接单超时、处理超时、处理不当或工单反复采取“零容忍”对待，一经发现当月考核即为 C 岗。看似严苛的方式，恰恰体现了“比马赛马”的理念。截止到 2016 年 11 月，庐阳区供水所年“数字城管工单”累计处理 83 起，综合考核完成情况连续 10 个月位于六个区所首位，且工单数量逐月下降，受到集团公司领导的一致好评。

3. 三欣公司城北分公司创新推行项目部差异化管理考核

三欣公司虽历经几次整合，但内部的竞争机制和绩效管理的科学性仍需要不断完善，尤其是在工程的任务平均分配和绩效考核管理上存在好人主义、平均主义的“大锅饭”现象，导致部分施工人员工作精神涣散，工作积极性不高，责任心不强，存在着“干与不干一个样，干多干少一个样，干好干坏一个样”的不良工作风气，不能激发全体员工的工作积极性。城北分公司及时转变思想，开拓思路，努力寻求新的出路，力图以“公开、公平、公正、透明”为原则，建立起一套多劳多得、优胜劣汰的项目差异化管理机制。

经过近两个月的摸底排查、资料收集、工程梳理以及模拟运行，通过数次的工程例会、总经理办公会的反复讨论研究，多次征求项目负责人、施工人员和相关部门的意见，进行反复修改，对项目部差异化考核的内容进行定量和定性操作，最终形成了一套适合分公司自身发展特色、切实可行的项目部 ABCD 差异化绩效考核管理和项目工程分配原则和办法。新的项目部ABCD差异化绩效考核方法，以安全例会、工程例会为抓手，以“一站式”、红黄绿灯、安全检查等6项考核内容为依据，全部实现一个尺度考核、一个标准管理。通过一周一汇总、一月一考核的办法，以工程的四率（完工率、移交率、送审率、审定率）为纲，全面实现对工程的施工、领料、安全、质量、移交、验收、送审、服务及综合管理等环节进行全方位量化考核，并将考核结果应用到项目部的产值任务分配上，用经济杠杆带动积极性，从而改变和提升施工管理的规范水平。项目工程的ABCD差异化管理考核力图破除平均主义、“大锅饭”的束缚，从实施情况看，考核细化了指标、量化了标准，让肯干、能干、会干的项目负责人和优秀的施工员有干劲、有奔头，以最终达到“降低成本、提升服务”的核心目标，有效促进分公司在工程进度、安全质量控制、文明施工、综合管理、服务质量等管理工作的全面提升。

2016年7月6日，方振在“书记讲党课”中提到“比马赛马不相马，人际关系简单化”的成效时说：

这几年，人际关系简单化在合肥供水集团逐步得到贯彻落实。进人招考，不需要找人；提拔干部，不需要找人，就是根据ABCD工作法，有时候找人反而会起到负面作用。只要你找人了，我们基本上不提拔，除非你ABCD做得很好。每一次人事调整，都有打招呼的，所有打招呼的到我这里，到此为止，画上句号。

六、全力打造我们的“动车组团队”

“目前我们还处于‘爬坡’阶段，要上、要干、要吃得了苦，现在不是享受阶段，要发挥‘动车组’团队精神，既要有火车头的带动力，又要有每节车厢的推动力。”

2012年2月6日，在合肥供水集团公司党委中心组理论学习会上，方振以这样一个形象的比喻，说明了企业团队建设的重要性。这个“动车组”团队精神，要依靠理念的引导，更需要“比马赛马”这样的系统化制度和机制。只有通过有效而持续的激励机制，员工才能真正做到“不待扬鞭自奋蹄”。

“公司的价值分配体系要向奋斗者、贡献者倾斜，给火车头加满油。我们还要敢于打破过去的陈规陋习，敢于向优秀的奋斗者、成功的实践者、有贡献者倾斜。在高绩效中去寻找有使命感的人，如果他确实有能力，就让他小步快跑。差距是动力，没有温差就没有风，没有水位差就没有流水。我主张激励优秀员工，下一步我们效益提升就是给火车头加把油，让火车头拼命拉车，重视保持奋斗精神。”[㊀]任正非先生在这里说的“火车头”，实际上就是合肥供水提到的“动车组”的意思。通过激励机制，给想干事、能成事的员工更多的激励，使他们能够实现自我驱动、自我管理。方振把合肥供水集团比作动车组团队，就是倡导全体员工都成为“动力之源”，大家团结一心，凝心聚力，推动供水企业又好又快发展。

值得欣喜的是，经过多年的持续努力，在比马赛马机制等多项制度的持续激励和拉动下，合肥供水的团队正渐渐呈现出“动车组”团队的精气神！

供水管网的“守护神”

伴随着城市的发展，合肥供水管网也在不断延伸。为了保障2900多公里供水“大动脉”的安然流淌，供水听漏工显得十分重要。在合肥供水集团就有这么一群被称为供水管线的“活地图”、深夜听漏的“夜游神”的供水听漏工，他们披星戴月，冒寒风、顶酷暑，年复一年地奔走在庐州大地上，成为城市供水管网的“守护神”。

由于供水管道深埋地下，漏水时发出的声音极其细微，不易察觉，这些供水听漏工们常常等到凌晨两三点钟，夜深人静时仔细查听，以提高检漏的准确率和漏点判断的精确程度。他们经常是一个小区就查一夜，加之工作量大，人数少，他们晚上查了一夜，白天顾不上休息又要处理临时紧急任务，两三天不合眼是常有的事；检漏需要各种工具，他们经常背着几十公斤重的包，步行数公里查漏，甚至还经常被巡逻执勤的警察怀疑为不法分子。

“无论是遭遇暴雪肆虐，还是面临炎热酷暑，他们都无所畏惧，与严寒鏖战，与意志比拼，完成一次又一次施工、巡检、听漏、抢修任务，自2016年下半年以来，听漏工查出明漏403处，暗漏331处，避免了大量的水量损失。这就是我们的员工，他们以默默无闻的工作态度、兢兢业业的工作方式树立了先锋模范带头作用，诠释了公用企业的新形象，公用企业不再高高在上，置百姓需求于不顾，它是为老百姓服务的企业。”亢冬介绍说。

“热心肠”管网工：贴心服务在身边

说起供水行业的窗口部门，想起的大多是业务大厅，或者服务热线。但还有一群人，他们也常常与用户面对面，直接上门帮用户解决各种用水难题，帮这家开个阀门，帮那家修个漏点，他们就是管网服务工。

随着城市的不断发展，用户数量增加到120多万户，服务工们全天待命，即刻出发。他们不仅帮助解决家中出现的用水难题，还主动为空巢老人发放印有姓名和

㊀ 黄卫伟：《以奋斗者为本：华为公司人力资源管理纲要》，中信出版社，2014年11月，第60页。

电话的贴心卡，承诺只要家中出现用水方面的困难，可24小时随时拨打电话，服务工将以最快的速度赶到。

服务工小徐就接到过一位老太太的电话，说家里漏水了，照着贴心卡上的号码打了电话，问清地址之后，小徐得知这是位孤寡老人，立刻动身赶到老太太家。等仔细检查后，发现是一个阀门零件坏了，这种零件因为年代久远，现在市面上基本都没有了。七月的天，骄阳似火，小徐二话没说，骑着车就去找，功夫不负有心人，在太阳下转了两个小时后，终于买到了零件。在修好管道后，天色已晚。小徐连口水都没顾得上喝，帮老太太收拾了家，还给她煮了碗面，老太太抓着他的手，激动得都说不出话来。小徐说，以后有事您还打这个电话，我随叫随到。

还记得一次突发性爆管，合肥正值持续高温天气，室外温度高达40多度。爆管管线周边区域供水压力大面积下降，沿线高层居民用户受到严重影响。值班室，一阵急促的电话铃声响起：教师新村6楼一户老人家中无水！值班长二话没说，火速赶往现场！20桶清澈的自来水，从1楼搬到6楼，来回十几趟，气都没喘上一口，老人家拉着他们的手连连道谢。班组同志们不知跑了多少条道路、穿过多少个小区，为多少用户家中送去清澈的自来水。

古人云，“千人同心，则得千人之力；万人异心，则无一人之用”，指的就是自我驱动之下的团队精神。真正的团队精神，是指个人在实现自身利益和目标的过程中，认识到自身利益对集体或他人利益的从属性和不可分性，从而自觉地以集体或团队的共同利益和目标为重，它是一种和谐的、健康的人际关系。团队精神既是实干精神，也是奉献精神和协作精神的统一。㊀

管理学家罗莎贝丝·摩斯·坎特说：“为了在这种一体化、改革创新的环境里进行高效率的管理，人们需要三类崭新的技能。第一类是权力技能，即在由企业家发动的新行动的伊始，说服他人拿出信息、支持和资源的技能；第二类是能够处理在更好地发挥团队作用和员工参与的过程中产生的困难；第三类是能够理解变革在一个组织中如何被设计和构架——如何将个别创新者发起的微观变革与宏观变革或战略性方向调整联系起来。”㊁因此，真正意义上的团队应当是一个积极合作和以完成共同目标为目的的组织。尤其是随着外部环境的变化，培养企业的核心能力变得越来越重要，而发挥团队的作用日益成为增强企业核心竞争力的重要保障。所以，企业只有注重以比马赛马机制来培养“动车组”的团队精神，才能充分发挥员工的潜能，实现企业的既定目标。

㊀ 刘芳、吴斌、白延强：“团队构建与团队精神训练”，《领导科学》，2006年第2期。
㊁ 斯图尔特·克雷纳：《管理大师50人：影响世界津城的管理大师》，海南出版社，2000年10月，第173页。

第 8 章

08

人本管理：员工扶助与关爱

乐民之乐者，民亦乐其乐；忧民之忧者，民亦忧其忧。乐以天下，忧以天下，然而不王者，未之有也。

——孟子

一、生日祈愿，平安归来

董梅，1965 年出生，1997 年就职合肥市自来水总公司设计科研所，2003 年进入合肥供水集团信息中心，从事档案管理的工作。1 月 28 日，马来西亚沙巴州发生游艇翻沉事件。事发当时，她陪着女儿在当地旅游，就在那条翻沉的游艇上。在海上漂泊了 30 多个小时后，她的女儿和大部分落水人员都成功获救，可董梅依然没有消息。在沉船事件发生后，合肥供水集团党委第一时间联系到了董梅家属，并立即赶赴董梅家中慰问。

2 月 4 日是董梅的生日，征得家属同意后，合肥供水集团工会和妇委会在综合楼四楼的“职工之家”为她举办了一场特殊的生日祈盼会。董事长、党委书记方振，总经理、党委副书记、董事郭星也来到活动现场。方振董事长饱含深情地朗诵了自己原创的散文诗《回家》，表达合肥供水集团党委对董梅的关心与牵挂，同事们已经精心制作了电子生日贺卡，写下祈愿的话，送给好姐妹、好同事董梅。

2 月 4 日下午，合肥供水“贴心小棉袄”跑团、毅行团的部分成员自发组织来到政务区天鹅湖畔，“贴心小棉袄”跑团、毅行团成员手系黄色丝带，像往常一样沿着天鹅湖畔开展运动，寒风凛冽依然挡不住供水人对失联同事董梅的牵挂与祈盼，通过此种方式表达心中的念想和祝福。董梅的爱人说“合肥供水集团是个温暖的大家庭，谢谢大家”。

在这个充满爱的供水大家庭中，供水人声声的呼唤和祈盼，希望可以捎去大家对董梅的浓浓牵挂和深深思念，祈祝她早日平安归来！

通过这个故事，我们不难发现，合肥供水十分重视对员工的关怀，让每一位员工怀着感恩的心感受到合肥供水大家庭的温暖和关爱。现代管理之父彼得·德鲁克曾说，企业只有一项真正的资源——人。IBM 公司的总裁沃森先生也阐明你可以搬走我的机器，烧毁我的厂房，但只要留下我的员工，我就可以有再生的机会。人力资源管理是企业管理的重中之重，是企业发展动力的源泉和可持续发展的根本保障。“以人为本”是企业管理的重要手段，也是人力资源管理的根本所在，而员工关爱将成为企业管理中越来越重要的一个环节，是实现企业持续健康发展的重要组成部分。因此，企业以员工为本，构建和谐的劳动关系，让员工获得工作成就感和归属感，激发员工的潜能，互利共赢，才能塑造良好的企业文化。

《中欧商业评论》2017年第1期发表了贾森·弗里德先生的一篇文章“最重要的产品是你的公司”，文中说：

> 如果你的公司做四个产品，实际上你却要做五个产品。为什么？因为即使是只做一个产品的公司，实际上也是做了两个产品。另一个神秘的产品就是公司本身。不知道有多少人能意识到：你的公司本身是个产品，它的消费者是谁？恰恰是你的员工，即使用公司这款产品来工作的人。
>
> 正因为你的其他产品都是由公司这个产品来做的，所以它必须是所有产品当中最好的。当你开始这样看待你的公司时，就会重新评估公司的价值了。你会提出关于它的不同问题，考虑不断改进它，而不是接受它已经成为的样子。
>
> 然而，公司和它的用户究竟应该如何互动？员工是否知道如何获得公司提供的一切？如果你做这个或那个，是否会产生你想要的效果？它是否有时候会造成妨碍？它何时会给人带来挫败感？它显著的特点是什么？——这些问题都是你会对其他任何产品提出的，却很少有创始人会抛向自己的组织。

是的。如果你的公司本身是个产品，它的消费者恰恰是你的员工！那么，从满足消费者需求、为消费者创造价值角度看，我们应该怎么做？汤姆·彼得斯和罗伯特·沃特曼说，可以用这样方式：“以对待成人的方式对待员工，把他们视为合作伙伴，尊重他们并赋予尊严，把他们视为提高生产力的主要来源，而非资本支出和自动化工具”。㊀

特伦斯·迪尔和艾伦·肯尼迪在其著名的《企业文化：企业生活中的礼仪与仪式》一书中提到了宝洁的价值观体系建设，其中的一条是：要让员工对我们的公司感兴趣。

19世纪80年代末，在宝洁公司生意很红火时，威廉·普罗克特就提出了这样一个问题：如何让宝洁的员工不但工作效率高，而且忠于自己的公司？怎样才能体现出公司对其成员的责任感？为了摸清员工日常工作的情况和对企业的真实感受，1883年，威廉·普罗克特到基层车间做了一个普通的工人，和工人一起装卸混合皂液。他做这个工作不是装样子给别人看，而是完全和一个真正的工人一样干活、一

㊀ 汤姆·彼得斯、罗伯特·沃特曼：《追求卓越》，中信出版社，2012年9月，第175页。

样坐在地板上和工人吃午饭聊天。通过这段经历，威廉·普罗克特对宝洁工人真正的想法和关心的内容有了最直接的了解，为其以后坚持不懈地改善劳动关系打下了基础。下面让我们看看为了“让员工对我们的公司感兴趣”，威廉·普罗克特都做了哪些事情：第一，减少工作时间；第二，分享企业利润；第三，员工参与管理决策；第四，长期雇用制度。㊀

二、要真的不要假的，要实的不要虚的

1985 年，一位用户向海尔反映：工厂生产的电冰箱有质量问题。张瑞敏突击检查了仓库，发现仓库中不合格的冰箱还有 76 台。张瑞敏决定开一个全体员工的现场会，把 76 台冰箱当众全部砸掉！在那个物资还紧缺的年代，别说正品，就是次品也要凭票购买的！如此“糟践”，大家“心疼”。但张瑞敏明白，如果放行这些产品，就谈不上质量意识！否则今天是 76 台，明天就可以是 760 台、7 600 台……

2016 年，阿里巴巴在内部搞了一个中秋抢月饼的活动，不料掌管阿里安全的四位员工却利用技术，不动声色地多刷了 124 盒月饼。然而，这件事情迅速发酵。根据内部决定，为了维护企业文化，阿里巴巴居然决定“挥泪斩马谡”，把这四位员工开除了。

2017 年 2 月，顺丰正式登陆 A 股，王卫现身上市仪式现场，和他一起敲钟的还包括一名快递员。他就是去年送货时与一辆小轿车发生剐蹭，被车主连扇几个耳光的快递员。当时王卫发飙：“如果这件事不追究到底，我不再配做顺丰总裁！”

以上几个脍炙人口的企业故事，都在社会上成为影响力很强的“新闻”，很大程度上增强了企业的品牌价值。从企业文化研究角度，我们可以称这些故事为“企业文化事件”。不管是有意还是无意，这些故事都恰当地契合了这些公司的文化理念，无论在外部社会还是公司内部，让大家通过这些故事熟悉并深刻记住了这些理念所传递的价值观。

在合肥供水也有类似的故事，尽管没有更多地传播到外部社会层面，但在公司内部对大家来说，却是一次真真切切地教育甚至是“教训”！2015 年，集团团委组织开展了“读《万达哲学》征文活动”，征文收集上来后，为了防止随意抄袭现象，我们使用查重检索软件对全部 81 篇征文进行了检索，结果发现其中有 23 篇征文存在抄袭行为。对此，我们对有抄袭行为的员工给予了严肃处理。

本来，在社会层面，类似的事情其实有很多。上面布置一个任务，员工抄抄写

㊀ 特伦斯·迪尔、艾伦·肯尼迪：《企业文化：企业生活中的礼仪与仪式》，中国人民大学出版社，2011 年 3 月。

写、走走过场，没有人会拿这个任务当一回事。没想到，这次合肥供水却动了真格的。一时之间，一石激起千层浪！“要真的不要假的，要实的不要虚的”这句话，在员工心里产生了沉甸甸的分量。在之后党委开展的征文活动中，供水集团征集到了“货真价实”的作品300余篇，评选出了一、二、三等奖和优秀奖。为了激励员工这种自发的阅读、写作精神，将这300余篇文章编印成书。这次整个读书活动过程和相关故事，也得到了包括合肥市委宣传部、市委党校、滨湖万达城、瑶海万达，以及《安徽经济报》《中安在线》等多方面的报道。

马克斯·韦伯说，人是悬挂在由他们自己编织的意义之网上的动物。在合肥供水集团，有这么一句接地气的话——“要真的不要假的、要实的不要虚的，脚踏实地做事、阳光快乐工作。”这是2014年2月19日，在党的群众路线教育实践活动动员部署会议上方振提出的。他说，要始终坚持“要真的不要假的、要实的不要虚的，脚踏实地做事，阳光快乐工作”。

企业氛围是企业文化的重要内容，一家企业形成怎样的氛围，既决定着它做事的过程与结果，更决定着形成怎样的文化。正如沙因先生所说：文化既是一种“此时此刻”的动态现象，又是一种具有影响力的背景结构，它会以多种方式对人们施加影响。㊀一些传统企业往往会形成上下欺瞒而又心知肚明、不思改进的氛围，这其实是优秀企业文化的大忌。

合肥供水倡导求真、务实、阳光、透明的文化。在日常工作生活中，要从实际出发谋划事业和工作，符合实际情况、符合客观规律、符合科学精神，不好高骛远、脱离实际。比如，在上述“查重软件事件”之后，我们就在征文活动中倡导员工自觉自愿和有感而发，不再下指标、提硬性要求。相互信任，不相互欺瞒；实事求是，不虚伪逢迎；脚踏实地，不做作应景；阳光快乐，不各怀心思，这就是我们倡导且一直在为之努力的良好企业氛围。

“要真的不要假的，要实的不要虚的”，2014年以来，在企业发展的许多方面，大家践行着这一理念，希望通过一些活动，慢慢地使这一对企业好、对个人更好的文化理念真正深入人心。

2014年9月9日~11日，我们在集团范围内启动“讲真话、办实事，解决‘最后一公里’”大讨论、大改进活动，活动坚持“从群众中来到群众中去”的工作方法，希望最大限度地发挥全体职工群众参与的积极性。此次活动以问卷调查形式开展，问卷设计前期，通过走访调研、个别访谈等多种形式，充分了解集团公司目前存在的问题。活动调查问卷由10道题组成，直面那一时期在经营管理方面的一些问题的要害，体现了“讲真话、办实事，解决‘最后一公里’”的决心。此次大讨论

㊀ 埃德加·沙因：《组织文化与领导力》，中国人民大学出版社，2014年3月，第3页。

活动共收回有效调查问卷1 747份，通过调研分析，我们将大家所有的意见都演化成为管理的行动，切实解决了公司经营管理中存在的一些实际问题，求真务实地提升了公司的经营管理水平。

2014年11月25日，合肥供水参加了由市纪委监察局、市纠风办、合肥电视台等举办的“问政·合肥——政风行风面对面”栏目。栏目录制前，本着“要真的不要假的，要实的不要虚的”的理念，实施全方位自检，共自查8大类86个问题。栏目录制后，根据群众反映立行立改，采取“一案一结”方式，对存在的问题逐一核查，分析问题原因，在3个工作日内全部整改到位。同时对有关责任人进行严肃处理，上至董事长，下到普通抄表人员和工程施工人员，以及涉及的7个部门。

在2016年的用户满意度调查中，我们坚持“要真的不要假的，要实的不要虚的”“脚踏实地做事，阳光快乐工作”原则，涉及营业中心、客户服务中心等九个被调查对象，涵盖了合肥供水下设的所有一线服务单位、部门。同时根据各部门工作内容的不同，确定了相应的调查范围，其中，各区所被调查内容包含用户对于供水水质、水压、热线预约服务时间等九项测评内容；客户服务中心被调查内容包含水表报建流程宣传、报建收费公示、现场勘察等九项评价内容；营业中心被调查包含水质、水压、抄收服务等十项评价内容等，基本涵盖了所有服务业务。主动邀请个人用户代表、企事业单位用户代表、大专院校用户代表等广泛参与调查，共发放问卷354份，回收354份，反馈率100%。

经过近三年的实践，从合肥供水的一些工作过程看，“要真的不要假的，要实的不要虚的”的理念已经慢慢为员工所接受，甚至变成了工作中的一个基本准则：

企业内、外网新闻稿是为了配合企业发展需要，加大企业宣传力度的一种重要手段。一直以来，为了保证投稿数量和新闻质量，品牌战略部（宣传部）给每个单位、部门设下投稿指标，并采取分级量化的方式考核各单位、部门月度宣传工作，将考核结果与年度党支部考核挂钩。该方法虽能保证每月新闻稿数量达到要求，但各单位、部门普遍反映日常宣传工作的负担变重。

为了真正贯彻落实“221”指导思想，品牌战略部（宣传部）坚持“要真的不要假的、要实的不要虚的，脚踏实地做事、阳光快乐工作”，由内而外激发宣传动力，转变宣传导向，发布《关于转变宣传导向、实行内宣激励办法的通知》，完全打破原来的指标到单位、到部门的“经验”做法。新办法不设投稿指标，以优秀新闻稿件评选为主要激励方式，按照“多则多评、少则少评、无则不评”的原则，每月评选1次优秀稿件，各单位、部门的投稿量和评选结果将在每月月度例会上进行汇报。获评优秀稿件的通讯员每篇稿件奖励100~200元。稿件奖励由分管宣传的领导审批后，每月兑现。新办法实施的第一个月，各单位、部门投稿量在不设指标的情况下不降反升，由前一个月的300余篇增加到当月的400余篇，稿件质量也明显上升，通讯员投稿热情高涨，效果显著。

三、努力工作攒“积分”

机电维修工刘欣利用业余时间自费学习，拿到浙江大学公共事业管理专业本科文凭而得到20分。这位大专毕业的一线工人如今个人积分手册上已有30分，只要积满100分，他就能在企业晋升一级工资。有着近60年历史的合肥供水集团从2011年年初起，在职代会上表决通过了一项《员工积分奖励管理办法》。1 100多名员工只要获得重要荣誉，通过自己的努力拿到职业资格证书、新学历或在权威刊物发表了论文，合理化建议被公司采纳，工作中有突出表现等，都能获得相应的积分。

这种积分不仅是员工提拔任用、年终考核的参考依据，达到100分后，还能上调一级岗位工资。未满100分正常退休或调出的职工则按1分100元的标准得到一次性奖励。当然，反之，也有相应扣减分和惩罚措施。

“我们看重工资标准、看重工作条件，但更看重在这家企业工作有没有前途，有没有奔头。员工积分奖励办法打开了一线员工的晋升通道，一下子拉近了企业和员工的距离。”刘欣说。

2010年，合肥供水在推进机构和人事改革方面取得重要成果。2011年，为激发广大职工学习的积极性、主动性和创造性，促使企业对员工的培养和使用做到标准化、精确化，合肥供水集团再度创新，实施了《员工积分奖励管理办法》。

《员工积分奖励管理办法》将员工薪酬与本岗位的工作业绩挂钩，从获得荣誉、取得资格、工作表现及取得学历、职称等方面，给予积分奖励。比如，获得劳模或先进的积分奖励为：

对获得“五一”劳动奖章、劳动模范等荣誉的积分奖励如下：

市级“五一劳动奖章”	50分
市级劳动模范	100分
省级“五一劳动奖章”	100分
省级劳动模范	150分

获得先进生产（工作）者、优秀党员、优秀党务工作者等的积分奖励如下：

集团公司级奖励	10~30分
县处级奖励	20~40分
市厅级奖励	50~80分

省部级奖励　　　　　　　　　　　　100 分

《积分奖励管理办法》规定了员工通过自身努力，每取得高一层次学历、技能水平，或者工作突出获得公司或上级单位奖励，提出合理化建议被公司采用等情况时，通过个人申请、组织审核、党委批准、公示无异议后，便可获取相应积分；员工的积分达到 100 分，个人工资就将上调一级岗位工资；个人的积分作为年终考核的参考依据；在对员工进行提拔任用、竞聘上岗等事项进行考察时，员工个人近三年的积分结果列为考察内容，其中荣誉、专业资格、发表的论文、技术职称、合理化建议、工作表现、技能资格、科研项目等都是积分项；员工因正常退休和组织调动的剩余积分按分值给予一次性奖励。

“我们的积分管理办法，一个是获得荣誉的可以积分，还有其他的创新奖，包括学历提升等方面都有。最大的一个部分是我们还有年休假的部分会积分，今年这块都会兑现。”时任人力资源部长、现任集团总经济师郑伟萍说。

《积分奖励管理办法》激发了员工岗位成才的进取精神，拓宽了员工职务晋升的渠道，建立起科学高效的企业培养、选拔、使用人才的长效管理机制。由于积分制度是提前公开的，只要达到标准，每个人都可以获得，从而彻底打破了合肥供水集团过去“论资排辈”的弊端，可以有效促进全体职工踊跃争先进，在企业中创造了良好的用人环境和氛围，提升了企业核心竞争力。

四、星级员工评定管理

在全社会的多元化用工制度背景下，为了提升企业绩效，基于岗位性质、工作内容和重要程度等因素，按照《劳务派遣管理制度》，合肥供水的综合柜员、热线坐席、户表抄收、驾驶员以及会务接待和水电维修等岗位，一般由劳务派遣工来承担。与核心的经营管理工作相比，这些方面的工作创造性相对较少，工作重复性相对较大，员工们可能达不到《积分管理制度》中获得积分的条件。但是，他们的工作大多在服务和生产一线，直接面向用户，他们的工作质量、服务态度、工作能力甚至情绪等，都可能影响到集团的服务质量和品牌。为了解决这一类员工的持续激励问题，我们又推出了星级员工评定制度。

2015 年，在充分调研沟通的基础上，合肥供水创新制定实施了《“星级员工”评定管理办法》，全面强化了对劳务派遣体系员工的绩效考核等级管理。在实际工作中，由人力资源部负责评定管理办法的制定、修订和解释，审核用工单位制定的适用岗位员工月度绩效考核办法；负责牵头星级员工评定活动的开展，对用工单位推荐申报材料进行初步审核；负责星级员工奖励的兑现等工作，牵头确定星级员工标志、标牌的样式。

用工单位负责本单位适用岗位员工月度绩效工资的考核办法制定、报批和实施；负责推荐申报本单位适用岗位符合条件星级员工，配合开展材料审核工作；负责反馈星级员工奖励的兑现情况，制作星级员工标志、标牌。员工星级设一星、二星、三星。

一星级员工：在当年度的月度绩效考核中获得3次及以上A级，且无2次以上C级或1次及以上D级的。

二星级员工：在当年度的月度绩效考核中获得5次及以上A级，且无2次以上C级或1次及以上D级的。

三星级员工：在当年度的月度绩效考核中获得7次及以上A级，且无2次以上C级或1次及以上D级的。

用工单位对照本办法适用岗位的《月度绩效考核办法》标准，每月评定月度绩效考核ABCD等级，按要求公示，建立月度绩效考核台账；月度绩效考核结果公示无异议后，每月3日前报人力资源部备案；用工单位依据年度中的月度绩效考核台账，对照评选条件，于下一年度1月10日前将推荐申报星级员工名单及材料报送人力资源部审核；人力资源部依据审核结果，提请集团公司党委会研究同意后公示5个工作日，无异议后由人力资源部负责奖励兑现。

人力资源部牵头在集团公司范围内通报表彰，在供水报刊、企业内网等发布先进事迹；用工单位在内部公开栏中设立星级员工专栏，将评选出的星级员工在公告栏内予以通报表彰；人力资源部牵头星级员工标志、标牌样式的确定，用工单位负责制作、张贴、悬挂和宣传。

在物质奖励方面，一星级员工奖励5 000元/人；二星级员工奖励10 000元/人；三星级员工奖励20 000元/人；连续获得星级员工荣誉称号的，物质奖励标准累加执行；未能连续获得星级员工荣誉称号的，按上述标准执行。

星级评定为劳务派遣工作人员的争先创优提供了制度安排，使劳务派遣员工可以通过把简单的工作重复干好而成就不简单，实现公司“干好干坏不一样，干多干少有区别”的理念。因此，《“星级员工”评定管理办法》实行以来，经过严格评定，最终后勤中心、供水服务中心、客户服务中心、营业中心等单位、部门共13名员工获得星级员工称号，有效地激发劳务派遣工作人员的工作热情，真正实现集团内部整体的“人际关系简单化”，全面营造出“脚踏实地做事、阳光快乐工作”“干好干坏不一样”的良好工作氛围，确保在现有用工体系下，使品德优良、能力突出、勤奋努力、工作成绩优异的劳务派遣员工的收入水平达到甚至超过集团公司员工的收入水平。

五、“师带徒”活动

蔡秀萍在五水厂化验岗位从事水质检测工作，是五水厂水质化验、检测和分析的骨干人员，和班组的其他姐妹一起被誉为“供水水质保护神”，并在2015年获得“最美女工”荣誉称号。

2014年年初，厂部根据工作需要，对部分职工的工作岗位予以调整，有两位职工自愿到化验岗位，从事水质化验与控制工作，蔡秀萍主动向厂部请缨，承担起新人培训与辅导工作，建立起师带徒关系。在带徒与学习的过程中，蔡秀萍认真负责，严格要求，倾囊相授，与两位徒弟紧密配合、教学相长，师傅教得认真、徒弟学得扎实，进度很快。为让徒弟学到真本事，她细心辅导，倾囊相授。在厂区内会经常看到蔡秀萍带着徒弟奔波于各检测点，同上沉淀池和滤池，身影相随。这个过程就是一个很好的学习过程，徒弟也以自己的努力与付出来报答师傅。在她的严格要求和言传身教下，徒弟们进步很快，不到4个月的时间便能够独立完成化验、检测与分析工作。在2014年五水厂配合集团公司进行的4次降压供水与恢复供水应急中，蔡秀萍带领徒弟们配合班长胡惠玲，频繁跑动多点取水、反复检测，没有出现一次水质事故，真正实践了“‘贴心小棉袄’，温暖你我他”的服务理念。

这是合肥供水“师带徒”活动中的一个典型例子。为进一步加强企业技能人才培训步伐，提高生产岗位员工技能水平，同时强化新进人员的学习积极性，2010年6月，我们启动了“师带徒”人才培养计划。

2010年6月30日下午，合肥供水举行了别开生面的“师带徒”活动启动仪式，来自生产一线供水设备维修电工、水质检验工、供水管道工等岗位的11对师徒在启动仪式上进行了拜师收徒仪式，师徒代表分别做了大会发言。方振对“师带徒”活动提出要求。他强调，“师带徒”活动是合肥供水全面贯彻人才强企战略，加快技能人才培养步伐的一项新举措，是创先争优活动的一项新内容。要求各单位要以“师带徒”活动为契机，大力拓展师带徒活动内涵，引导员工互帮互学、取长补短，在本职岗位上乐于学习，迅速提高专业技能，努力营造“师傅真心教，徒弟虚心学”的良好氛围，打造一支年龄结构合理，综合素质较高，业务技能较强的职工队伍，为企业的可持续发展提供人才支持和技术支撑。

但仅有行动不行，为了激励师傅主动传承技艺，将“师带徒”活动从纸上谈兵落到实处，我们特别规定，把对相关专业（工种）后备人才培养纳入到专业技术带头人、技能型专家、聘任技师业绩考核中，要求对后备人才进行技术帮扶，在生产实践、技艺等方面进行传、帮、带，并签订师徒合同；在任期内其所带徒弟的技能水平应获得提升，通过高一层次的技能鉴定，至少培养出一名高级工或技师。

同时，集团制定了“师带徒”实施办法，进一步规范师傅的任职条件与徒弟的产生办法，明确培养目标、措施及师徒双方待遇。在筛选老师和徒弟的过程中，把职业素养高、专业技能好的业务骨干与想学习爱学习、积极上进的年轻职工配成师徒关系。比如，在“为师条件”中规定，师傅应该具有良好的职业道德，有责任感，能以身作则，言传身教，技术全面，是有较高的理论水平和实际操作能力的专业岗位骨干。中期：以培养施工技术人员为目标的，应具有施工现场工作实践 5 年以上，且具有该岗位高级工职业资格或中级专业职称的专业人员；以培养初、中级技术工人为目标的，应具有较长的（10 年以上）专业工龄，且具有该工种高级工职业技能资格或具备精湛、全面的业务技术、绝招绝技的能工巧匠。对于徒弟的条件，是这样规定的：“具有良好的工作作风，爱岗敬业肯学习钻研，有责任感，有上进心，有拜师学艺的意愿，有相应的文化基础，身体健康的 35 周岁以下青年。”签订“师带徒”协议书，以协议形式确定师徒双方责任和权利、考核评价内容和方式等，并举行师徒签订仪式；采取“一对一”或“一对多”的师徒教学模式，把理论与实践相结合，扎扎实实应用到工作中。在日常教学和工作中，师傅言传身教，徒弟刻苦钻研。为此，合肥供水还制定了“师徒奖惩措施”，以激励和约束师徒关系。比如在奖励方面：

1. 根据半年考核、全年考核评价结果，对徒弟考核结果为合格、良好、优秀的师傅，每月按每名徒弟 50 元、80 元、100 元标准发放师傅津贴，每半年发放一次；凡被评为年度公司优秀师徒称号的，师傅除享受津贴以外，另外一次性奖励 500 元。

2. 徒弟在学习期内取得突出成绩，荣获公司嘉奖的，同时给予师傅相应奖励。

3. 经考核不合格的徒弟，应延长学徒期，其延长期不超过三个月，延长期间师傅不享受津贴待遇。延长期满考核仍不合格的，考核结果将作为订立劳动关系的依据，同时取消师傅资格，并双倍扣除已发放的师傅津贴。

“师徒制”是人类社会延续了几千年的技能传承方式。随着时代的变迁，尽管新的培养模式、培养手段层出不穷，但是传统的“师徒制”并没有过时。对于很多企业来讲，这仍然是有效的人才培养方式。研究表明，世界 500 强企业中，有 70% 以上的成员企业用师徒制来吸引、培养和留住优秀人才。

“传统手艺如何传承，传统‘师带徒’模式是否适应现代企业发展，一直是我们思考的内容。”方振说。“针对生产一线关键技术岗位后继乏人的现状，我们在原有‘师带徒’方式上进行了大胆探索，拓展‘师带徒’模式，适当扩大了‘师带徒’的范围，组织一批优秀技师和技艺精湛的员工，以师徒结对方式传授技艺，搞好传、帮、带，着力在年轻员工中培养一批技术尖子、岗位能手。”

既然是一项关乎企业成员发展，同时也关乎员工操作技能提升的工作，我们十分注重对这项工作的管理和指导，力图通过各种专业化甚至“仪式化”的过程，扎扎实实地推进。

2011 年 1 月 14 日，蜀山区（高新区）供水所举行了听漏工“师带徒”启动仪式。集团领导郭星、亢冬出席，发布了《关于印发 <听漏工“师带徒”考评办法> 的通知》。此次担任师傅的 6 名同志是经过层层筛选、严格把关挑选的，都是来自合肥供水听漏战线上的佼佼者和中坚力量。这些师傅思想先进、技术精湛，他们不仅从思想上引导徒弟发扬吃苦耐劳、爱岗敬业的优秀品质，更是根据工作需要，在技术上制定了合理的技能梯队培训内容，使徒弟们在“师带徒”活动中极大提升了各自的工作水平和工作技能。经过报名推荐、严格选拔，共确定了 9 名学徒，都是来自各区所供水服务一线，年纪轻、好上进、能吃苦、能战斗的员工，整体素质优良、自觉性高、悟性好。

2011 年 6 月 27 日，集团公司人力资源部在培训中心举行了“师带徒”维修电工岗位实操考试，考试历时 60 分钟，生产运行部相关技术人员及各位师傅组成考评小组，在考评员和巡考员的严格监督下，7 位徒弟按要求顺利完成实际操作。加上之前在水质检测中心等单位配合下，完成对水质检验工和管道维修工的实际操作考核，人力资源部圆满完成了第一批“师带徒”活动年度考核工作。同年 7 月，合肥供水对“师带徒”活动开展中表现优异的 5 对师徒给予了表彰。

2012 年 6 月 21 日下午，合肥供水集团举行了 2012 年“师带徒”鉴定考核理论测试。水质检验、供水管道维修、供水设备维修、听漏工四个岗位 19 名青年徒弟参加了考试。7 月初，合肥供水又对 19 名青年徒弟实际操作能力进行了鉴定考核。综合每对师徒日常教学情况、理论测试与实操考核成绩，从而确定每位徒弟是否合格、是否出师。

……

通过“师带徒”活动，合肥供水先后涌现出了“活地图”地信班、“连心桥”热线班、“夜游神”听漏班、“及时雨”抢修班等诸多优秀服务品牌。为激发供水发展历程中优秀党员的模范带头作用，他们以“两培两带”（即把党员培养成技术能手、服务明星，把技术能手、服务明星培养成党员；党员带头学技术、比服务，党组织带领职工学技术、比服务）为标准，在各党支部广泛开展“师带徒”活动，激励老党员把自己多年的工作经验和技能传授给青年员工，促进广大青年员工成长为谦虚好学、积极作为、“一专多能”型人才。先后有 85 对维修电工、水质检验工、供水管道工、听漏工等岗位员工结成了师徒对子，多名年轻职工在“师带徒”活动中茁壮成长。同时，合肥供水集团积极开展供水服务、制水生产、水表出户等岗位的“大练兵”活动，累计60多次；组织中层管理人员等专题培训5次；开展水厂自动化控制技术等岗位培训19次；开展外训14次；全年培训累计1 200多人次，培训率100%，平均每人约20学时；全方位、多渠道提高广大干部职工的服务技能和服务水平。

“‘师带徒’活动开展以来，企业以‘师带徒’为契机，帮助员工们互帮互学、取长补短，使他们迅速提高专业技能，逐步解决企业非常棘手的技能人才断层的问题，营造了良好的互帮互助的学习氛围。”亢冬说。

按照“两培两带”标准，目前合肥供水其他岗位部门也主动丰富“师带徒”内涵、创新活动载体，以多种形式为员工搭建学习交流平台，从而在全公司范围内营造了“你追我赶”的良好氛围，一个学习型组织就这样在员工主动参与中渐渐形成，让“创先争优”这一理念变被动为主动，成为员工的一种自觉行为。

“‘师带徒’制度，在合肥供水实施得很好。目前新进公司的员工，大部分都是90后，从学校直接出来。现场如何工作、如何管理，都得通过师傅或者项目部部长手把手去教。我们公司的师带徒开展得非常好，作为师傅来说，要定一个目标，多长时间把徒弟带出来。我以前在水厂也带过徒弟，感觉公司在新人培养方面想得很远，非常好。为公司培养了人才，也为一些一线人员提供了很好的教与学的平台。目前来看，师带徒已经逐渐形成一个体系，所有人都希望通过这个过程去培养人才、发现人才、选拔人才，在公司形成一个良好的成长氛围。”

一位曾经的师傅、现在的工程管理者说。

六、职业生涯规划

员工职业生涯规划为什么必须做？仅仅是“为了对员工好”吗？吉姆·柯林斯等在《基业长青》一书中做出了回答：“优秀公司从内部人才中培养、提升和慎重选择管理人才的程度，远远超过（我们研究中的）对照公司，他们把这件事当成保存核心要素的关键步骤”，基于此他们认为，公司拥有更好的管理发展和继承人规划，是保持“这座时钟继续滴答作响、发扬光大的关键”。[㊀]这一观点，为供水在公司实施员工职业生涯规划工作拓展了思路，甚至指明了方向。

职业生涯是指一个人一生中从事职业的间断或连续的全部历程，它包含一个人所有的工作、职业、职位的外在变更和对工作态度、体验的内在变更。职业生涯规划是指将员工个人的职业发展目标与组织的人力资源需求相联系的一套制度安排和

㊀ 吉姆·柯林斯、杰里·波勒斯：《基业长青》，中信出版社，2002年5月，第226－227页。

实践。它包括两个层面的内容，一是对个体而言，即指个人根据自己的兴趣、爱好、专业等方面的情况，对自己未来的工作和职业所做的选择或者安排。二是对组织而言，特指有组织的员工职业生涯规划。[一]实际上，职业生涯规划是一个持续不断的职业探索过程。在这一过程中，个体会根据自己的天资、能力、动机、需要、态度和价值观等慢慢地形成一个清晰的与职业有关的自我概念。随着个体对自己越来越了解，就会越来越明显地形成一个占主要地位的职业锚。[二]“职业锚”（Career Anchor）的概念由埃德加·施恩提出，是人们选择和发展自己的职业时所围绕的核心，即个人选择职业时始终不会放弃的价值观。施恩认为主要有五种职业锚：管理型、安全型、创造型、技术或功能型、自主与独立型。[三]

经过多年的实践，职业生涯规划已经成为许多企业人力资源管理的重要方法，在员工的稳定性、职业能力的提升、对公司文化的认同、绩效的持续增长等方面发挥了越来越多的作用。近年来，在创新发展过程中，随着高层次人才的进入以及他们对自身成长的较高期许，合肥供水也逐步认识到职业生涯规划对员工成长和公司发展的重要促进作用。在每年的新进员工入职培训中，必有一项重要内容，就是由分管人力资源的领导为新同事做“职业生涯规划指导”。在多年探索的基础上，2015 年，他们创新实施了《员工职业生涯规划书》，其基本框架如下：

我的职业生涯手册

目　录

一、欢迎辞

水滴，正在汇聚……

二、了解我们

1. 发展蓝图

2. 质量文化体系

三、我们的人才理念

1. 人际关系简单化

2. 比马赛马不相马

3. 在贯标中发现人才、使用干部、处分人员

四、生涯成长路径

1. 职务晋升

2. 技术晋升

㈠ 卿涛、罗键：《人力资源管理概论》，清华大学出版社，2006 年，第 203 页。

㈡ 张爱卿、钱振波：《人力资源管理》，清华大学出版社，2008 年，第 329 页。

㈢ 埃德加·施恩：《职业锚：发现你的真正价值》，中国财政经济出版社，2004 年。

五、“你想获得职务晋升吗？”

1. ABCD 差别化考核

2. 积分制管理

六、“你想获得技术晋升，成为技术专家、技术带头人吗？”

1. “师带徒”特色活动

2. 各级员工培训计划

3.《专业技术职务、职业技能等级聘用管理办法》

4.《技术专家、技术带头人选拔聘任管理办法》

七、生涯记录

1. 我是谁

2. 我的成长故事

3. 我眼中的自己

4. 我该怎么做

5. 我的生涯目标

6. 我的岗位变动轨迹

八、生涯援助计划

九、我们希望

十、入职承诺书

十一、附则

通过《员工职业生涯规划书》，合肥供水以实现“人际关系简单化”为核心目标，围绕每位员工的职业生涯规划，从欢迎辞、企业简介入手，全方位介绍员工职业生涯发展路径，指导员工结合自身学习、工作经历，通过对本人性格特点以及工作环境的分析，建立合理的短期（1年）、中期（5年）、长期（10年）和终身职业生涯的规划，并按年度开展自评和单位鉴定，适时调整。同时，规范了员工入职、在职和离职须知，健全了员工应知应会办法。

在合肥供水的职业生涯规划设计中，员工个人的成长路径大致可分为三种：职务晋升、技术晋升，以及专业技术、职业技能评聘。

在职务晋升方面，他们根据《员工积分奖励管理办法》在工作中表现突出获取相应的积分奖励，从而作为年终考核的参考依据。在对员工进行提拔任用、竞聘上岗等事项进行考察时，积分结果将列为考察内容。同时，根据《绩效考核办法》实行“ABCD”差别化考核，在绩效考核中成绩突出，连续两年获得6次或以上A且党风廉政过硬的员工可以自动进入后备干部人才储备库。

在技术晋升方面，为帮助员工尽快适应工作环境，实现技术水平的提升，为集团公司的可持续发展提供人才支持和技术保障，通过开展“师带徒”特色活动，各级员工培训计划，专业技术职务、技能等级提升和成为技术专家技术带头人四种途径，提升员工岗位技术水平和个人专业技术职称、职业技能等级。

为深化企业改革改制工作，畅通和拓展员工技术、技能晋升通道，充分调动广大专业技术人员的积极性、主动性和创造性，合肥供水激励和倡导员工通过自身努力，在专业技术职务和职业技能等级方面取得突破，公司将根据《专业技术职务、职业技能等级聘用管理办法》，按照“公平公正”“因需设职”“结构合理”等原则对员工所取得的技术和技能等级进行聘用，并参照《薪酬管理办法》于被聘用次月调整相应薪酬待遇。如果员工在企业创新管理、技术革新等领域取得重大突破，并达到相应的职称、职业资格和业绩条件，他们将根据《技术专家、技术带头人选拔聘任管理办法》相关程序，选拔聘任为技术专家、技术带头人，并参照《薪酬管理办法》于被聘次月为员工调整相应薪酬待遇。

职务晋升和技术晋升是合肥供水最初设计的两条通道，随着实践中的逐步研究与探索，我们又慢慢发掘出另外一条通道，就是专业技术、职业技能评聘。因为供水行业有大量的技术工人，他们可能难以在职务和技术上有更多的业绩，但正如我们在师徒制及星级员工管理中强调的，他们也是我们公司最重要的力量，在职业生涯发展中必须受到应有的重视。

“基于这样的考虑，我们公司为专业技术、职业技能相关员工设计了职业通道。”方振这样谈到。下一步合肥供水将深入找短板、补短板，着力解决员工综合素质提升、晋升通道不畅的问题，充分运用《员工职业生涯规划》，以“三条路径”指导职工积极工作，拓宽员工晋升通道。“三条路径”：一是通过员工自身努力，以全员月度绩效考核（ABCD 工作法）、贯标工作表现、党风廉政建设为依据，公平公正获得职务晋升，即科职、中层副职和中层正职等党管职务；二是非行政职务路径，以《技术带头人、技术专家和技术主管聘用管理办法》拓宽专业技术和高技能人才发展路径；三是修订《专业技术、职业技能评聘管理办法》，建立企业内部专业职称和职业技能评聘制度，提高员工收入的同时，鼓励专业技术和高技能人才发展。

“现在每一个新进员工，我们都会按照职业生涯规划手册的样式，做一个培训手册。培训手册实际上涵盖的就是所有的职业生涯规划，包括现在职工的三条路径发展，一个是职务晋升，一个是技术带头人（相当于专家类别的），另外一个就是我们职称的评聘，通过这三种路径，在持续的企业实践中，有计划地促进员工的职业成长。”人力资源部部长说。

员工达成自身的职业生涯规划，最根本的一条是持续地实践、持续地培训、持续地提高。为了强化员工知识和能力建设，合肥供水集团坚持从实际需求出发，每年制定年度培训计划，按照“分级管理、分类培训”的原则，为每位职工进行培训、提高。培训内容包括年度重点培训、岗位技能培训、安全生产管理培训、岗位专项培训、党务工作培训等，方便员工根据自身及岗位需求申请参加相应培训，获得技术提升。除了公司层级的专业培训以外，公司还充分考虑不同单位、岗位员工发展需求，以单位、部门为单位，适时开展各类培训活动，以帮助大家更好达成岗位需求，获得技术提升。

为了打造具有供水特色的学习型组织，持续强化员工培训，帮助员工设计和逐步实现职业生涯的成长，有效提升企业战斗力，2016 年 9 月 1 日，在集团原培训管理职能的基础上，创建了自己的“企业大学”——合肥供水学院，力图通过培训与学习活动，给每一名员工都提供发挥才能的“出口”和向上晋升的“通道”。按照分管合肥供水学院的领导的说法，“在做实培训工作的基础上，将合肥供水学院打造成为水务行业人才培养的摇篮，‘师带徒’培训的基地以及特色党校，以员工职业规划为切入点，引导员工将个人发展与企业发展紧密结合，通过培训实现员工自我超越以及企业的跨越发展”。

1981 年，韦尔奇接手 GE 董事长后说了一句话，“我要开始一场革命，而且从克罗顿维尔开始”。我们知道，克罗顿维尔培训中心也被称为 GE 的克罗顿维尔管理学院，是 GE 诸多思想和变革的策源地，也自然成为世界各地的公司都愿意追随的模范企业大学。我们希望，未来的合肥供水学院，也要在我们的发展中起到这样的作用。就像韦尔奇说的：“我不希望那些发展潜力不大的人来到这个地方。我要让最好的人才聚集到这里，而不是让那些已经疲惫不堪的人到这里讨取最后一次打赏。”[一]

职业生涯规划是企业人力资源管理的重要内容之一。而有效的职业生涯管理能够帮助企业建立一个核心人才固定的、可发展的、有助于适应内外部环境变化的人力资源规划体系，使企业在面对变化的环境时，对人力资源的数量、质量做出相应调整，为企业持续发展战略提供有利的支撑。[二]当然，正如一位管理者所说，晋升通道是一个系统性的问题，关系到公司与员工个人两个方面。从公司角度来说，我们要怎样培养员工？怎样建立一个从员工入职培训适应岗位到在岗位上做出成绩的过程？同时根据他个人的发展方向，有自己的意愿？从员工角度来说，就是要有组织需要的意识，要树立服从大局的意识。

在合肥供水的规划中，公司人力资源部和合肥供水学院相互配合，做实、做细培训工作，打造供水人的“工匠精神”，持续做好职工的职业规划，才能真正打通职工晋升渠道，共同推动供水事业的蓬勃发展。对此，人力资源部负责人说：

㊀ 杰克·韦尔奇、约翰·拜恩：《杰克·韦尔奇自传》，中信出版社，2001 年 10 月，第 159 页。
㊁ 孙妍：“企业发展与新员工职业生涯规划”，《中国人力资源开发》，2008 年第 2 期。

“目前我们也只能是指明了方向，下一步会聘请一系列有丰富岗位经验的专家、职业指导师，请一些更专业的人，给现在的员工和未来新进的员工以指导。目前，我们的供水服务区域、供水能力、服务人口持续增长，管网服务长度比2010年增长了大约84%，但是我们一线的服务员工仅增长了14%。所以，我们的一线员工压力比较大，这就要求我们要合理地根据服务区域进行定责、定编、定岗，大家都希望明确自己的岗位，同时由专家给予有针对性的职业生涯指导：我到底适合哪条路径？到底怎样走适合我的路径？这确实很重要。”

七、做员工的“第一知情人、第一报告人、第一帮扶人”

“我不是本地人，节假日领导会提前两天问我，放假要不要回家，回家要不要提前一天走，可以调休没关系。假期回来，打车不容易，领导会提前问几点回来，单位谁在值班，让他去接一下你。回家方不方便，东西多不多，需不需要帮忙，就是很主动地帮助你。周末去哪？要不要给你带什么东西？有没有男朋友？领导对员工非常关心，对我们来说很感动。”

一位员工接受访谈时，说到了这样的情形。实际上，此类情况，在合肥供水集团并不是特例。

2011年8月15至16日，全国构建和谐劳动关系先进表彰暨经验交流会在北京举行。会上，357家全国模范劳动关系和谐企业、43个全国模范劳动关系和谐工业园区受到表彰，合肥供水集团榜上有名，是全省系统和合肥市唯一一家被人力资源和社会保障部、全国总工会、中国企业家联合会、中国企业家协会、中华全国工商业联合会授予“全国模范劳动关系和谐企业”称号的国有企业。

在北京人民大会堂出席表彰和经验交流会时，方振说：“做企业，就要承担社会责任。和谐劳动关系是建设和谐社会的基础，构建和谐劳动关系是企业参与和谐社会建设的极好形式和最佳途径。企业只有建立和谐的劳动关系，才能更好地履行社会责任，为实现科学发展，建设和谐社会做出应有的贡献。”

身为企业管理者，合肥供水领导班子成员深深懂得，企业和员工是共生、共赢和共长的关系；企业对员工负责，员工才会对企业负责。因此，为履行社会责任，合肥供水不仅通过各种激励手段来调动和发挥员工的积极性和创造性，还坚持以人为本，从多个方面对员工实施关爱和扶助，满足员工的需求，实现员工的价值。

合肥供水一直反对“加班”，未经批准，员工节假日、平时上班都不允许加班。而且实行“加班”检查制度，就是节假日、平时晚上的时候有专门巡查人员看有没有未经批准的人员在公司加班，若有，对于加班人员会进行上报，上报到集团董事长。董事长会找部门负责人谈话，询问加班的原因是因为领导不力，还是工作任务过多，还是员工工作效率的问题。合肥供水一直提倡“工作是生活的一部分，但不是全部生活”的理念，不希望工作成为员工的生活负担，而是希望每一个在这里工作的员工能真正做到“脚踏实地做事，阳光快乐工作”。

为使职工切实感受到企业的关怀和温暖，集团工会注重在企业中营造亲密和谐的人际关系和安全可靠的工作环境，关心职工生活，了解职工愿望，满足职工的合理要求，为职工特别是为困难职工办实事、办好事；加大实施“送温暖”力度，切实履行好工会“第一知情人、第一报告人、第一帮扶人”的职责，努力为一线职工“送清凉”“送温暖”“送健康”“送平安”，使工会真正成为可信赖的“职工之家”。

从关爱职工身体健康出发，合肥供水建立健全应急管理预案体系、组织体系和保障体系，制定了“职工职业健康管理规定”，每年组织员工进行健康检查，为员工办理意外伤害保险；根据职业健康防护要求，对特殊生产岗位职工进行职业健康检查，建立体检档案；开展员工心理健康教育，让每一名员工更加热爱生活、珍惜生命、快乐工作；同时为全体女职工和全体职工分别办理了女职工特殊疾病互助险和在职职工意外伤害保险。

2017 年 3 月 1 日上午，合肥供水健康管理中心正式投入运行，中心旨在积极搭建健康服务平台，为全体职工身心健康“保驾护航”。健康管理中心将从生理、心理等多个角度关爱职工身心健康和工作状态，营造幸福供水大家庭，这是合肥供水党委坚持贯彻“贴心小棉袄”核心价值观，着力关心关爱职工的又一暖心之举。对此有员工说：“公司领导真诚关怀职工，使我们感到领导的心与职工的心贴得更近。我们的心更暖，幸福指数在不断上升。”

“职工医疗救助及互助保障管理办法”是我们根据自身实际创建的一个内部救助机制，意在对大病职工进行救助，解决职工后顾之忧。自 2011 年开展以来，为保证基金的有效充分使用，合肥供水先后两次对职工医疗救助进行了调整，降低救助门槛，提高救助比例。其中，2011 年时，救助人数 10 人，救助金额将近 4 万元；2015 年，救助人数 37 人，救助金额超过 30 万元；2016 年，救助人数 43 人，救助金额达到 55 万元。六年来共救助 148 名患病职工，救助金额 145 多万元，有效缓解了职工因病造成的困难。每年年终，工会组织对因病、因灾受困职工进行救助，在经过充分的摸底、审核、公示，年均帮困职工 30 多人，金额 5 万多元。

从关心员工情感与家庭生活出发，合肥供水了解职工愿望，为职工办实事、办好事，连续开展“年轻的朋友来相会”活动，建立“‘贴心小棉袄·非诚勿扰’浪漫联谊”群，为单身青年男女搭建沟通桥梁，提供寻找缘分的活动平台。同时，为每一位员工送生日蛋糕祝福，真正把员工需求作为努力方向。

合肥供水一直坚持人性化、亲情化的管理理念，为了给员工创造快乐工作、健康生活的良好氛围，工会在每位员工的生日当天，会将装有贺卡的生日蛋糕亲自送到员工手中，贺卡上写着这么一段话：“感谢您为合肥供水事业做出的贡献，在您生日之际，我代表合肥供水集团全体同仁，衷心祝您生日快乐！”落款为董事长、党委书记方振和总经理、党委副书记、董事郭星。一盒小小的生日蛋糕或许并不贵重，却传达了对每一位员工的认同和重视。

2016 年 10 月 13 日 ~15 日，合肥供水在美丽的岱山湖旅游风景区举办“贴心小棉袄·非诚勿扰”浪漫联谊拓展训练。10 月 13 日晚，“贴心小棉袄·非诚勿扰”浪漫联谊拓展训练之室内晚会首先在活跃气氛的“主动相约”“快速配对”等热身游戏中拉开序幕，而“小蜜蜂”之“我要当蜂王”和“脖颈传瓶”游戏则将晚会推向高潮。最后，“击鼓传花”发红包、抛绣球、情歌对唱等小游戏相继上演，整场晚会在欢声笑语中落下帷幕。14 日上午，拓展训练营内的 70 多人被随机分为四组。四组队员经过商讨分别以“闪电队”“贴心队”“争霸队”和“冲天队”命名本队，树口号、搭人墙，快速加强团队凝聚力。一个个精致的小游戏接踵而至：“群龙取水”，牵你的手；“挑战 150”，时间都去哪了；“智力电网”，我相信你；“共度爱河”，紧紧相依。晚上 9 点半，在一个个精彩的表演和浪漫的情景中，篝火晚会最终以成功牵手 10 多对完美落幕。10 月 15 日是“贴心小棉袄·非诚勿扰”浪漫联谊拓展训练的最后一天，队员们在“挑战指压板”“爱情密码”等小游戏中依依不舍。下午，训练营的最终考核项目“毕业墙”如期而至，70 多名队员不再分成四组，共同以“供水集团”为队名挑战毕业墙。15 日下午 4 点，“贴心小棉袄·非诚勿扰”浪漫联谊拓展训练在大家的依依不舍中圆满落幕！大家在一个个集体项目中提升了团队的凝聚力、服务意识和合作精神，深刻感受到了合肥供水集团党委的关心、关怀和爱护。

从丰富职工业余文化生活出发，坚持开展各类有益于职工身心健康的文化体育活动。所属各基层单位都建成了统一规范的职工文化活动室，各住宅小区分别配置了健身器材、开辟了健身场所，使文体设施进一步完善，做到了活动有场所、学习有书报。在各基层工会建设“职工书屋”，组建“贴心小棉袄”合唱团，篮球赛、书画摄影展、服装表演、歌咏比赛、保龄球赛等贴近职工、贴近工作、贴近生活的文体活动长年不断。

2016 年 8 月 11 日，合肥供水“贴心小棉袄·跑团”在天鹅湖畔进行了第一次试跑活动。9 月 8 日晚 6 点 30 分，集团领导班子在美丽的天鹅湖边为“贴心小棉袄·跑团”授旗。一位跑团成员这样说道“跑团活动，一开始是预备团，第一个月要跑 40 公里，下个月才能转到正式团。跑团每周都有一次活动，每次活动都要安排一辆车，车上配备有后勤保障的水，还有工会健康中心的医生。跑团每个星期每次有50元补贴，毅行团补贴100元，公司所有员工都可以报名。”这一活动提升了员工参与的积极性，增强了集体的凝聚力和向心力。

2016年11月1日中午，合肥供水“贴心小棉袄·瑜伽团”在焕然一新的“职工之家”温暖开班。合肥供水“贴心小棉袄”全民健身系列活动再添新举。本次瑜伽团一经发起，便得到了广大瑜伽爱好者的积极响应和热情参与，共有186名员工踊跃报名。经过紧张有序的前期筹备，各部门通力配合，通过公开招标，完成了“职工之家”教室、更衣室的翻新和装修，添置了专业环保的衣柜、瑜伽垫等设施，同时邀请业界资深瑜伽教练、国家级健美健身裁判、高级教练员加盟指导。在每周二、周四中午和晚上下班后共开设四个班次，方便广大职工根据工作和自身实际选择参加，努力为“贴心小棉袄·瑜伽团”学员提供温暖、贴心、专业的环境和服务，为广大员工的锻炼、健身，创造条件、提供保障。

谈到体育健身，三欣城北分公司程亚丽这样说：“我是‘贴心小棉袄·毅行团’的团员，也是‘瑜伽团’的成员。我亲身感受到了集团所倡导的‘脚踏实地做事、阳光快乐工作’的氛围，更明白了主要领导会上寄语我们全体职工的‘粗茶淡饭、蓝天白云、土壤肥沃、青山绿水’的幸福！可以说，身为供水一员，我很幸福，我干劲十足！”

在浓厚的文化范围熏陶下，合肥供水居然还出了刘涛这样一个“网络名人”：

刘涛是合肥供水一名抄表员，他退伍后进入合肥供水成为一名电工，2007年调到营业中心开始抄表。从2010年开始，在抄表工作之余，他常常被合肥街头的各种场景吸引，拿出相机记录城市故事，并将照片发表在摄影网站、地方论坛等媒体上，与大家分享他眼中的街头百态，这引起了网民的广泛关注。全国网友和众多主流媒体“怒赞”他为“真正的艺术、野生的摄影大师、街拍之神”。

10月24日，中央电视台新闻频道《面对面》栏目也来到合肥供水，专程采访他。栏目组先从刘涛家中开始采访，主要了解刘涛怎么接触到街头摄影、从而爱上它的心路历程，又是怎样用自己的独特眼光发现普通城市场景中蕴藏的幽默景象。栏目组又沿着他上班的路线，专门来到供水集团营业中心二楼刘涛工作的地点，真实记录了他抄表工作的过程，这也是央视新闻媒体对合肥供水集团一线职工工作内容的真实记录。合肥供水历来重视企业文化建设，重视职工精神文化生活，把企业文化融入公司工作的方方面面，经常开展摄影展、书画比赛、演讲比赛、征文比赛等形式多样的活动，以丰富职工的业余文化生活，努力打造富有自身特色的“贴心”文化品牌。

参照马斯洛的需求层次理论，人的需求从低到高可分为生理、安全、社交与归属、受尊重、自我实现五种类型，等级越低者越容易获得满足，等级越高者则获得满足的比例较小。这就促进了企业管理的进一步深化，迫使管理者在实际管理过程中，必须考虑如何更好地从心理上去满足员工的高层次需要，从文化上对员工加以调控和引导，帮助员工实现各自的愿望，使他们不仅感到自己是一个被管理者，同时也能够在安全感、感情归属、受尊敬、自我实现等方面，都能拥有很大的发展空间。

人力资本是企业的核心资本，员工的身心健康、幸福指数和工作状态会直接影响企业的持续健康发展。因此，加强人文关怀，维护和谐的劳动关系，增强员工对企业的归属感和满意度，才能形成组织文化核心价值观。因为文化是人类行动的结果，文化自身不能进步，文化的发生和发展依赖于企业的组织实体，在经营管理系统之外，并不存在一套可以让文化单独取得进步的“操作”方法。所以，唯有将文化与管理实践相结合，与员工的需求和成长相结合，才是最有效的建设方法。对于这一问题，海尔的CEO张瑞敏先生说了一句话：“管理学转来转去还是人性的问题”。他认为：

> 不管是谁，都希望得到别人的承认，特别希望得到别人对他价值的肯定。其实，每个人的潜在能量有多大都是无法估量的。问题就在于你可能开发不出来。一个普普通通的农民合同工，他也非常希望把他的名字变成铅字。如果企业真能开拓出这么一个空间的话，我想员工都会把他们身上你想象不到的能力给释放出来。[㊀]

特伦斯·迪尔和艾伦·肯尼迪在《新企业文化：重获工作场所的活力》中说到一个概念，叫作“文化的巴比塔”。这个故事源于《圣经·旧约·创世记》，说大洪水劫后，人们为了避免再次遭遇洪灾，大家一起商量在古巴比伦附近的示拿地建造一座城和一座塔，塔顶通天，“为传扬我们的名，免得我们分散在地上”。由于大家语言相通，同心协力，建成的巴比伦城繁华而美丽，高塔直插云霄，似乎要与天公一比高低。没想到此举惊动了上帝，上帝心想：如果人类真的修成宏伟的通天塔，那以后还有什么事干不成呢？一定得想办法阻止他们。于是他悄悄地离开天国来到人间，改变并区别开了人类的语言，使他们因为语言不通而分散在各处，那座塔的建造就半途而废了。[㊁]从近年来企业成长的实践看，我们在员工管理与关爱方面所做的上述工作，其实就是要建立一种“共同的语言”和一座“免得我们分散”的塔。

㊀ 胡泳、郝亚洲：《张瑞敏思考实录》，机械工业出版社，2014年1月，第77页。

㊁ 特伦斯·迪尔、艾伦·肯尼迪：《新企业文化：重获工作场所的活力》，中国人民大学出版社，2009年1月，第146页。

第9章

09

以标准化建设促进制度理性

管理是一种实践，其本质不在于知，而在于行；其验证不在于逻辑，而在于成果；其唯一权威就是成就。

——彼得·德鲁克

一、全盘否定，推倒重来

管理是经营的基础与保障，因为有了经营的需求，企业的管理职能才逐渐发展起来。以“贴心小棉袄”为核心导向的经营与服务体系的建设，首先需要在很大程度上进行管理变革。所以，从2010年创新发展以来，崇尚科学管理和制度理性，千方百计地实施企业经营管理工作的标准化建设以提升组织效率，一直是合肥供水集团孜孜以求的。我们一直希望通过科学制度的设计与实施，不断满足企业经营管理的需求，持续建立标准化、规范化、执行力强的科学管理体系，形成以制度管人、依制度办事的工作机制。尽管迄今为止，我们并没有完成科学化和标准化的任务，甚至在很多方面还存在不少问题，但亲历者都知道，我们从中获益了良多。

那么，到底什么是“科学管理”？时至今日，我们应该怎样看待“科学管理”？下面先从对“科学管理之父”泰勒所写的《科学管理原理》一书的学习和体会谈起：

弗雷德里克·温斯洛·泰勒，1856年3月20日出生于美国费城杰曼顿一个富有的律师家庭。1874年，考入哈佛大学法律系，不久因眼疾辍学。1875年，进入费城恩特普里斯水压工厂当模具工和机工学徒。1878年，转入费城米德维尔钢铁公司工作，从机械工人做起，历任车间管理员、小组长、工长、技师等职，一直干到1890年。1881年，泰勒开始在米德维尔钢铁厂进行劳动时间和工作方法的研究，为以后创建科学管理原理奠定了基础。

为什么要实施“科学管理”？泰勒说：

“每一代人都发挥各自的智慧，为各行各业中的各项工作找到了比以前更高效的方法。因此，从广义上说，目前所采用的那些方法，是各行各业自创立以来不断进化发展形成的最合适、最好用的方法。尽管如此，只有熟悉了解这些行业的人才能充分地认识到，所有行业所有员工所采用的方法几乎不可能是一样的。相反，每项工作可能采用了50或者100种不同的办法，而不是普遍采用其中的一种办法并将其作为行业标准……我们所采用的是通过口头相授的方式，或者更多的是通过无意识的观察习得的方式。实际上，这些方法从未经过系统整理和分析……”[一]

“科学管理”的任务是什么？泰勒先生说得很明白，因为有史以来的口口相传等原因，每一个行业中的每一项工作，都形成了“自以为是”的经验式方法，而“科学管理”的任务就是通过反复地实验，找到一种“行业标准”。那么，怎样才能实施“科学管理”呢？泰勒先生认为，关键是管理者。

“管理者要承担的新任务可以概括为以下四个方面：第一，研发出一套工人操作中每一个环节的科学方法，以替代过去单凭经验行事的方法；第二，科学地挑选工人进行培训，促其成长，而过去是任工人自己挑选工作、自我培训；第三，与工人密切合作，以确保一切事务都是按照已形成的科学原则进行；第四，管理层和工人在工作和职责的划分上应是大体同等的。管理层应该承担起那些自己比工人更胜任的工作，而不是像过去一样，把几乎所有的工作和大部分的职责都推给工人。”[二]

“科学管理”能够产生怎样的效果？1898年，泰勒以顾问身份进入伯利恒钢铁公司，在那里进行了“科学管理”的两个著名“试验”，验证了“科学管理”的重大作用。通过“搬运生铁试验”，他发明了科学工作方法，使一个工人一天的工作量由搬运12.5吨变成47吨，工人的劳动报酬由1.15美元提高到1.85美元。通过“铁锹试验”，泰勒发现当工人每锹负重为10千克左右时，他可能完成最大的日铲运量。由此，公司发明了各种不同类型的铁锹，以用于铲运不同的东西。比如“铁矿石比重大，铲运时宜用小锹；碎煤较易滑落，且比重轻，宜用大锹”。《科学管理原理》一书还记载了当时几乎与泰勒先生齐名的吉尔布雷斯先生所做的“砌砖工试验”，结果是“一批经过他挑选并熟练了那套新方法的工人，每人每小时能砌砖350块；而农村来的用老方法的工人的平均速度是每人每小时120块”![三]

所以，后世的“现代管理学之父”德鲁克评价这位“科学管理之父”时说，《科学管理原理》的理论无论用在哪里都很适用：生产力因之成倍地增长，工人的实际收入急剧上升，工作时间减少，工人所消耗的体力、所受的精神压力减少。同时，销售收入和利润增加，而产品的价格降低了。

以上简要回顾了泰勒与他的“科学管理”，目的是试图说明科学管理、标准化管理的重要性，即充分关注工作方法和生产流程的标准化，通过制定科学的作业方法并实施培训来提升生产效率，实现组织效率的最大化。

[一] 弗雷德里克·泰勒：《科学管理原理》，北京理工大学出版社，2012年9月，第16页。

[二] 弗雷德里克·泰勒：《科学管理原理》，北京理工大学出版社，2012年9月，第19页。

[三] 弗雷德里克·泰勒：《科学管理原理》，北京理工大学出版社，2012年9月，第47页。

对中国企业而言，如何扎扎实实地做好科学管理的工作，依然是我们面临的首要问题。而从供水行业看，与一些走在前面的市场化企业相比，长期的自我封闭、内部循环和经验式管理等，使科学管理更应该成为所有工作的基石。在工作中，中国企业不仅要倡导员工有“工匠精神”，更要倡导企业管理领域有“工匠精神”，即如何通过标准化建设锻造科学规范的管理体系。

2012 年 10 月 17 ~ 18 日，在巢湖市忠庙镇碧桂园酒店，合肥供水集团召开了 ISO 质量管理体系、党群工作标准化建设研讨会，集中学习研讨 ISO 质量管理体系及党群工作标准化建设《质量手册》《程序文件》以及企业质量文化架构等，研究部署和全面推进企业贯标工作。会上，对于已经形成的贯标文件，党委书记、董事长方振的态度十分明确：“全盘否定，推倒重来”！

这样的结果，是辛辛苦苦参与贯标工作的干部和职工不理解，也难以接受的。不过，经过两天深入细致的、艰苦的讨论交流，与会人员就下一步的标准化建设工作达成以下共识：

第一，标准化建设的指导思想要清晰。既然要进行标准化建设，就一定要服务于企业目前的经营与管理，要坚决杜绝贯标工作中的“两张皮”现象。如果贯标只做“表面文章”，不能为公司的发展服务，宁可不做这项工作。为此，标准化建设工作首先要找准企业定位、明确企业使命和指导思想，这是工作的重中之重。而从目前看，集团公司的核心任务是，在外部着力提高服务水平，增强用户满意度，提升用户幸福指数；在内部体现人文关怀，增强职工归属感和幸福指数，实现“供水管理上水平、企业发展上台阶”的最终目标。

第二，标准化建设的基本原则要明确。贯标工作要以公司党委会、总经理办公会等议事规则为原则，加强重大事项和节点流程管控，严格按照省市有关规定，建立主要领导、分管领导逐级审批流程，充分发挥“民主决策、集中管理”的优势，提高决策管理水平，彻底破除“两张皮”现象。

第三，标准化建设的流程主线要明了。贯标工作必须以供水工作为主线，管网建设、工程质量、水质检测、报装验收、供水服务等各部门、各工种的一系列程序，要紧紧围绕“生产—保障—服务”展开，建立健全一整套具有规范性、科学性、适用性的管理体系。

第四，标准化建设的过程方法要灵活。贯标工作要立足企业发展全局，找位子、抓节点，正确处理好“程序文件”与“作业指导书”等支持性文件之间的关系，对于重大节点控制“程序文件”描述要清晰，以确保“程序文件”的每个具体环节与相应的“支持性文件”之间一一对应，建立流程合理、运转顺畅、一体化的管理体系。

第五，标准化建设要注重特色，彰显人文关怀。党群工作标准化建设是贯标工作的重大创新点，要按照党章、团章、“工会法”的规定，创新开展党、工、团工作，充分利用标准化建设来推动党建、共青团、工会的发展，并作为此次贯标的重点和特色进行谋划，将“贴心小棉袄”志愿服务活动的品牌理念深入人心。

第六，标准化建设工作要建立奖惩机制，提高执行力。贯标工作要围绕企业发展全局和工作主线，先站在本部门角度策划和编写程序，建立和完善“程序文件”，补缺补差，最后由贯标办及咨询专家策划，确保程序文件架构。同时，建立贯标激励机制，鼓励全体员工参与各项管理活动。

合肥供水集团的ISO质量管理体系认证工作开始于2005年。认证工作取得了较好的成绩，但存在的问题也显而易见，较为严重的“两张皮”问题。那么，怎样客观地认识和看待这个顽固的“两张皮”问题？

第一，做认证是为了改变现状，提升管理，而“写出来”的标准和人们现行的标准之间肯定存在差距。从这个意义上说，“两张皮”是“天生的”，也不仅仅是中国企业的问题。而认证工作和认证之后长期的管理工作中要面对的，就是如何通过像泰勒的科学管理原理一样，将“标准化”的程序贯彻到人们的工作实践中，而且这项工作应该是长期的、持续的。

第二，企业界尤其中国企业界重视ISO认证工作的初衷是为了提升水平，但由于认证工作自身的局限性以及企业自身变革的难度，长期演化下来，往往使得企业产生了一种错觉，就是参与认证工作的重点并不是提升管理水平，而仅是为了得到认证的证书，以有利于对外的经营活动和品牌宣传活动，而是否能够促进和改善管理，人们往往并不放在心上。

第三，毋庸讳言，“两张皮”现象或许与文化传统有着紧密关系。众所周知，中国文化有很多优秀的内涵，但也存在缺乏制度与契约意识等问题，表现在当今的企业管理中，就是人们更加习惯按照经验办事，对于标准化、效率意识等现代管理概念既缺乏认知，又缺乏行动。

基于这样的认识，合肥供水集团的“全盘否定，推倒重来”并不是故弄玄虚地做“表面文章”，而是真切地希望改变合肥供水ISO认证工作的状态，并不为通过认证而做认证工作，而是希望通过认证工作和标准化建设工作，真正启动全面的标准化建设，踏上“科学管理”之旅。所以，会议重申，借助“精细化管理年”契机，贯标工作要坚决杜绝“两张皮”现象，为后期的持续改进、不断健全管理体系打牢根基，夯实基础，建立一个真正的准确实用、具有执行力的质量管理体系。

在“求真务实”原则的指导下，多年来合肥供水集团在标准化建设方面持续发力，标准化建设的工作目标早已不是简单地通过认证，而是深入企业经营管理的各个环节，力图全面实现各项工作的标准化与科学化。从整体看，合肥供水集团在以下方面做出了努力并取得了有效突破：

首先，制度设计有特色。为全面做好标准化体系建设工作，从制度顶层设计出发，对标准化文件体系做出了科学性、系统性规划。"质量手册"是指导思想，"程序文件"是具体工作，文件应包括一、二、三级文件及记录表格。一级文件包括制水生产、供水服务、工程建设、综合管理、招投标、安全管理和监督检查等7个方面，一级文件要回答供水的"水质"和"水压"四个字以及"贴心小棉袄"的内涵和标准，明确如何做好大大的"C"；围绕这7个方面的工作支持性文件属于二级文件，为二级文件落实而细化、注释的属于三级文件和有关记录表格。同时，一、二、三级的每一份文件都必须有PDCA循环，都必须有不合格项测量以及持续改进。

其次，流程再造有成效。为全面推进标准化体系的流程再造工作，成立了标准化委员会，并按照业务分工分别成立了供水服务、一站式服务、工程建设、制水生产、财务营收、综合管理等工作组，主要领导亲自督办，分管领导分工负责，标准化委员会办公室统筹协调，各单位、部门全员参与，按照"简政、放权、明责""把方便留给用户、把困难留给自己""做我所写、写我所做"以及PDCA循环等原则，全面开展文件流程再造和补缺补差活动，破除流程不合理环节，补充建立和完善支持文件控制体系，简化、量化和明责各项业务流程。

从工作过程上，单位、部门分头编制文件，标准办负责校审，分管领导负责专题研讨，管理者代表、党委副书记、总经理预审，最高管理者、党委书记、董事长进行专题会议审查。2014—2016年期间，先后召开各层次、类别专题研讨280多场次，建立1 148个程序文件。其中，一级文件2个、二级文件80个、三级文件555个、记录表格511个，实现了标准化在制水生产、供水工程建设、供水服务及综合管理等领域的全覆盖。

再次，体系运行讲方法。为确保标准化体系有效运行，按照制度顶层设计要求，实行分级管理、分级监督，形成有合肥供水特色的工作方法论。其中，一级文件由公司主要领导主控，二级文件由公司分管领导主控，三级文件和有关记录表格由各单位、部门主控。各级领导要抓所分管工作的顶层设计，抓节点在哪里，出现节点如何解决；所属员工要抓标准的执行与落实，用于发现工作中的不足，并提出解决建议。

为了确保体系落到实处，合肥供水以信息化为手段，研究和开发了信息系统测试软件，分岗位、分业务进行理论测试，同时与员工职业发展相结合，全面落实"在贯标中发现人才、使用干部、处分人员"，在全公司范围内营造全员"学体系、用体系"，确保所有岗位、所有员工及所有工作按标准执行。

最后，持续改进建长效。合肥供水集团认为，标准化建设工作是一项系统性工程，其精髓就是持续改进。创新性地建立了标准化体系评价改进长效机制，每年1

次对标准化文件进行评审、优化和持续改进。各单位、部门充分发挥内审员技术优势，加强对本单位、部门及岗位体系文件运行的自查自纠、自我提升；标准办根据各级检查过程中发现的焦点、难点问题进行系统评估，为领导决策提出建议，确保标准化体系持续改进，确保PDCA循环贯穿始终，形成标准化管理在各项工作中的全覆盖。

人们都说，企业文化是一种员工发自内心的自觉性，所谓“制度管不了全部，只有文化才能发挥作用”。不错，文化在形成之后，的确是一种自觉。不管这种自觉是积极的还是消极的，是正向的还是反向的。需要说明的一点是，文化在形成之后是一种“自觉”，却并不意味着文化的形成过程也是一种“自觉”或者主要依靠员工的自觉。任何一个组群的文化形成，在教育和引导之外，总是需要一些外部制度的强制约束的。而通过标准化建设持续培育科学与精益的文化，正是合肥供水企业文化建设的“与众不同”之处。

二、严格履行PDCA循环，“做我所写、写我所做”

要借助贯标工作形成标准化管理在各项工作中的全覆盖，是一项重大而艰巨的任务。熟知企业工作的人都知道，企业制度建设的过程，实际上是企业组织与员工个体之间、企业的各组成部分之间或是员工个体之间的一个权责利博弈的过程，从根本上讲，是一种约束与反约束、规范与反规范的“斗争”。因为人的天性是追求“自由”甚至“好逸恶劳”的，而企业的制度设计永远以“效率”为最高目标。尤其是在供水行业这样一个相对缺乏制度意识和科学管理意识的传统国有企业，制度建设上的任何进步，都会遇到来自组织文化的惯性和员工个人工作习惯的阻碍。而且在很多时候，这些习惯并不是全无道理的，尤其当你面对一个庞大的群体以及他们所拥有的根深蒂固的习惯之时。

但是从另一方面，我们又深知文明的本质是规则，一家企业要保持基业长青，最核心的问题是如何创建并实施可持续、可复制的制度体系，从而延续公司的生命。关于这一点，吉姆·柯林斯和杰里·波勒斯在《基业长青》中说得很透彻：

拥有伟大的构想，或身为高瞻远瞩的魅力型领袖，好比是“报时”；建立一家公司，并在任何一位领袖的带领下、经历许多次产品生命周期仍然欣欣向荣，好比是“造钟”……高瞻远瞩公司的创办人通常都是制造时钟的人，而不是报时的人。他们主要致力于建立一个组织、一个会滴答走动的时钟，而不只是找对时机，用一种高瞻远瞩的产品构想打入市场，或利用一次优秀产品生命周期的成长曲线；他们并非致力于取得高瞻远瞩领袖的人格特质，而是采取建筑大师的方法，致力于构建高瞻远瞩公司的组织特质；他们努力的最大成果不是实质地体现一个伟大的构想，不是表现人格的魅力，也不是满足个人的自尊或累积个人的财富，他们最大的创造物是公司本身及其代表的一切。㊀

正是基于这样的思考，合肥供水集团希望以“筚路蓝缕，以启山林”的精神，为公司创建一种持久的制度。所以，尽管下定决心要通过持续的标准化建设撑起公司科学管理的“大厦”，但并没有采取急功近利的做法，也不奢望能够在三五年内“毕其功于一役”，而是将科学管理视为企业必须经历的一个“长跑”甚至是“马拉松”。合肥供水集团“从长计议”战略思想，体现在三个方面：

一是解决管理者尤其是中层管理人员的思想认识问题，要让他们充分认识和理解贯标工作的重要性，贯标的核心目标其实是转变管理理念和工作方式，自觉地将程序规范贯穿于日常工作之中，真正建立“全员、全企业、全过程”的全面质量管理体系，为企业发展筑实打牢管理的根基，打造“百年优质供水精品工程”和“贴心小棉袄”精品品牌。正如与泰勒齐名的早期管理学家哈里顿·埃默森所说，“良好的效果绝不是偶尔碰运气得到的，标准化生产可能带来优秀的成果”。㊁

二是解决方向问题，即以贯标为抓手推进企业的标准化建设，要紧紧围绕“生产—保障—服务”这条主线，将标准化建设与科学管理的方向聚焦于合肥供水的生产管理、供水管理、营收管理、供水服务、工程建设、综合职能管理和业绩管理等基本方向上，切实提升这些层面的管理水平。

三是解决切入点问题，即要从工作方法和手边的事情入手，注重标准化、程序化和 PDCA 循环管理机制，贯标工作与日常工作的有机结合，有效促进工作方式方法的改进，加强各项工作事前、事中、事后的过程控制和预防管理，建立工作有记录、过程可监控、结果可测量、绩效可考核的持续改进机制。

基于这样的思考，合肥供水集团确定了在标准化建设中不断试错、持续改进的 PDCA 循环机制，让制度建设永远在路上！

在企业创新发展的过程中，合肥供水集团引入 PDCA 管理思想，并经过多年实践成为集团管理的特色。在 PDCA 思想指导下，合肥供水所有的工作都按照闭合式循环流程进行，在 ISO9001 质量管理、党群工作、安全生产标准化体系建设过程中，通过制订各类程序性文件对各项工作进行过程监控，尤其加强了事前对各项工作的质量管理，明确各类工作完成时限和具体措施；突出了事中监控，有质量记录查看各项工作是否按目标执行，实现了全过程跟踪。

㊀ 吉姆·柯林斯、杰里·波拉斯：《基业长青》，中信出版社，2002 年 5 月，第 28 页。

㊁ W. J. 邓肯：《伟大的管理思想：管理学奠基理论与实践》，贵州人民出版社，1999 年 4 月，第 41 页。

下面列出的是合肥供水实施标准化建设 PDCA 循环的简要“编年史”：

- **2012 年**

10 月 17 ~ 18 日研讨会确定“全盘否定，推倒重来”以后，截至 12 月中下旬，合肥供水集团先后召开集中研讨和专题研讨会 21 次，是又一次大规模、全覆盖式的标准化建设的科学研讨活动，体现了领导班子全力推进 ISO 质量管理体系重建、流程再造工程的决心，以及以标准化建设优异成绩推进企业管理和服务水平大提升的信心。供水集团党委在研讨活动中认为，研讨活动的目标就是要以 ISO 质量管理体系重建为契机，有效地引入标准化管理理念，严格按照 PDCA 循环要求，大力开展业务流程再造“效能革命”，改变过去不良的传统管理陋习，建立符合合肥供水发展实际的现代化企业管理模式。

研讨活动中，通过“几上几下”，深入查摆问题，按篇章、分专题对 77 个程序文件内容及过程节点控制情况进行深入研讨、仔细推敲，尤其是对发现的部门之间的节点问题、传统管理存在的难点问题进行了深入剖析，从而确保了程序文件的合理性、有效性和可操作性，有效促进了企业管理和服务水平的不断提升。

- **2013 年**

2 月 1 日，经过近半年、200 多次“几上几下”的深入研讨，举行了“ISO9001 质量管理与党群工作标准化建设”两套体系文件运行发布会。过程中反复强调，贯标体系文件只有发布之日，没有结束之时，要求各部门、单位要真正做到三点：一是以贯标工作为抓手，坚持将体系文件覆盖到工作的各个方面、各个节点，真正实现“从实践中来、回实践中去”“做我所写、写我所做”。二是要以信息化建设为平台，进一步梳理问题，简化工作流程，全方位做好供水生产、服务工作。三是要快速有效地完成党群工作标准化建设体系及 ISO9001 质量管理体系三级文件的编制工作。

- **2014 年**

4 月 3 日，在参与集团公司党的群众路线教育实践活动以及“我给领导提意见”活动中，合肥供水集团党委对标准化和科学管理工作提出三个要求：

第一，明确 2014 年为“精细化管理和流程再造年”的目标，继续实施标准化、精细化战略。近三年来合肥供水以贯标工作为抓手，符合现代企业改革发展管理的客观需求，也契合合肥供水发展实际。因此，要坚持贯标这一“总抓手”，通过“精细化管理和流程再造年”等一系列发展战略的全面实施，积极探索和努力构建符合合肥供水发展实际的城市供水管理新模式。

第二，不是为了贯标而贯标，更不是为了简单地通过认证，而是要实实在在地将标准化管理理念落实到企业发展的方方面面，实现真正意义上的贯标工作在企业的全覆盖。但是，在实际的生产经营管理中，仍存在很多不足，需持续改进。

第三，标准化管理是一门管理科学，抓贯标工作更要讲究方式、方法，要灵活运用好 PDCA 循环这一科学理念，主动把握好全局，统筹策划、有效推进；要多方面沟通交流，广泛听取意见和建议，善于在最大程度范围内获取各种资源支持，充分发挥好每一名内审员的骨干作用。

- **2015 年**

标准化建设的 PDCA 循环活动进一步深入到各个经营管理系统。3 月份，合肥供水集团进行“制水生产”“供水服务”“财务营收”等集团经营管理核心职能的“体系文件”审查研讨，将工作重点落实在三个方面：第一，是否形成了 PDCA 循环？第二，是否突出了全过程？比如，供水生产方面如何突出对原水供应、制水过程等全过程的控制与管理，以全面实现“水质优”和“水压足”两大关键指标。第三，流程节点设计与控制是否合理、做到全覆盖？流程节点的职责界定与描述是否明确？关键流程节点建立的支持文件是否具有可操作性等。通过此次审查活动，合肥供水进一步确立了标准化建设的三项基本原则：

第一，在流程再造过程中要充分体现“简政、放权、明责”的基本原则，切实将“把方便留给用户、把困难留给自己”这一服务理念贯穿到各项业务流程再造的始终，持续改进。

第二，文件编制要“做我所写、写我所做”，坚决不搞“两张皮”；各单位、部门要清楚界定责任，管好自己的“一亩三分地”，做好制度的顶层设计，严格按照 PDCA 循环管理要求，每个业务流程设计都要体现“C（Check，监督）”环节。

第三，今后的体系运行监管要“正着来、倒着查”。在今后的运行当中，除了正常的持续改进外，日常工作中不该出问题的事情出了问题，对照体系文件描述的内容追究责任，要严格贯彻和落实好“在贯标当中发现人才、使用干部、处分人员”这一原则。

实际上，到 2015 年，合肥供水集团的标准化建设已经大大超越了“质量管理体系认证”工作，深入到经营管理活动的具体制度和方法的制定与改善中。比如，为强化标准化的实施，我们发挥标准办龙头作用，开展 ISO 及党群工作标准化体系联合内审工作，由总经理任组长、总经济师任副组长，从全公司范围内抽调专业内审人员组成内审小组，历时半个月时间，对集团 43 个单位、部门及 27 个基层党组织进行全覆盖式内审。我们认为，这样的标准化建设，才是真正的“做我所写、写我所做”，也才会真正对管理变革有实际意义。

2015 年，根据 ISO 质量管理体系流程再造及标准化建设工作的需要，合肥供水集团撤销了贯标工作领导小组，成立了标准化委员会（下设办公室），全面强化标准化工作的管理。同时，创新建立了标准化体系评价改进长效机制，每年1次对标准化文件进行评审、优化和持续改进，为集团公司决策提出建议，确保标准化体系持续改进，确保PDCA循环贯穿始终。

比如，2015年5月5日召开的对供水服务中心、二次供水管理中心相关程序及支持文件审查会上，大家在讨论到劳务派遣工作时，结合《“贴心小棉袄”热线月度绩效考核实施办法》认为，这项工作对其他单位、部门加强劳务派遣人员的绩效管理工作具有一定的参考意义，各相关单位、部门应以此为参考模板，结合工作实际，尽快拿出本单位、部门劳务派遣人员的绩效考核方案。同时，在岗位职责界定上，大家认为要进一步明确热线坐席工作职责，强化班长对客户发展中心、营业中心、二次供水管理中心、供水所及三欣市政公司等所有窗口单位二级平台的协调监督。在绩效考核分配上，要打破原有的“普惠制”考核模式，实行A、B、C、D差别化绩效考核，注重对年度绩效优异的个人予以重点奖励，以鼓励“多劳多得”，实现“干好干坏不一样”。

又如，就如何进一步做好、做实二次供水设备供应商综合评价工作，大家共同认为要明确标前、标中、标后考核责任单位，细化和量化每个阶段的考核指标，体现对二次供水设备供应商供应服务活动的可控性。同时，必须加强纪律要求，增强工作人员廉洁从业意识，在标前、标中及标后管理过程中，严禁工作人员接受和参加供应商等相关利益方组织提供的吃请、财物和娱乐等活动。

而随着标准化建设活动的深入持续进行，集团各单位、部门也在这方面做出了较多成绩。比如，二水厂创新建立了“岗位工作任务清单制”，对各个科室、生产岗位职责和业务流程进行梳理分解，梳理出各项记录150个，按照职责分配到科室、班组、岗位，梳理制定全年及月度工作计划62项。将计划模块化、简单化，形成《月度岗位工作任务目录清单》，发到各科室、班组及岗位。每个计划根据生产需求均有细化的实施方案，由青年员工负责实施，由老师傅监督，责任到人。每月中旬，结合实际工作需求对本月计划中的临时性工作、专项工作以及需要提高改进的工作及时修订、适时调整。每月末，结合当月工作完成情况，对三个标准化工作的执行及计划完成情况进行检查、分析、总结，补缺补差，对于不足之处整改落实。通过对三个标准化体系文件的反复梳理，精简工作流程，提高办事效率，避免重复性的工作，真正把三个标准化体系有机统一起来，每位员工对全厂工作一目了然，只要把自身的任务清单完成了，全厂工作也就完成了。

为了进一步强化PDCA循环管理，使其真正发挥作用，合肥供水集团在过程中创造并坚持了“正着来，倒着查”的工作机制。“正着来”，就是日常工作正常开展，成功运行的工作直接进入下一个循环；“倒着查”就是出现问题的环节，首先由纪检监察室介入调查过程事实，再往前倒推责任节点，由结果倒推中间过程及顶层设计，在体制建设、执行过程以及全过程监督中，找出责任节点，查实问题根源，最大程度减少基层单位负担。同时，以“模拟用户”和“第三方”角度，灵活采取对标问答、盲样实操、突击检查、模拟演练等形式，对标准化体系运行情况进行“正着来、倒着查”。

对于查出来或运营中表现出来的突出问题，在全公司范围内开展大讨论，征求意见，进行总结分析，是制度问题就修改制度，是流程问题就梳理流程，是管理问题就启动问责机制。对于方案效果不显著的或实施过程中出现的问题进行总结，为开展新一轮的 PDCA 循环提供依据。合肥供水集团先后开展了“提升优质服务、提高廉政风险防控能力”“讲真话、办实事，解决最后一公里”“不轻易说‘不’”“水表校验投诉”等多个讨论活动。

“两提”大讨论活动

2012 年 12 月 19 日，本着公开、公平、公正的原则，合肥供水集团主动自我审视，开展了以“提升优质服务、提高廉政风险防控能力”为主题的大讨论活动。各单位、部门立足本职工作，注重细节，深化根源，查摆问题，剖析原因，强化整改，历经 2 个多月的时间，共提出了 12 类 45 项意见和建议，并逐一加以整改。

2013 年 8 月 28 日，合肥供水集团以“一站式服务”为主题，再次掀起“两提”大讨论新高潮。为将讨论做细做实，主动征求用户对供水服务工作的意见和建议，要求各单位、部门进一步增强责任感和紧迫感，按照标准化建设要求，在职责不清、效率不高等方面查找问题，在职工精神面貌、服务意识、办事效率、工作作风等方面认真落实“查摆找补”。共梳理意见建议 6 类 32 项，针对查找出来的问题，深入研讨，制定对策，逐一进行落实。

2014 年 9 月 9 日 ~ 11 日，合肥供水集团正式启动“讲真话、办实事，解决‘最后一公里’”大讨论大改进活动，坚持“从群众中来到群众中去”的工作方法，最大限度地发挥全体职工群众参与的积极性。活动以问卷调查形式开展，活动调查问卷由 10 道题组成，简洁明了，直击问题要害，充分体现出合肥供水集团党委“讲真话、办实事，解决‘最后一公里’”的决心。在问卷设计前期，组织精干力量，通过走访调研、个别访谈等多种形式，充分了解集团公司目前存在的问题；以党支部为单位开展活动，邀请全体职工积极参与，提出宝贵意见，充分保障全体职工群众的知情权和参与权。此次大讨论活动共收回有效调查问卷 1 747 份，查找了突出问题，了解了真实想法，后期将根据实际情况制定方案措施，解决实际问题。

“问政·合肥”，切实做好“最后一米”工作

2014年11月25日，合肥供水集团参加了由市纪委监察局、市纠风办、合肥电视台等举办的“问政·合肥——政风行风面对面”栏目。在栏目录制前，认真“备考”，提前“热身”，分类梳理“12345”市长热线、政务直通车、供水投诉监督电话、服务热线等途径反映的热点、难点问题，共自查8大类86个问题。在栏目录制中，对视频短片、“12345”市长热线、群众提出的问题不躲不避、耐心解答、勇担责任，并做出整改承诺，现场74名观众进行测评打分，合肥供水集团最终获得93.743的高分。在栏目录制后，立行立改，采取“一案一结”的方式，对存在的问题逐一核查，分析问题的原因，在3个工作日内全部整改到位。对有关责任人进行严肃处理，上至董事长、总经理，下到普通抄表人员和工程施工人员，以及涉及的7个部门全部处理到位。针对查找和暴露出的行风问题，进一步梳理业务流程，简化办事环节，提高工作标准和服务水平，切实做好服务用户的“最后一米”。

“水表校验投诉”大讨论

2015年4月8日，有一个用户反映水表校验的问题引起投诉，合肥供水集团立即要求纪检监察室调查核实，并开展了大讨论活动。在本次大讨论活动中，相关窗口部门进一步梳理现有的水表校验工作的流程和规章制度，就制度执行力提升问题进行了深入探讨。大讨论活动还结合了合肥供水积极倡导的“标准化、模块化、简单化、信息化”建设和“学万达”活动，依据标准化建设体系文件，就如何贯彻各项标准化制度提出合理化意见与建议，共汇总整理意见和建议272条。

从整体看，近年来合肥供水集团在企业标准化建设方面着力甚多，但我们也深知，这一过程中一直伴随着各种议论甚至怀疑，但集团全体始终秉持的一个坚定信念就是：不积跬步，无以至千里；不积小流，无以成江海。我们看到了制度建设过程中的问题，也同样看到了制度的制定与执行过程中可喜的进展。对此，郭星这样评价：

“肯定是有变化，而且肯定有很大的变化，不光是文件编得好，因为编文件的过程也是学习的过程。那么多部门和单位，可能也有文件编得一般的，也有编得好但还没做好的，但总体是好的。有的干部见到我说，这个事情我们编到文件中了，但还没有做。这说明什么呢？说明他已经注意到，要按照文件的要求去做，我觉得这就是进步。我目前在抓的执行力，就是要抓制度建设方面的执行力。”

在接受外部专家访谈时，一位中层管理者这样说：“这么多年，PDCA循环逐渐地融入我们的生活、工作，包括企业管理的方方面面。标准化建设不是一成不变的，

而是随着企业的持续变革而调整。而不变的是什么呢？不变的就是不管怎样变化，都需要经过PDCA的过程，这种思路和精神已经成为我们全体员工和领导层的共识，也给我们整个企业的精神面貌和大家的工作方式方法、整个工作绩效方面带来了提升。”

正如这位同事所说，从企业现实看，合肥供水集团在标准化建设和PDCA循环方面还刚刚起步，而且毋庸讳言，这样的做法迄今为止还有很多同事持怀疑态度。但难得的是，在不经意、不理解中，甚至在质疑的过程中，这种科学化的思维和行为模式，已经渐渐成为集团员工思考每一项工作的首要方法。甚至可以这么说，近年来，PDCA循环是合肥供水集团管理的核心和根本，这一思想和理念已经慢慢刻在骨子里、融进血液里、体现在行动中。

正如《迪士尼之梦》的作者理查德·席克尔所说，“（迪士尼）最重要的，是有能力不断地建立制度——从不停止，从不回顾，从无结束……”

三、在供水行业首创“党群工作标准化”

2013年9月24日，合肥供水集团企业党建工作又传佳音：

中共合肥供水集团有限公司委员会依据ISO9001:2008《质量管理体系要求》创新建立、实施和保持的党群工作质量管理体系，顺利通过中质协质量保证中心审核认证，并获认证证书。这在合肥供水企业党建工作中具有里程碑和划时代的意义，在全国城市公用事业企业中也为数不多。

公开材料显示，企业党群工作引入ISO9000质量管理体系始于2004年。2004年10月，茂名石化港口公司在党群工作中引入了ISO9000质量管理体系，创建了“围绕一条主线，明确两个概念，严控七大过程，夯实三项基础，紧扣四个环节”为主要内容的党群工作质量管理体系。㊀

2006年1月，广西送变电建设公司党群工作质量管理体系通过了ISO9000认证，按照标准化管理的要求开展工作，进一步规范了工作流程，确保每一项工作能够得到严格的控制，并真正落到实处，实现了三个转变：一是以“主观性”管理到“程序化”管理的转变，二是从“盲目性”管理到“标准化”管理的转变，三是由“随意性”管理到“规范化”管理的转变。㊁

2006年12月29日，河北西柏坡发电有限责任公司党群工作质量管理体系认证

㊀ 龙泰良、李劲：“党群工作引入质量管理体系”，《中国石化报》，2005年4月19日。

㊁ 潘绍欢：“企业党群管理工作引入ISO9000质量管理体系标准的尝试和探索”，《广西电业》，2007年第1期。

证书颁发，通过认证工作实现了四个转变，即党群组织的“服务”意识增强了、强化了对顾客负责的意识、软指标变成了硬任务、各项工作得到闭环控制。[㊀]

那么，合肥供水为什么要建设党群工作质量管理体系？合肥供水集团主要从对党群工作现状的反思以及企业发展的现实需求来考虑。2010 年，合肥供水集团启动了创新发展的过程，正如前文多次介绍的，对于城市发展和市民生活来说，以“贴心小棉袄”为核心价值观的服务提升是一件好事，但作为管理者，怎样让集团的广大员工在较短的时间内转变思想，真正理解为民服务对企业发展的意义和对自身的意义，实际上是一件比较困难的事情。受制于长期的传统国有企业文化，加上现实的利益考虑，广大员工对集团的改革与发展，尤其是对于工作质量的提升和管理的严格规范方面认知不够，这是阻碍集团持续进步的重要因素。面对这一问题，合肥供水集团领导班子的态度是，一定不能过于着急，更不能一味地抱怨员工的思想水平，而是要通过经营管理的过程，持续地将党群工作和思想工作扩展到员工的工作过程中，将领导是员工的“贴心小棉袄”、综合管理部门是基层单位的“贴心小棉袄”做透、做实，从而达到全体供水人是用户的“贴心小棉袄”的最终目标。

而要达到上述工作目标，目前企业党群工作的突出问题有两点，一是工作力度不够、针对性不强，二是没有建立一整套统一的、标准化的工作内容和相关标准。这些问题的存在，导致了党群工作不能紧跟社会发展和企业创新发展的形势和要求，缺乏系统思维和创新精神等。尽管时至今日合肥供水集团在党群工作质量管理体系建设方面还存在许多不足，但做这项工作绝对不是造“噱头”，更不是走过场。

基于上述考虑，2012 年以来，在继承传统和吸收借鉴的基础上，合肥供水集团党委依据 ISO9001：2008《质量管理体系要求》，对现有的党群工作各项制度、规定等资源重新梳理、整合、优化，历经一年多的努力，按照全覆盖和可操作原则，以“生产—服务—保障”为主线，遵循项目化管理模式，充分利用人员培训，网络、报纸等阵地，全员参与，广泛交流。通过 34 次专题工作汇报，142 次“一对一”座谈研讨，260 多次“几上几下”的集中和专题研讨，最终建立了以“管理手册”、32 个“程序文件”、47 个“支持文件”、“实务手册”和 106 个记录表格为一体的党群工作标准化管理文件体系，并在实践工作中不断改进和完善。

合肥供水集团标准化建设的最大特点是由《质量管理体系》要求，向企业经营管理实践延伸的“全覆盖”。因此，党群工作标准化的重要内容首先是“全覆盖”，即标准要包含企业所有的党群工作，同时在强化传统党群工作的同时，从制度顶层

㊀ 毕利成、严格：“以贯标推进党群工作创新———河北西柏坡发电有限责任公司党群工作质量管理体系贯标纪实”，《中国电力企业管理》，2007 年第 3 期。

设计出发，以党委会为最高决策机构，在充分识别《党章》《工会章程》《团章》等上级党群组织法律法规的基础上，将上级党群组织“规定动作”与企业党群特色“自选动作”有机结合，实现标准化管理在党建、工会、共青团、妇女工作、文明创建及综合治理等党群工作各领域的全覆盖。

在“全覆盖”基础上，强化标准化，突出科学管理思维。比如，在可操作性方面，我们立足企业工作实际，编制党、工、团基层组织标准化建设实务手册，对基层党群组织各项工作及其标准要求进行数字化，实行表格化管理，以便于有效运行和管理；在“留有痕迹”方面，按照“做我所写、写我所做、持续改进”的原则，从满足实际需求出发，策划、设计各类管理记录表格，确保每项工作、每个过程、每个环节“留有痕迹”。以落实《党员发展管理程序》为例，为实现党员民主推荐、公示制、票决制、预审制、责任追究制、目标考核制度等标准化，人力资源部（组织部）及党支部负责人共同签订《党员发展承诺书》，恪守工作职责、严格发展程序和条件，从源头和总量上加以控制，严把党员发展关，永葆党员队伍的先进性。

一是在发展条件上，坚持“具备六个条件”：考察时间满 1 年、工作成绩优良、思想汇报真实可信、发展材料齐全完整、参加培训理论学习成绩合格、政治审查无问题。二是在发展程序上，坚持“过好五个关”：群众民主评议和测评关、介绍人审核推荐关、支部大会讨论吸收关、组织部门审查合格关、合肥供水集团党委讨论审批关。三是在总量控制上，坚持“政策向一线倾斜、资源向一线集中、重心向一线转移”的原则，把发展党员工作重点放在生产、工作一线的优秀青年工人和专业技术人员，为党注入新的血液，壮大党的力量。

说到底，企业党群工作的最终目标是逐步提升广大员工的思想觉悟和正向价值观认同，使其凝心聚力、服务于用户需求。所以，如何实现党群工作与企业中心工作的“相融互动”，是党群工作标准化的“重中之重”。在实践中，通过建立、实施党群工作质量管理体系，企业党建工作质量和科学水平不断提升。

一是实现了党建与企业中心工作的相融互动。按照“以顾客满意为关注焦点”原则，从顶层设计出发，以“出好水、育好人”“贴心服务、温暖心灵、营造幸福供水大家庭”“插上梦想的翅膀、让青春在供水飞扬”分别为党、工、团工作方针，引领全体党员干部职工立足岗位、勇担责任、无私奉献，让全市人民畅饮优质水、放心水、幸福水，呈现了“党政同心、目标同向、工作同步、相融互动”的良好局面，实现了用户、员工、企业和政府的满意。

二是有效解决了党群活动落实难的问题。将上级组织工作要求、企业年度党群工作目标及生产经营目标有机结合、有效分解，将目标落实到党支部、党小组和每个党员，对党群各项工作实行全过程控制、动态化管理、标准化考核、持续化改进，使得党群各项活动得以有效落实。

三是建立健全党群工作的长效机制。通过建立和实施党群工作标准化体系，党建各项工作实现了 PDCA 循环、落地式管理，避免了“偷工减料”、打“任意拳”现象的发生，由“柔性”管理迈向了“刚性”操作，实现了党群各项工作的程序化控制、标准化考核、持续化改进，使党群工作形成了一种持久的落实力和与时俱进的创造力。

此外，关注“基层创新”也是合肥供水集团力求党群工作与企业工作的“相融互动”的重要方面。比如原营业中心党支部自拍微电影《抄表工的一天》，以抄表员朴素的言语和实际行动将集团的工作要求准确落实到位；供水所党支部建成服务工作单数字化管理监控平台，提升服务效能、赢得用户满意；董铺水源厂党支部将例会制度、要事督办制成工作任务单，逐项落实到班组、责任人，基层单位的创新实践给党群标准化建设增添了生机与活力。

众所周知，科学管理的一个重要环节是考核，没有考核，就没有管理。在党群工作标准化建设方面，努力实现“考核标准数字化”是合肥供水集团工作的重要方向。

因此，在充分识别上级党组织的需求基础上，结合党支部工作实际编制《党支部标准化建设实务手册》等，对党支部班子建设、阵地建设、党员发展与管理、“三会一课”等各项工作进行数字化管理；坚持定量和定性相结合原则，对党支部组织、纪检、信访、思想政治、宣传教育、文明创建、综合治理及工会、共青团等工作考核细化量化，按 28 大项、73 小项设立专项考核指标体系，同时设立重点项目考核奖惩指标，对于工作不力或表现突出的，量化奖惩分值。

在具体工作实践中，通过“月度检查、季度考核、年终验收”全过程控制，将党建工作纳入生产经营目标考核，实现双百分制考核，每半年考核一次，与职工收入挂钩。在考核中，“四个现场”力求客观公正，党群工作 5 个部门组成党支部工作考核小组，通过现场查验工作资料、听取专题汇报等形式，对照指标考核表对支部工作逐项评分；为进一步加大考核工作的公平、公开、公正，实行现场查阅资料、现场点评、现场打分和支部书记现场签字确认的考核形式，并在每批次考核前由集团公司党委组织召开考核组动员会，明确要求考核组成员务必客观公正评分，结果点评到位，整改建议得当。

以业绩评优劣、健全奖惩机制。在“先进基层党组织”评选上，在党支部工作年度考核中，规定动作落实到位、考核得分靠前的，自然当选“先进基层党组织”；对年度考核得分低于 95 分的，约谈党支部负责人，颁发“警告黄牌”，1 年内挂牌警示，并与党支部职工收入挂钩；督促其限期整改，整改验收不合格的，下一年度评先评优“一票否决”。在优秀党务工作者评选上，对得分靠前的先进党支部书记，符合优秀党务工作者评选条件的，纪检、廉洁等方面过硬的，自然入选优秀党务工作者；不符合优秀党务工作者评选条件的，纪检、廉洁等方面没有问题的，自然入选优秀共产党员。在优秀党员评选上，改变过去党小组轮流坐庄现象，先进名额分配到党支部，由党支部全体党员无记名票选，同时与月度绩效考核挂钩。

同时，为了强化对支部工作的管理，合肥供水集团还创新性地出台了《党支部及精神文明创建考核黄牌警告管理办法》，对考核排名后 3 名的党支部进行约谈，颁发“警告黄牌”，1 年内长期挂牌警示，督促其限期整改，整改验收不合格的，下一年度评先评优“一票否决”，有压力才有动力，形成基层党建奖惩机制的常态化。2013 年度党支部工作考核中，得分后三名的三欣公司机关党支部、庐阳区供水党支部、包河区（滨湖新区）供水所党支部分别被颁发“黄牌警告”，职工当年人均收入下降 1.5%。

四、安全管理的标准化之路

“2016 年 G20 峰会前，合肥市安排检查小组，不打招呼抽查全市企事业单位。据说，合肥供水集团被抽到的总部、二水厂、六水厂，表现都很优秀。您知道为什么吗？因为集团已经被自己人查‘神道’了！比如六水厂，连续三个月都被我们摇号摇到，连续三个月被‘夜查’。”总工程师高和气这样说。

肥西供水公司、三欣市政公司、二水厂、三水厂……21 个名字被整齐填写在一个等分成 21 份的圆形转盘上，这个转盘并不是用来做游戏的玩具，而是合肥供水集团进行“四不两直”检查时，用来随机选取抽检单位（摇号）的工具。在 2015 年某个夜晚，这个转盘一共旋转了三次，指针分别定格在紫蓬山加压站、二水厂和董铺水源厂。每次都至少选取 3 个单位是为了让检查的覆盖面更广，效果更明显。“大家把手机关机，出发!”随着一声令下，郭星带队，各供水所、水厂负责人随机组成的检查组出发前往刚刚被抽中的三家单位进行突击检查。为了做到公正、客观，整个检查过程用摄像机进行记录。

在紫蓬山加压站，施工工地临时围挡、施工材料堆放及加压站生产区域日常管理状况都是检查组检查的对象。在上个月检查中发现因渣土车撞坏而移位的加压站大门门墩柱子已经修缮完毕，外围墙的围挡已有专人看护。在董铺水源厂，值班人员电工朱广才对电网倒闸操作熟练掌握，厂区原先淘汰的砂轮机也替换为除尘式砂轮机。“加氯系统运行过程中，用于检测加氯管道、过滤器、减压阀、真空调节器密封情况的物质是什么?”在二水厂，检查组成员正现场对当班工作人员岗位应知应会的知识进行考核，并对考核分数在 90 分以上的人员给予 500 元的奖励。不过，在这次检查中，检查组成员也发现了一些安全问题，并根据“合肥供水集团安全生产处罚细则”施工类第四条，建议对工程管理部罚款500元，根据水厂类第一条和第十六条建议对二水厂罚款1 500元。

检查结束时已是夜里2、3点，检查组的成员虽感疲惫，但深知每一次“四不两直”背后的意义，安全生产无小事，再苦再累也值得！

上面的这个场景，描绘的是合肥供水集团“四不两直”安全检查。“四不两直”是国家安全生产监督管理总局建立的安全生产暗查暗访制度，即“不发通知、不打招呼、不听汇报、不用陪同接待、直奔基层、直插现场”。

合肥供水集团对安全生产和员工生命安全高度重视，2010年明确提出“以安全生产为第一要务”，按照“安全第一、预防为主、综合治理”的指导方针，以及“零容忍、全覆盖、严执法、重实效”的工作要求，以PDCA循环为出发点和落脚点，全面开展安全生产管理工作，明确将安全生产作为领导班子调研检查各单位、部门的首项工作，并要求在工作日志上签到。“十二五”期间，合肥供水集团未发生一起人员伤亡和突发责任性停水事故。

“以安全生产为第一要务”的理念，需要一定的组织形式来落实，为此，合肥供水集团建立了以安全生产委员会为最高决策机构、安全保卫部为日常管理部门、各基层单位安全领导小组为本单位决策机构、各基层单位专（兼）职安全员抓具体安全生产工作的安全领导组织架构。每月召开一次安委会，在安委会上播放明察暗访的视频，现场兑现奖惩。明确规定安全考核“处罚20万元，奖励30万元”的奖惩目标，在每年12月31日的安委会上，布置下一年度安全生产工作计划，并与基层单位签订安全生产责任书。同时，在集团制定的《安全生产责任制》中明确“党政同责”，强调党政同责，在安全生产工作中负同等责任。调整安委会成员，将其扩大至各党（总）支部书记。

在强化安全委员会作用的同时，合肥供水集团还从诸多方面积极强化安全管理。在资金方面，每年投入千万余元加大技改和设施投入力度，配备高性能摄像机、照相机和高清摄像头，改造厂区电子围栏，将监控资料保存时间由7天延长至30天。在制度设计方面，创新落实“安全生产报告制度”，规定每半年向董事会和绩效考核部门汇报安全生产情况。在管理体系方面，合肥供水集团坚持“安全谈心对话”机制，主要领导与基层单位管理层适时开展谈心对话活动。下面是2015年6月谈心对话活动的情况：

为进一步推进企业安全生产主体责任的落实，强化安全生产红线意识和法治观念，合肥供水集团以“安全生产月”为契机，组织开展了董事长与基层负责人谈心对话活动。6月18日上午，方振与时任总工程师、三欣市政工程有限公司执行董事、总经理高和气就三欣公司的安全生产工作开展谈心对话活动。

谈话中，方振指出，安全生产这根弦，关系着城市建设发展，牵动着千万百姓的安居乐业，再怎么强调都不为过。近年来，合肥供水集团始终以高度的责任心，坚持“以安全生产为第一要务”毫不动摇，大力推进安全生产的组织架构建设和制度的顶层设计，不断加大安全专项资金的投入，在安全隐患的持续监管上下了很大功夫。三欣公司要以瑶海万达广场供水工程为样板，进行体系流程再造，加强安全生产标准化建设，要将安全生产红线意识和法制观念传达给每一位管理人员、每一位员工，根植固化在每个人心中。

高和气重点阐述了三欣公司安全管理工作情况。他指出，安全管理工作不能靠经验主义，不能抱侥幸心理，要认真吸取郑州自来水给水管道施工工地坍塌事故的教训。下一步，三欣公司将加强制度建设，引入信息化管理，实时跟踪重点工程，管理人员深入基层，对制度的落实情况进行监督抽查，持续改进，进一步提升三欣公司的安全管理水平。

除上述措施外，为检验各单位的应急处理能力及安全管理的持续保持能力，力求实现应急及各项安全工作管理的常态化，在组织各类综合性大检查的同时，职能部门加大明察暗访力度，每月不定期开展“四不两直”的突击检查与暗访，同时在安委会会议上对在明察暗访中出现问题和疏漏的单位根据《合肥供水集团安全生产专项奖惩细则》开出罚单，对在安全生产工作上踏实推进的单位给予重奖，多种形式的安全检查及隐患排查有效地促进了安全工作的长治久安。

2013 年 6 月 19 日，合肥市政府召开了“百日安全大检查”动员会，合肥供水集团立即结合实际制定了集团“百日安全大检查”实施方案；6 月 21 日召开了 2013 年第三次安委会扩大会议暨百日安全大检查动员部署会。为从严落实好市动员会“全覆盖、零容忍、严执法、重实效”的安全要求，合肥供水集团加强安全生产投入，加大暗访力度，认真落实奖优罚劣措施。6 月 28 日夜里 2 点，由合肥供水领导班子、安全保卫部、监察审计部（现为纪检监察室和法律审计部）、人力资源部组成临时检查组，到三个水厂分别突击检查了安全保卫、液氯泄漏应急处置能力、安全管理能力。7 月 1 日，召开第 4 次安委会扩大会议，会上全程播放检查视频，由安保部点评存在的问题并通报奖惩情况。3 家检查出问题的单位主要负责人上台检讨。7 月 3 日晚 9 点多至次日凌晨 5 点多，检查组再次对肥西供水公司、巢湖水业集团、三水厂、四水厂、董铺水源厂开展了突击检查，检查效果有了很大的提升，“百日安全大检查”取得阶段性成果。

自 2013 年开始，“四不两直”已经成为合肥供水集团安全工作的常态，平均每月 1 次，发现并解决安全隐患 40 余处。在各类检查中新增了岗位人员和安全管理人员应知应会现场考核，考核内容紧扣实际、力求务实、注重实效；对在各类安全检查和考核中成绩突出的单位和个人予以鼓励，对存在问题、疏漏的单位予以警示。下面是我们的相关做法：

“四不两直”突击暗访

“四不两直”是“不发通知、不打招呼、不听汇报、不用陪同接待、直奔基层、直插现场”的简称。通过开展“四不两直”突击暗访，使被检单位呈现出最原始、最直接、最真实的安全生产管理状态，杜绝“表面光”，有利于及时发现安全生产管理的薄弱环节，对被检单位形成强大的震慑力，形成一种突击检查随时可见的紧迫安全氛围，切实提升安全检查质量。

一、检查方案

在检查的当天下午，通过转动转盘选择当晚要突击暗访的单位，选择范围包括各水厂、水源厂、供水所以及巢湖水业集团、肥西供水公司、三欣公司和裕丰投资公司。转动转盘时，一人举盘、一人转盘、一人全程摄像监督。确定暗访单位后，根据其单位类型，由分管领导确定陪同检查的单位及人员。确定后，电话通知相关人员集合的时间、地点。当晚，检查人员全部集合完毕后，由安全保卫部负责人带路前往被检单位。

二、检查内容

1. 模拟触发电子围栏报警，检验安保人员防恐应急响应是否及时，保安员和岗位应急人员的内保联防机制是否可靠；

2. 以检修、维护设备（管道）为由，模拟外来人员试图进入厂区，检验门卫登记制度、干部带班制度的履行情况等；

3. 模拟用户向热线提供管道、消防栓漏水信息，检验区所抢修人员应急响应是否及时，维修器材、防护用品是否携带齐全；

4. 模拟用户向热线提供二供泵房存在有人进入的迹象，检验二供抢修人员响应是否及时。

5. 按照《安全检查指导书》内容，对被检单位的各场所进行安全检查。

三、通报反馈

暗访结束后，检查人员根据检查情况填写检查表，并将检查情况现场反馈至被检单位的夜间值班干部，并签字确认。暗访结束后第二天，安全保卫部根据检查出的问题开具隐患整改通知书，下发至被检单位，限时整改。整改完成后，被检单位需将隐患整改报告经单位主要负责人签字盖章后，交予安全保卫部进行隐患销案。同时，安全保卫部将根据《安全生产奖惩细则》，就检查情况向集团公司安委会提出奖惩建议。

下面是高和气讲的"夜查"故事：

我晚上到制水厂测试电子围栏，看厂里面是怎么反应的，多长时间能察觉到这点。万一是破坏分子进来，他要多长时间到？如果是十分钟才到，破坏分子早就进去了！我们一般要求两三分钟就到。

有的时候可能是电子围栏反应不灵敏，被我们检查时发现了，那还是厂里的问题，是厂里检查不到位、维护不到位。扣钱的话一般都是上千元。检查时我们还有一个措施，就是常常会出几份安全知识的卷子，今天到某单位去，看看这个时候大概有哪些岗位人员在上班，就直查到岗位上去。看到这个员工，就给他一份安全知识的卷子，考 90 分以上给他 500 元钱，考 60 分以下扣他 500 钱。之后会马上召集安委会开会，对被查单位一系列相关人员进行批评、罚款；如果考得高，得奖了，领导也连带获奖励。

除了"夜查"之外，安全保卫部"飘忽不定"的"测试式捣乱"，更使各单位绷紧了安全管理的弦：

G20 峰会召开前夕，某日夜间，安全保卫部工作人员黄飞、王斌假扮 ABB 变压器公司工作人员，谎称接到厂长电话说变压器需要检修，试图进入厂区；同时，将安全保卫部另一名工作人员的电话号码改为三水厂厂长，并拨通电话联系"厂长"。保安员识破了电话为假，一边稳住嫌疑人员，一边通知厂部值班人员前往水厂大门保安室，厂部值班人员向厂长确认为未安排相关工作，正准备与辖区公安机关联系时，黄飞、王斌随即亮明了身份。

某日夜间，安全保卫部检查组抵达四水厂，使用工具触发厂区电子围栏报警。不到 1 分钟，护卫犬狂吠、厂内警铃响起，厂区联防机制启动。保安员、应急人员携带钢叉、橡皮棍等防卫器具前往报警区域检查，手电灯光四射，喊话声交替，俨然一副如临大敌的气势。检查组见效果达到，随即驾车前往厂区开展例行检查。

在上述举措之外，如何确保安全管理的常态化、在经营管理过程中持续强化安全，真正做到科学、理性的管理？在标准化建设中初步尝到甜头后，正好赶上国家安监部门要求进行安全管理标准化建设的任务，合肥供水集团就适时开始了这一行动。

2013 年 7 月 19 日，合肥供水集团召开了"安全生产标准化创建启动宣贯大会"，正式启动安全生产标准化创建工作。会议要求严格落实一把手责任制，年底前要全面完成安全生产标准化工作，确保创建工作一次性通过。会议强调，"标准化不是建立简简单单的等级标准，而是以贯标工作为抓手，借助数字化量化安全生产标准，构建安全生产工作长效机制，同时安全生产标准化也是规范安全生产工作的关键节点，是防范安全生产事故的有效手段，是有效解决安全生产中是‘什么’‘为什么’‘怎么办’等问题的钥匙。”

在之后的4个月，合肥供水集团开展专家组现场检查，将排查出的隐患进行了整理归纳，并对参会人员进行创建知识培训；连续召开“安全生产标准化”创建隐患整改任务分解专题会，将任务分解到各个单位和部门限时办结，并经常性地追踪检查，确保整改进度；整改完成后，专家组再次前往各基层单位、部门开展自评工作。11月26日，合肥供水集团以82.3的高分顺利通过三级企业评审。12月26日，市安监局正式下文核准合肥供水集团为冶金等工贸行业三级安全标准化企业。安全生产标准化的创建，使得员工的安全意识得到了极大的提高、各项安全管理制度得到了健全，诸多以往未发现或者发现后未得到重视的安全隐患得以消除，合肥供水集团安全管理水平上了一个新的台阶。安全保卫部将《冶金等工贸企业安全生产标准化基本规范评分细则》中“生产设备设施及运行管理”要素与集团公司的生产工艺流程进行了融合，并邀请专家联合编写了安全生产标准化企业标准——《合肥供水集团安全生产标准化考评细则》，该标准具有鲜明的企业特征，为进一步提高安全管理水平奠定了坚实的基础。

“我们的安全管理，直接涉及广大市民的用水安全，这是天大的事情！所以，安全管理怎么讲都不为过，怎么强调都不为过，怎么做都不为过，做得怎么多都不为过。实际上总结一句话就是：安全工作无止境，服务工作无止境。”高和气这样总结。

五、困惑与思考

竭力研究和实施科学管理的泰勒，因为被认为造成对工人伤害的可能性，当年曾经被美国国会叫去参与听证会，后来有人还专门将这次经历写成一篇文章予以发表。也正因为这样的一些事情，时至今日，依然有很多人对科学管理产生了“胡萝卜加大棒”的误解。

如前所述，在合肥供水集团实施标准化建设和科学管理的过程中，遇到了种种基于文化传统、制度机制，以及利益和个人习惯的问题，有时候这些问题会演化成较为严重的问题。同时集团也十分清醒地认识到，尽管十分努力，但目前在这一方面的成效还相对微小，还需要持续努力。但无论如何，这一步是迈出来了。只要是讲公道的人，都不会说标准化建设是一件坏事。同时，最可贵的是，标准化的意识已经在这个过程中悄然“扎根”：

“原来，公司里只有那些搞标准化的人才知道标准化建设是什么。现在呢？我觉得大家普遍开始接受了，普及多了大家也都大概知道，要做些什么，是不是都做到了那是另一回事，但起码知道该做些什么。”

“从科学意识培养这方面看，我感觉贯标搞得确实比较好。为什么呢？首先我们供水行业有好多国家标准和行业标准，需要执行和遵守。另外，我们有这么多水厂和服务的区所，如果一个单位一个样，既影响了工作效率，‘贴心小棉袄’的服务质量也会大打折扣。有了这个标准，大家工作就有了依据，工作评价也就有了方向。干得好不好，对照标准看看，一目了然。”

“在标准化建设方面，首先观念要深入人心。作为传统企业，一开始大家都不理解标准化是什么。这几年，公司推进力度很大，领导对标准化建设也很重视，所以慢慢地，这些观念已经深入人心了，下一步应该就是在执行方面强化。”

上面的这些话，是合肥供水集团员工在相关讨论过程中提到的，也是我们在标准化建设中感觉很欣慰的事情。这些年我们感受到，在磕磕绊绊但没有停步的标准化建设过程中，遵守程序、创建标准、按照规章制度办事、凡事必讲标准，已经慢慢地在员工中成为共识。从文化发生角度看，这就是科学文化在合肥供水集团逐渐形成的过程。正如我国近代著名社会学家陈序经先生所说：“文化既是进步的，那么，文化发展的层累的存在，是无可疑的。文化发展的层累，就是一般人所说的文化发展的阶段。我们所用层累两字，而不用阶段两字，是因为前者比较有弹性，而后者比较有硬性。”㊀

而说到意识慢慢培养起来后的“执行”问题，也正是合肥供水集团最看重的。这其中，引发思考最多、也最值得研究的，是如何解决领导决策、用户需求和一线员工想法与做法之间的“脱节”问题。在这一过程中，特别是在标准化建设初期，一般是公司领导发起——要有标准，要建立标准，要落实标准。但是，在标准化建设过程中，基层单位尤其是一线工作人员，他们的参与度怎么样，他们参与的热情如何、他们落实标准的积极性如何，是一个十分值得研究的问题。

所以，在过程中尤其是近一两年，为了提升标准化建设与员工工作的契合度，合肥供水集团进行了大量的基层单位调研。供水集团领导班子和制定标准的人一起到一线去，听听一线员工怎么说，看看服务窗口到底需要什么样的标准，用户又需要什么样的标准，以及怎样通过工作的流程化、规范化、模块化，让用户能够感觉到我们的管理科学了，服务质量提升了。比如，如何将各职能部门自己制定的标准结合起来？如何处理部门之间工作的“节点”冲突和“边界”衔接问题？我们也进行了大量的研究。

还有一个重要的问题，尽管我们一直在探索“拉动”和“吸引”员工积极参与到

㊀ 陈序经：《中国文化的出路》，中国人民大学出版社，2004 年 11 月，第 21 页。

标准化建设中来，但毋庸讳言，在标准化建设的过程中，一开始的确要给不熟悉标准的员工带来较大的工作量和工作难度，这是需要一定的“强迫”执行。从根本上讲和长期来看，企业、员工和用户的利益是一致的，但在短期内和一些具体事情上，他们之间又存在一个“争利”的关系。比如，用户需求多了，企业得多付出成本，员工得多付出劳动；员工需求多了，企业成本增加，用户利益可能受损；企业和领导需求多了，员工的利益也需要进一步得到保障等。所以，在现实中我们需求探索的是，如何将领导的要求、用户的需求和员工的工作积极性及效率、方法等紧密结合起来。当然，这个问题也是企业管理界一个整体性难题。而解决这一问题的根本方向，恐怕还是要基于用户需求导向，创建基于用户需求和员工团队自我驱动的组织与管理体系，真正做到像华为一样——打造“少将连长”，“让听得见炮声的人来呼唤炮火”。

回首来时路，无论内外部怎样评价，合肥供水集团毕竟在标准化与科学管理的征途上迈出了很坚实的一步。“世界上没有完美无瑕的商业故事。我的观点是，商业更像一个世界级的大饭店，当你透过饭店厨房的门缝偷看时，那些食物看上去远没有装在精美瓷器中、摆上饭桌的好。商业就是杂乱不清和混沌。在我们的厨房里，我希望你们可以发现某些对你们实现自己的梦想有所帮助的食物。”㊀

张维迎教授在谈到改革需要冒险精神和行动力时也提出了“先怀孕、后保胎”的有趣观点：改革首先要做起来，做起来有问题再去解决问题，在解决问题时不断前进……就像妇女怀孕，怀孕了可能会面临怎么保胎的问题，但你应该是先怀孕了再想着保胎的事情，不能说因为我现在还没有研究好怎么保胎，所以千万不能怀孕。所有的问题一定是在过程中解决的，所有的改革都是这样。㊁

让我们感到安慰的是，连杰克·韦尔奇这样的大师级企业家和张维迎教授这样的理论界都有这样的困惑、无奈，那就充分说明我们的困惑是很正常的。而突破困惑的唯一途径，就是持续地前行。如王健林先生所说，只有坚持才能成功，“任何成功都是不断完善的过程，只有坚持才能达到”。㊂

㊀ 杰克·韦尔奇、约翰·拜恩：《杰克·韦尔奇自传》，中信出版社，2001 年 10 月，第 5 页。
㊁ 岑科、傅小勇、邓新华：《张维迎寓言经济学》，上海人民出版社，2015 年 8 月，第 128 页。
㊂ 王健林：《万达哲学》，中信出版社，2015 年 1 月，第 17 页。

第 10 章

10

我给领导提意见，我给领导打打分

官僚文化的危害很大，它不仅会毁掉人与人之间的真诚，而且使公司的效率低下。官僚文化里只能使庸人得到满足，使官迷们如鱼得水，却不得使真正有才干、有实干精神的人脱颖而出。

——聂圣哲

一、民主管理，从“倾听”出发

近年来，位于苏州的德胜洋楼吸引了中国企业实践界乃至理论界的目光。德胜公司抓人眼球的地方很多，其中著名的一条就是“反对官僚主义”。公司创始人聂圣哲先生提出，要“彻底地反对公司官僚文化”。什么是官僚主义呢？他认为，当你有了权力时牛哄哄就是官僚文化；当你有权力对别人漠视就是官僚文化；当你有了权力对别人不尊重就是官僚文化；当你有很多事情不想亲自去做，就是官僚文化。如果不反对官僚文化，公司绝对会走向衰亡。

德胜公司提倡“精神贵族”，反对“管理贵族”。何为“管理贵族”？那些喜欢颐指气使地指挥别人做事，自己不愿意动手实干的管理者即为管理贵族。鉴于此，所有德胜新入职人员，无论是管理者还是普通员工，首先都必须在物业中心接受三个月的培训。培训结束后，劳动力达到合格标准的新员工才能转正。德胜希望通过这样的体力劳动，去除培训者身上的浮躁与傲气，养成扎扎实实、耐心细致的工作习惯和务实精神。德胜反对管理贵族的第二个表现体现在工牌上，所有管理人员的工牌上都有一句话：“我首先是一名出色的员工。”这时刻提醒每一位管理者不要以管理贵族自居，不要高高在上，要对每一个下属和平对待，对每一个员工的请求及时回复，踏实、认真地处理每一件事情。反对管理贵族的第三个表现是“代岗制”。在德胜公司，无论是建筑工地的总监、副总监，还是公司总部的各个部门经理，都要遵守代岗制。所谓代岗制，是指管理人员每月必须抽出至少一天时间来参加一线劳动，只有身体力行地参与了实践，才能做出合理的判断和决策。反对管理贵族的第四个表现是对干部的要求比普通职工更严格。在德胜公司，职位越高，越要精确按程序处理工作、办理事情，更要严格服从公司统筹安排和热情接受各个部门（或个人）的工作帮助与协调的请求。如果稍有怠慢和偏差，处罚将比普通职工严厉2~10倍。为了反对管理贵族，德胜还设立了督察部，督察部的监督人员拥有至高无上的监督权，任何人都不得抗拒督察官的监督和批评，这非常有效地保证了权力受

到制约。[㊀]

企业民主管理的历史较长，第二次世界大战以后，西方企业的民主管理得到了迅速发展，企业管理日益人性化，很多企业重视劳动者参加企业管理，比如欧洲企业中董事会和监事会中的职工代表制、日本企业实行工人自主管理小组制度等。我国企业民主管理制度的建立可以追溯到新中国成立初期，目前已经形成了比较完整的法律法规和制度规范。但在现实中，一些企业的民主管理制度流于形式，有的企业管理层将民主管理视为一种负担。

正如 IBM 公司创始人老托马斯·沃森先生坚持每一个员工用先生、小姐、太太来称呼他人，以此表示人人都值得尊重一样。德胜公司的反官僚主义之所以令人称道，关键是做得实。是的，不管是怎样的管理方式和管理方法，也不管是在怎样的体制中，任何管理举措最根本的保障，是一定要做得实！合肥供水一直秉持务实做管理的态度，所有传统和非传统的管理方式，都只有一个结果：实实在在做出效果！合肥供水结合自身特点倡导的两种民主管理活动“我给领导提意见”“我给领导打打分”也是这样的“实”！

我说个人的感受吧，作为中层来讲，大部分人心里肯定还是有点忐忑的，因为工作方式方法不一样。作为管理者，你难免要得罪人，特别是有些事情上面要求比较急，压力比较大的时候，可能你在情绪上也会比较急，或许有些方面无意中让员工感觉不舒服，我们心里其实是很忐忑的。作为员工来讲，“我给领导提意见”“我给领导打打分”其实是给了员工们一个通道，就是他可以观察自身生活工作等各个方面的需求，提出相关的建议。而作为公司来讲，也是一个发现人才的机会，因为员工提出的东西，如果很有创新性、很有价值，对于他自己也是一个很好的机会。

这是一位中层管理者谈到“我给领导提意见”“我给领导打打分”两项活动时说的话。实际上，这两项活动的确是在他说到的这些方面起到了作用。那么，在合肥供水，“我给领导提意见”“我给领导打打分”这样的做法是怎样提出来的？这样做的初衷又是什么？下面是来自合肥供水集团领导班子、部分中层干部和基层员工的真实声音：

方振：“我们每年有两个品牌活动很好，叫‘我给领导提意见’‘我给领导打打分’。每年都让员工有什么问题都可以说出来，这是出新、出主意的地方。我们不要搞一言堂，不能搞个人说了算。通过‘我给领导提意见’‘我给领导打打分’这两项活动，一方面，发现管理干部存在的问题，比如究竟是工作能力不行，还是工作方式不行；另一方面，我很重视员工的思想和想法，不是大事化小，小事化了，

㊀ 周志友：《德胜员工守则》，安徽人民出版社，2012 年 2 月。

而是把员工的苗头性、倾向性，做到能说服、能解释。这里很重要的一点就是，在一定程度上鼓励大家，主动去思考、观察问题。”

郭星：“这是董事长提出来的一个思路。这项工作的实质是什么呢？是我们更想了解员工的心声，我们工作中存在哪些员工不满意的地方，更多的是想了解这些东西。‘我给领导提意见’大部分是想了解员工的心声，你照填，匿名的。再有，我们也想看看自己的管理存在哪些问题和不足。员工提出一系列的问题和期望，等于是不断提醒我们整个企业的管理可能存在哪些问题。我觉得这是我们的本意，这是关心员工的一个手段。”

纪检监察室副主任王文生：“我觉得这两项活动是要给职工一个渠道，给民主发言增加一个渠道，能够面对面地了解职工的诉求和想法。”

安全保卫部部长吴薇补充说：“职工那么多，领导不可能做到面面俱到，通过这个渠道，使得领导能对员工的心声有一定的了解。”

生产运行部部长宋纲的话简洁明了：“就是接地气！”

法律审计部部长杨锋说得更为具体一些：“我感觉这个活动的目的是要集思广益。除了对管理的一些反映，还有一些意见及建议，以及一些创新思想。通过‘我给领导打打分’，一方面是测评管理层的领导能力，测评他在员工里面的威信程度；另一方面是收集各方面相关意见和建议，有没有哪些地方需要改进，这些收集上来的东西，还要汇总，上交党委会，逐步解决和反馈，整个是一条链。我们已经连续做了3年了。”

下面是我们员工对开展“我给领导打打分”活动初衷的看法：

小Y：“我觉得应该是领导想听取员工意见，员工的一些意见没有办法说出口，可以用这个办法来解决。”

小W：“我觉得这也是一种民主的体现吧，我们不光是一个上传的过程，还有一个从下面反馈的过程。这对于领导来说应该也是一种修正，可能自己的想法更要切合实际。我感觉有可能是在这样的一个情况下提出来的。”

小T：“这两项活动的初衷应该是想让我们多提一下员工对领导的看法，包括领导在工作中的举措，做得是否有效等这些事情。”

小L：“我觉得开展这个工作是有必要的，也是合理的。上传下达，或者说领导、高层了解基层的一些动态和想法，他不能每个单位都亲自去，但是可以通过这样的活动和方式倾听一线员工的心声。”

美国第28任总统伍德罗·威尔逊曾说过：“我们应该不仅仅使用自己的大脑，还要使用所有能借来的大脑。”[1]在日常管理中，合肥供水管理层也一直坚持这样的

[1] 阎剑平：《团队管理》，中国纺织出版社，2005年5月，第1页。

思想：在企业外部，要做好用户的“贴心小棉袄”，必须去扎扎实实地了解用户的需求；而在企业内部，要做好员工的管理，就必须认认真真地听取员工的意见、了解和把握他们的需求。因此，合肥供水的管理活动，一直立足于员工的各种诉求，畅通建议渠道，鼓励员工通过各种方式参与到企业管理中，为企业和个人成长建言献策。

从上面大家的谈话中，可以明显地发现一个词——心声，这是合肥供水做好管理工作的需要，也是领导做好员工的“贴心小棉袄”的前提。

二、“我给领导提意见”：听民意，集民智

2014年3月19日，合肥供水集团内网上发布了一个这样的通知，拉开了合肥供水集团合理化建议活动的大幕：

关于开展“我给领导提意见”活动的通知

发布人：［人力资源部（组织部）］金枝

有效日期：2014-03-19到2014-04-18

全体职工：

为深入开展党的群众路线教育实践活动，增强和发挥全体职工主人翁意识和民主监督作用，畅通信息沟通渠道，经研究决定，在全公司范围开展“我给领导提意见”活动。具体方案通知如下：

一、指导思想

“我给领导提意见”活动是集团公司全面贯彻落实党的群众路线教育实践活动的一个重要组成部分和关键环节。紧紧围绕党的群众路线教育实践活动的总体要求，以“反对四风”为主要内容，倾听民意、集中民智，问计于职工，问策于职工；转变作风、狠抓落实，永葆党员干部队伍的先进性和纯洁性。

二、活动安排

1、对象范围

（1）向集团公司领导提意见；

（2）向单位、部门领导（不局限本单位、部门）提意见。

2、具体内容

（1）对执行中央八项规定和省市委有关规定的意见建议；

（2）对反对形式主义、官僚主义、享乐主义和奢靡之风，落实“为民、务实、清廉”要求的意见建议；

（3）对进一步加强作风建设的意见建议；

（4）其他意见建议。

3、具体时间

2014 年 3 月 20 ~31 日

4、具体方式

（1）以党支部为单位，各党（总）支部合理组织、分别开展；3 月 31 日前，将活动开展情况及征集到的意见建议报集团公司活动办综合组（人力资源部）。

（2）集团公司专门设置电子邮箱，全体职工可以将意见建议发送电子邮箱 hfwaterqzlxjy@163.com（可实名，也可匿名）。集团公司活动办专人负责，及时整理汇总形成报告上报集团公司党的路线教育实践活动领导小组。

三、活动要求

一是高度重视、认真组织。各党（总）支部要高度重视、广泛宣传、认真组织，最大限度地发动和引导每一名职工积极参与、踊跃建言。

二是统一思想、消除顾虑。开展此次活动目的是为了倾听职工真实心声，决不“揪辫子、扣帽子”，希望全体员工消除思想顾虑，坚持实事求是的原则，大胆建言。

三是狠抓落实、及时反馈。针对收集到的意见建议，集团公司活动办将及时分析整理，并上报集团公司党的群众路线教育活动领导小组研究，及时整改、狠抓落实。

中共合肥供水集团有限公司委员会
党的群众路线教育活动领导小组办公室
2014 年 3 月 19 日

这项“通知”，就是“我给领导提意见”活动的开端，是在开展党的群众路线教育实践活动中，为了增强和发挥全体职工主人翁意识和民主监督作用、畅通信息沟通渠道而提出的。从“通知”中可以发现，“提意见”的对象包括集团公司领导及下属单位和部门管理者，具体内容包括：对执行“八项规定”和省市委有关规定的意见建议；对反对形式主义、官僚主义、享乐主义和奢靡之风，落实“为民、务实、清廉”要求的意见建议；对进一步加强作风建设的意见建议等。活动的具体操作方法如下：

第一步：由于是党的群众路线教育实践活动的一部分，所以此项活动以党支部为单位，由各党（总）支部组织、分别开展，按照集团规定的实践，收集员工各个方面的意见；

第二步：各党（总）支部开展活动、收集员工的意见后，要将活动开展情况以及征集到的意见建议报送到集团公司“活动办综合组”（人力资源部）；

第三步：为了避免员工不愿意出头、有顾虑或不希望本单位领导知道自己提的意见，集团公司专门设置了电子邮箱，并予以公布，任何员工都可以实名或匿名方式，将意见建议发送到邮箱中。

第四步：集团公司“活动办”由专人负责，及时将各单位上报的材料整理汇总，并形成报告上报公司“党的路线教育实践活动领导小组”；

第五步：在领导小组带领下，相关部门将收集上来的意见和建议做成内容摘要，标注意见来源，根据意见和建议的内容分配到相关部门，要求相关部门在一定时间内做出答复。为防止相关意见“石沉大海”，在发送通知时明确已解决和待解决的时限，不能解决的要说明未解决的原因。如此一来，“件件有落实，事事有回音”，才可得以实现。

由于坚持务实作风，真正将员工的意见落实到工作中，使得广大员工看在眼里，知道自己的意见没有白提，有的员工还因此受到了表彰和奖励。合肥供水集团《员工奖惩办法》中4.3.2规定“向集团公司提出合理化建议，被采纳并卓有成效的，应给予记功奖励，同时给予一定的物质奖励。”比如，在2015年的活动中，三欣公司孙刚结合天津管道学习考察的体会，提出了关于“三欣公司市场化调整方案构想”的建议，得到了大家的认可。为了鼓励自动自发的责任担当意识和主动作为的主人翁意识，经合肥供水集团2015年第21次党委会研究决定，决定给予孙刚记功奖励，同时给予1万元现金奖励。

2014年，“我给领导提意见”首战告捷。2015年，为了持续深入推进“三严三实”专题教育实践，教育引导广大党员干部加强党性修养，坚持实事求是，改进工作作风，切实解决公司经营管理工作中“不严不实”的问题，合肥供水集团开展了第二次“我给领导提意见”活动。此次活动中，“提意见”的对象与上次相同，具体内容包括：对践行“严以修身、严以用权、严于律己，谋事要实、创业要实、做人要实”基本的政治品格和做人准则的意见建议；对思想作风和工作作风中“不严不实”问题的意见建议；对“四风”遗留问题的意见建议等。2016年，为持续深入推进“两学一做”学习教育，教育引导广大党员干部加强党性修养，坚持实事求是，改进工作作风，进一步加强对广大党员干部的监督，经研究决定，在全公司范围开展“我给领导提意见”活动。

连续三年的“我给领导提意见”活动，是合肥供水集团全面贯彻落实党的群众路线教育实践活动、“三严三实”和“两学一做”学习教育的一个重要组成部分和关键环节。活动是从党组织的教育实践活动开始的，但合肥供水并没有将其局限在党员和党组织范围内，因为企业党组织工作的一个最核心的问题是，要解决企业经营管理方面的重大问题，要弘扬企业领导团队干事创业和廉洁自律的精神，要带领广大员工努力而持续地提升企业绩效。所以，连续三年，合肥供水用实际行动诠释了“贵在坚持”的精神，使得“我给领导提意见”活动成为公司管理的一个特色品牌，得到了上级、社会和员工的认可。同时，为了逐步引导广大员工更好地给出意见和建议、更好地征求员工意见建议，他们也在方式方法上持续改进、不断完善：

“前两年就是大家可以畅所欲言，这次（2016 年）列了一个提纲出来。比如在工作方面、成长方面或者在领导决策方面，还有员工生活方面有哪些困难，等等。”

从员工的访谈可以看出，前两年集团在这项活动上采用畅所欲言式，2017 年，采用“畅所欲言”与“积极引导”相结合的方式，从员工自身和集团角度引导员工更好地表达意见和建议。而随着活动的深入和方式方法地持续优化，活动对经营管理的促进作用也日益明显：

在合肥供水集团的工作中，客户服务中心负责接听用户来电的“热线”团队和区所现场作业的工作团队之间，往往会因为沟通不畅、相互不理解等产生一些小矛盾。在“我给领导提意见”活动中，为提升沟通效率、减少摩擦，提升为用户服务的效率，“热线”团队和区所进行沟通对接：

大家在一起活动一天，一个是工作上的交流，把公司的一些文件拿出来，大家一起学习，办一个小竞赛。然后大家在一起包饺子，并且开展一些活动，这样大家就相互熟悉了。那天结束的时候，（热线的）小姑娘们都觉得非常好，以后转单子就说这个是不是那个谁，感觉相处也很融洽了，能够互相体谅。

原来区所的同事感觉，热线员就是坐在房间里接电话，有什么难的？抗寒防冻时，电话太多了，公司抽调了很多人来帮忙，包括水厂里面的人。大家来接听热线电话后，才真实地感受到，热线员确实挺辛苦的。有时候，即便一个电话打半天，可能用户问题还是解决不了，就要不停地解释。通过交流，区所的同事说，“我们能体会到你们（热线工作）的辛苦”。

热线的同事去了区所回来讲，真的能够理解，区所的同事挺辛苦的。你看，夏天时我们在有空调的房里接电话，而他们的抢修车，三十六七度，一上去车子都是滚烫的。冬天我们在温暖的房间里接电话，他们在雨雪天里干活，雨水把裤子泡了，照样在外面跑。所以要想想，我们应该体谅人家。

通过几段简短却温暖的话，看出了“我给领导提意见”活动散发出的巨大能量。工作上的相互了解与理解、精神上的互相体谅与信任，让员工之间更“贴心”，而最终受益的是用户。

开展合理化建议活动，领导带队深入基层听取职工心声，对提升企业管理效率和效果具有积极意义。“如果员工知道自己的公司要坚持什么，自己该坚持什么样的标准，他们就更可能做出行动来支持这些标准，也更可能感到自己是组织的一个重要组成部分。他们之所以受到激励和鼓舞，是因为公司生活对他们来说富有意义。”[㊀]

㊀ 特伦斯·迪尔、艾伦·肯尼迪：《企业文化：企业生活中的礼仪与仪式》，中国人民大学出版社，2014 年 10 月，第 23 页。

“我给领导提意见”活动的持续开展，激发了员工参与民主管理的热情，让大家觉得自己受到了重视，也真正地参与到了企业管理过程中。美国心理学家亚伯拉罕·马斯洛在1943年提出需求层次理论，他认为自我实现是人的最高层次的需求。“我给领导提意见”活动在增强员工归属感的同时，使员工的自身价值得到一定程度的实现。连续三年开展“我给领导提意见”活动，也得到了员工的认可，访谈中员工们这样说：

员工A：觉得自己受到重视了。从员工层面，多提一些我们对领导（管理者）的看法，包括领导在工作中举措是否有效，其实挺重要的。为什么呢？我觉得我们是属于执行层面，相对更了解一线工作的真正情况，而领导的一些决策执行是否到位、存在什么问题，多听听大家的意见还是可行的。只有这样，公司的各项工作才能真正落到实处，而员工在工作中的一些想法也随时能够让领导知道，问题也能得到解决，大家感觉自己受重视，心里也很畅快。

员工B：参与这项活动最大的感受是，自身有一种存在感和参与感，我觉得这个活动真正体现了领导对员工的关心和对一些想法的重视。

员工C：这两个活动我每年都会参加，也都会提出自己的意见，感觉受到了重视。你提的一个事情，有相应的部门和领导对你的问题及时回复，很大程度上加深了我对企业的认同感，加深了对公司甚至未来的“参与感”，所以我觉得这个活动还是很有意义的。

员工D：不是说每个人的提议都要被采纳，但通过这项活动，我们关注的问题的确受到了领导的重视，并且在网上公布要采纳的意见然后进行调整。我们觉得领导非常重视我们的意见，这样的话，下一次的活动，我们也会更积极地参与。

由此看来，“我给领导提意见”活动能够鼓励员工提出意见和建议，既有利于营造和谐的企业环境，也可以对企业各部门之间的协作产生积极影响。活动过程中，大量征集员工的意见，去跟员工聊天、交谈，这其实就是一个很好的、很典型的企业文化建设过程。即便是只让员工发泄出内心的不满，也会收到很好的效果。可见，文化可以使他们成为勤快的员工，也可以使他们成为懒散的员工；可以使他们成为作风强硬的管理者，也可以使他们成为亲切友好的管理者；可以使他们成为团队成员，也可以使他们成为孤军奋战的个体。㊀

全球著名的管理咨询公司麦肯锡的创始人马文·鲍尔先生原本是一位律师。他在律师事务所处理企业破产和重组问题时发现，一家企业的破产往往并不是他们所

㊀ 特伦斯·迪尔、艾伦·肯尼迪：《企业文化：企业生活中的礼仪与仪式》，中国人民大学出版社，2014年10月，第18页。

在的行业或企业自身的经营有什么大问题，而在很大程度上是因为企业过多的层级关系阻碍，使企业领导者无法像一线员工那样接触到来自一线的真实信息。这些信息被一层层地屏蔽掉，往往导致领导人的决策脱离现实，企业的危机就慢慢降临了。因此，企业卓越管理的实践一再证明，公司领导能够常常深入基层，了解一线职工的真实工作环境和工作状态，倾听一线员工的真实声音，在管理中不做“隐士”，才能用“看得见的管理”来促进公司更好地发展。

汤姆·彼得斯和罗伯特·沃特曼在《追求卓越》一书中，引用了惠普研发部门主管多伊尔对“亲自参与”的管理风格的阐述：“一个部门自行拟定计划之后，管理者和上司就开始动起来，观察、衡量、给予意见和指导，这就是我们所谓‘走动式管理’。走出办公室，和人们谈话，员工会觉得你很容易亲近。最重要的是，他们会发现你愿意倾听他们的意见。”㊀

三、让听得见炮声的人来呼唤炮火

合肥供水集团连续三年开展“我给领导提意见”活动，通过多种渠道收集员工的意见和建议。2014 年是这项活动的开篇之年，集团共征集到涉及组织建设、制水生产、供水服务、工程建设、综合管理等 9 大类 167 条意见和建议。2015 年的数据达到 435 条，2016 年收到员工意见和建议 172 条。

在 2016 年的 172 条意见和建议中，有关制水和供水方面的有 11 条，服务方面的有 4 条，人力资源方面有 58 条，企业文化方面 7 条，党建监察方面 10 条，计划财务和品牌宣传各 6 条，安保后勤方面 12 条，对领导方式与风格提出意见的 11 条，人文关怀 13 条，经营管理方面 13 条，法律审计 3 条，其他方面建议 18 条。比如，有关供水管理与运营问题，大家提到了这些意见和建议，部分如下：

1. 建议集团公司能够安排专项资金对高耗能水泵进行改造，提高能效，降低能耗，保障居民用水。

2. 建议新装二级计量表，尽快采用超声波水表或流量计等可以实现数据实时传输的计量设备。

3. 建议领导重视管网规划和建设，随着合肥大建设进程，我们供水量已满足不了市民需求，每到夏季用水高峰时，有很多用户反映水小，严重影响居民生活。

4. 建议将森林大道上的紫蓬山加压站改为供水服务站，覆盖紫蓬山及附近区域，提高供水服务效率。

㊀ 汤姆·彼得斯、罗伯特·沃特曼：《追求卓越》，中信出版社，2009 年 11 月，第 239 页。

5. 建议集团公司加大对听漏新仪器方面的投入、使用。

在大力倡导“贴心小棉袄”服务理念的同时，公司员工也为更好地向用户提供服务提出了中肯的建议：

1. 区所职工在不违反“贴心小棉袄”服务标准的情况下，可拒绝用户提出的不合理要求，希望集团公司予以支持和肯定。

2. 新建小区报装项目进行设计时，建议将二级计量表、地表、户表、立管以及表前管道包含在内，用户报装后，便能一次性将二级计量表、地表、户表、立管以及表前管道的工程费用算出，简化流程，减少用户的跑办次数。

3. 新建小区报装流程较长，需求资料较多，建议代建项目，将整个业务的流程以及资料准备前置，在户表整体报装项目前期就将流程中的环节及资料进行一次性告知，在前期项目准备阶段就将资料准备齐，一次性送达，大大减少用户跑办次数，并避免了后期因资料不齐备而耽误项目进程的情况。

4. 建议集团公司建立“用户接待日”和“职工来访日”。

“我给领导提意见”活动，连续三年在“三严三实”主题教育实践和“两学一做”学习教育中不断总结改进。在2016年的活动中，合肥供水也听到了员工关于党建问题的意见和建议：

1. 始终坚持“以党建带团建”，开展系列特色团员活动，加强团干和团员青年互相交流，提高基层团员参与活动的积极性和主动性。

2. 对预备党员、入党积极分子进行考察应全面，考察政治思想素质是一方面，还要考察他们的道德素质与工作表现。同时对党员教育应努力做到形式多样化，让更多的党员走出去学习，请专家来讲课，接受教育，提高党员的思想素质，真正发挥党员的先锋模范作用。

3. 注重加强党员吃苦在前、享受在后的精神培养，成立党员先锋队，更好地带动群众。通过“两学一做”学习教育，董铺水源厂党支部在今后的工作中，要进一步强化和发挥党员的先锋模范带头作用，并持之以恒地发挥标杆作用。

4.“两学一做”专题学习开展中，各类培训学习也在如火如荼地开展着，取得了很好的成效，但也存在少数领导干部平时学习党规党纪的自觉性、主动性不强，系统性和深度不够。

5. 建议“两学一做”学习教育实践常态化进行，党员带头去解决难题，不能只做表面工作，敷衍了事，要做施工一线的主力军，为施工人员减轻工作压力。

人文关怀方面，员工提出了这样的想法：

1. 建议工会多开展一些舒缓职工心理压力、有助于身心保健的讲座及团队活动，给予员工更多的人文关怀，营造健康、快乐的工作氛围，调动员工工作积极性。

2. 考虑到天气的复杂性，建议集团公司给供水所一线员工配备一套既防寒又防雨的服装，保护员工的身体健康。

3. 逢年过节看望、慰问困难老党员、老职工是一项很好的举措，希望长期坚持，形成集团公司特色活动品牌。在排查困难老党员、老职工时，建议请工会或离退办协助摸排了解情况，对摸排出的那些目前没有归口单位的困难老党员、老职工，建议由公司党委动员或指定部分基层党支部予以慰问、帮扶。

4. 建议开辟出一个工会活动场地，成为职工固定的活动场所，以便工会组织开展相关活动，同时结合施工单位特点，适时制定适合施工单位的文化、体育活动。

5. 多关心职工业余文化生活，多组织开展一些如毅行、跑团等有意义的活动，丰富职工业余文化生活。

通过对 2016 年 172 条意见的汇总分析我们发现，人力资源方面的意见和建议是最多的，大约占总数的 30%。这里面涉及学习培训、岗位编制、薪酬补助，以及职业生涯等方面。其中，有关学习培训的建议呼声最高，部分如下：

1. 进一步加大一线员工参与培训的广度和深度，可持续开展如拓展训练等面向一线员工的培训活动。同时加大对各单位、部门层级培训的重视程度，形成以集团公司培训和单位、部门自训协调发展的分层级培训模式。

2. 建议组织员工去先进的水质监测站参观学习。

3. 针对基层工作人员组织多形式的学习培训，如开展基层通讯员培训，提高其宣传写作能力。

4. 建议加强对科级管理人员、班组长人员及团支部书记的培训、提高管理人员的管理水平。

5. 培训是员工的福利，近年来公司对中层干部培训较多，但是对普通员工培训较少，希望可以每年定期对普通员工进行培训，提高相应的工作技能。

6. 建议增加职工外出学习交流、旅游或拓展训练的机会。

7. 建议集团公司创造条件，组织优秀的班组长及以上管理人员外出参观学习、拓展视野。

8. 建议集团公司多组织一些技术骨干，去外地参观学习。互相交流，学习一些先进管理经验、先进技术。

9. 建议本单位组织员工到其他同类市场参观学习，开阔眼界，拓展思维。

10. 建议本单位定期组织员工参加相关专业培训，提高业务技能。

薪酬补助方面的建议如下：

1. 建议集团公司对新进的外省市地区没有住房的员工提供集体宿舍或租房补助。

2. 目前区所工作量越来越大，服务质量越来越高，加班值班超时比较多，希望提高一线员工的工资待遇。

3. 一线班组电话费用偏高，处理工单过程中，与用户电话联系频繁，建议提高通讯费。

4. 基层供水所中，综合服务岗（如管网管理科人员每天需进行户外作业，例如GPS测量验收、一站式服务勘查现场；综合科人员需进行材料采购领取、车辆维保等），且同时参与应急抢修与值班，无任何补助。建议适当考虑两科综合服务岗人员外勤补助。

5. 上三班人员值班费较低，建议给予上调。

下面是有关岗位编制的意见和建议：

1. 建议集团公司在核定水质管控部和水质检测中心部门职责及人员编制时，根据水检中心所承担的检测工作任务，为确保检测质量，建议适当增加人员编制，设立专门的采样岗位。

2. 建议建立检测人员内部轮岗制度，岗位和人员双向选择，增强检测人员技术水平。

3. 根据供水调度中心发展需要，进行人员配备。

4. 安全生产是第一要务，在未来的分公司模式下，安全工作更应该加强，建议配备一名安全部长（副科级），职员两人分别是专职电工一人、车辆管理人员一人。

5. 建议设立驾驶员专岗，专人专责。

6. 建议在区所层面成立“办公室”机构，负责各项党群、安全材料撰写及方案拟定、实施、监督、审核，同时固化窗口宣传。

下面两个小故事，分别发生在2015年、2016年“我给领导提意见”活动中：

新系统的建设和运行要同步走

吴玉松目前在公司质监站工作。2015年的“我给领导打打分”活动中，他提出一个建议，即建设工程管理手机终端系统时应该有相应的考核办法，使新系统建设后就马上能投入使用，避免二次开发。关于这次建议，他是这样说的：

“之前在活动中提过一些建议，也采纳了。这些建议可能跟我的工作性质关系比较大吧。我当时提的意见是，新系统的建设和运行要同步。因为我在工作中发现，我们的一些系统从建设起到投入使用的间隔时间比较长，有的甚至隔一年。一年后使用时，可能会发现今年的需求又变了，又要去改，既影响了效率，又浪费了资源。

所以我就提出来，新系统建设的时候，就要把相应的管理办法、考核办法尽快拿出来，立马配套。就是说，系统一建好就马上用起来，这样就避免了二次开发的成本。在‘同步’过程当中，如果有什么问题或新的需求，再进一步修改。我们今年（2016 年）的重点工作就包含了这一类的内容，只要进行系统建设，就必须同步把考核办法拿出来。因为建议被公司采纳，我很高兴！在这一过程中，我最大的感触就是，给领导提意见一定不是仅仅抱怨和发牢骚，你提出来一个问题，就一定要给一个相应的解决方案，这才是有意义、有价值的、有建设性的。其实注意一下就会发现，这个过程中领导也一直在引导着我们，不仅提问题，也要给解决方案。”

除了技术层面和宣传层面的建议，合肥供水集团的很多员工也都为集团的发展积极建言献策：

热线的王燕说：“上次提意见我也参与了，就是希望领导能够深入到我们工作的一线，多听听一线员工对工作的看法，因为我们是和用户打交道最多的。还有一点，部门之间互相多交流、多沟通，也是为了更好提升服务。所以，我们也希望领导能够走到我们一线里面，多体会一下我们的工作。”

数字办的吴铭说：“希望多给员工提供学习的机会。有时候同行业别的先进单位有好的做法，我觉得我们闭门造车也不行，应该多走出去。目前，公司普通员工学习的机会确实没有公司领导多。但从工作上来说，很多东西毕竟是我们自己在一线操作，我们也想有这个机会，跟别的企业和别的部门多交流。”

这些来自一线的声音和需求，是弥足珍贵的，是合肥供水集团管理工作的基本方向。经过连续三年的“我给领导提意见”活动，我们十分欣喜地发现了一个现象：如果说第一次开展活动时，员工的问题和建议更多提到与自身利益最接近的工作环境、排班制度等建议的话。那么，随着公司在活动中基于“以人为本”的理念，切实把员工的建议落在实处，并持续地改进和解决相关问题，在之后大家提出的问题中，与员工自身利益相关的问题在减少，越来越多的员工倾向于从公司发展的角度提出建议。

对于这样的现象，集团的态度是欣喜，但不是沾沾自喜。一方面，随着大家持续地提出相关意见和建议，公司在员工的切身利益关心方面的确有了不小的进步；另一方面，在持续地提建议过程中，随着意见被采纳和表彰力度的加大，广大员工的积极性和关注点的确更多趋向于从公司角度思考问题，并能提出实用的建议。但深入了解管理实践后知道，无论在员工的关爱方面还是鼓励员工多为公司发展建言献策方面，还有较大的差距。多年的实践证明，“我给领导提意见”是一项很好的活动，但这项活动也依然带给了大家一些思考：

比如，有哪些问题，是三次活动中员工们都提到的？这些问题存在的原因是什么？为什么一直未能很好地、彻底地得到解决？为什么此类问题会一直衍生出来？

又如，一年一度的活动虽然好，在活动的间歇期，员工就没有好的意见和建议了吗？如果有的话，他们会通过什么方式和路径来反映？员工在日常工作中“向上沟通”的渠道是畅通的吗？

再如，有一些问题，其实并不是关乎公司全局的“大问题”，而往往是在一个部门或一个单位就能够较好地解决的。那么，为什么这些问题不能在较小的范围内被解决，而会被提到公司层面上来？这反映了日常管理的什么问题？

最后，合肥供水集团希望员工提出的问题越来越有价值，也希望员工能够更多从公司角度而不仅从个人角度提出问题，也希望员工能在提出问题的同时提出解决方案。但问题是，怎样的培训和辅导机制能持续提升员工认识和认知问题的水平？需要做什么工作，才能把员工发现问题、分析问题和解决问题的能力持续地提高？在许多企业已经开始实现“平台化”转型过程中，是否可以从中得到一些启发，即员工发现的问题，不用再向上提交给公司；在好的机制的鼓励下，他们会自己发现问题，自己解决问题。

通过“我给领导提意见”活动，集团管理在一定程度上实现了“让听到炮声的人呼唤炮火”。但扪心自问，比起很多优秀企业，我们做得还有欠缺。比如，美国的丹纳公司有着非常成功的一套价值观体系，在美国同期总体工业生产率增长十分缓慢的时候，丹纳公司的生产能力在七年的时间里翻了一番。丹纳公司取得这个成绩不是依靠大量的投资，也不是依靠尖端的工程技术，更不是通过管理层强制推行的“加速”做法；相反，它依靠的是自己的员工，包括那些最基层的店面员工。公司的管理层反复强调，生产效率对公司成功的重要性。他们通过以下方式把这种价值观付诸行动：成立大量的特别任务小组并举办其他特殊活动；给员工提供促进生产率的实践机会；听取并采纳各种建议；持久、明确和频繁地对成功进行奖励。通过这些活动，丹纳公司的员工不再认为“效率由人创造”仅仅是个宣传口号。㊀

万达集团的王健林说过这样一句话：“人生追求的最高境界是精神追求，企业经营的最高层次是经营文化。”我们知道，当员工开始注重精神需求、企业开始重视“经营”文化时，这就是它最大的一个进步的表现，这是我们矢志不渝的追求。

四、件件有落实，事事有回音

“我给领导提意见”活动能够持续进行、能够得到员工的认同，关键在于公司对大家提出问题的重视和最终的“落实”。在汇总了所有问题后，合肥供水集团会

㊀ 特伦斯·迪尔、艾伦·肯尼迪：《企业文化：企业生活中的礼仪与仪式》，中国人民大学出版社，2014年10月，第26页。

制定详细的整改方案，明确整改责任和整改时限，开门整改，层层分解，做到件件有落实、事事有回音，真正把党组织教育活动及“我给领导提意见”活动的成效外化到公司的组织建设和作风建设上来，进一步提升和改进企业管理和发展水平。

谈到这一问题时，郭星说：“问题反映上来，有些事情我们可以给员工做一些解释，有的问题可能不会马上全部落实和解决，但我们会在向员工解释的基础上，在管理过程中慢慢调整和改进。当然，还有一些东西我们认为员工是不了解和不理解的，是因为缺少沟通造成的一些误会或信息不对称，那我们还会在合适的场合跟大家解释，或者公司领导在大会上和大家一起说说。如果传达不到员工，也要讲给中层干部，让中层干部传递下去。”

“能解决的要解决，不能解决的要逐条写出理由说明原因”，这是集团对待员工提出的意见和建议的方式。安全保卫部部长吴薇访谈时说：“所有建议都要进行反馈，基本上是汇总，汇总之后，就是普遍性的问题。从基层收集的意见，汇总分类以后，可能这个意见是涉及哪个职能部门牵头的工作，他会发到这个部门，让这个部门来做一个解释，就是说这个事情员工有意见，是不是有什么能够改进的，要求能解决的都要解决，全部反馈，然后做解释，不能解决，要写出理由，每一条在人力资源部都有备案。”

五、“我给领导打打分”：不唯分，不唯上，只唯实

2014 年 6 月，继“我给领导提意见”活动之后，为深入推进和巩固“我给领导提意见”活动及成果，不断丰富和创新集团公司党的群众路线教育实践活动的载体，根据合肥供水集团《人才队伍建设考核办法》《科职及以上管理人员后备人选管理办法》等规定，经研究决定，在全公司范围内开展“我给领导打打分”活动，对集团公司科职及以上管理人员进行民主评议，建立健全后备干部人才库。

2015 年，为了巩固党的群众路线教育活动成果，结合公司“两个坚持、两个反对、一个提升”的“221”指导思想，切实做好“要真的不要假的，要实的不要虚的”，真正实现“人际关系简单化”。经集团公司 2015 年 6 月 24 日党委会研究决定，在集团公司范围内继续开展“我给领导打打分”活动，广泛征求职工意见、建议，对集团公司副科职及以上管理人员进行民主评议，同时，进一步健全后备干部人才库。

2016 年，自“两学一做”学习教育开展以来，按照中央、省委、市委和市国资委党委的统一部署，合肥供水集团党委充分认识到开展“两学一做”学习教育的重大意义，将“两学一做”作为党建工作的龙头任务，尽好责、抓到位、见实效。在规定动作稳步推进的基础上，按照“要真的不要假的，要实的不要虚的”原则，由

领导班子带队，合肥供水集团深入开展了“两学一做”学习教育的特色活动——“我给领导打打分”。2015年，公司沿用2014年做法；2016年，公司沿用2014年、2015年基本方法，设立了“提前预告”“单独投票”“单独谈话”等环节，突显“上下衔接”部门之间的客观评价，在此基础上创新形式“一对一‘背对背’谈心谈话”。2016年的“我给领导打打分”活动，按照考核预告、领导动员、民主测评、民主推荐、一对一“背对背”谈心谈话五个步骤依次进行。

（1）提前发布考核预告，确保员工知晓率。考核前，由协调小组办公室给考核单位（部门）主要负责人发送考核预告，并要求考核单位、部门于考核前三天在公示栏张贴“考核预告”。“考核预告”清晰、明确说明考核开展的时间和内容，公布考核带队领导名单和联系电话，同时公布意见征集邮箱，鼓励员工通过各种方式提出意见建议。确保全员知晓考核的时间、方式、程序，同时为员工提供充分的思考和酝酿时间，多平台、多载体、多方式畅通员工诉求通道，确保考核能将员工反响强烈、职工关注度高的意见、建议收集上来。

（2）带队领导广泛动员，充分调动全员参与的积极性。活动之前，以公司领导班子党建工作联系点为基础，由组织部协调安排，在活动开始前由带队领导进行动员讲话，进一步破除广大员工的思想顾虑，提高职工的思想重视程度，充分调动大家参与的积极性和主动性，本着对公司高度负责的态度实事求是、客观公正地行使自身权利，提出个人想法和建议。党委书记、董事长方振在2014年的一次会议上谈到“我给领导打打分”时，还与大家分享过这样一句话：“企业是锅，员工是水，干部是米，工作热情是火，领导是勺子，不断搅动，才能交流融合。”

（3）量化考核指标，广泛开展民主评议。由公司组织部（人力资源部）牵头，量化考核指标，科学制定了《中层管理人员民主测评表》《科职管理人员民主测评表》《服务对象民主测评表》。根据不同岗位的员工，准确设定不同的测评对象，对集团公司全部副科职及以上管理人员客观、精确地进行民主测评。测评时，3~5人一组在独立的办公室填写测评表，其他人员在会议室等候，测评小组成员现场监督。民主测评设投票箱进行单独投票，过程中采取无记名打分的方式，分小组、划区域完成测评，测评人员之间、测评人员与候测评人员互不干扰，一组测评结束后将测评表投入投票箱，另一组依次进行，充分保证员工测评的私密性和测评结果的公正性。

（4）打破框框、择优推荐，民主推荐、重绩遵廉。近年来，合肥供水十分注重通过绩效考核ABCD工作法将优秀的、能干事的、踏踏实实的和富有激情的同事突出来，形成以管理和工作能力为标准的用人导向。在民主测评中，广大员工充分考虑被推荐人的工作实绩，以及他们在党风廉政建设中的表现，择优推荐后备干部人选。

原总经济师的郑伟萍说：

“后备干部的推选都是背靠背，被推选上来的应该说都是有群众基础的。我们推后备干部不像原来，都是需要的时候，领导才去考核，如果没有什么太大变动的话，员工也知道领导来了就考核打分。现在的这个‘推’，是在单位中寻找，没有指向性的，就让你推你们觉得谁不错，就是这样推上来的。而且我们下去打推荐表的时候都是五个人一组，其实像这个位置最多坐三个人，五个人一组上来推，推过以后表投到箱子里面，我们是这样做的。现在推上来的群众基础各方面都比较好，推上来的在一年当中使用的时候是优先考虑的。如果这个地方缺干部，优先考虑他们。”

（5）一对一“背靠背”谈心谈话，倾听员工最深层次的声音。考核最后，由带队领导与科职及以上管理人员进行一对一“背靠背”谈心谈话，由考核工作组与班长及员工代表谈话。通过谈话，充分了解现有管理人员及广大员工的工作能力和水平，同时最大程度收集员工从企业管理、流程优化、员工教育等方面的合理化意见和建议，为下一步“两学一做”学习教育的深入开展奠定坚实基础。

2016 年打分活动的量化指标，从德（20 分）、能（20 分）、勤（10 分）、绩（30 分）、廉（20 分）五个方面设计。其中，“德”包括理想信念、理论素养、大局意识、原则性等，以及知人善任、处事公道、作风民主等，各占 10 分；“能”包括组织领导、协调计划决策能力、开拓创新能力，以及业务知识掌握运用、调研综合分析等，各占 10 分；“勤”表现在工作作风勤奋、敬业等方面，占 10 分；“绩”包括完成工作的数量、质量，以及工作效率和工作总体绩效等，各占 15 分；“廉”包括清正廉洁、遵纪守法、执行规章制度情况等，占 20 分。除了打分之外，还有一个“工作中存在突出问题的民主评议”活动，下面两个表格就是两家单位员工对管理干部的评议情况：

2016 年对管理干部的评议情况

存在问题的选项	勾选票数	占　比
执行《员工考勤制度》《绩效考核办法》等制度不严格	1	4%
任人唯亲，抄表地点、数量不均	2	8%
不关心员工	1	4%
绩效考核不公	1	4%

2016 年第二家下属单位对管理干部的评议情况

存在问题的选项	勾选票数	占　比
执行《员工考勤制度》《绩效考核办法》等制度不严格	3	5.77%

任人唯亲，抄表地点、数量不均	4	7.69%
工作方式、方法粗暴	1	1.92%
不关心员工	4	7.69%
绩效考核不公	7	13.46%
存在“吃拿卡要”现象	1	1.92%

值得一提的是，在2016年“我给领导打打分”中，参与测评的109位中层管理人员平均分数在95.24，最高分100分，最低分79.18分；参与测评的169位科职管理人员平均分数为92.80，其中最高分100分，最低分72.24分；参与测评的110位服务对象平均分数为95.55，最高分为98.09分，最低分是94.06分。从这个数据中我们可以得知，中层管理人员之间、科职管理人员之间的分数存在一定差距，但整体形势向好。通过这项活动，让公司及时、准确地了解中层与科职管理人员在日常工作中的表现，听取职工意见和建议，督促一些在工作作风和工作方式上需要改进的管理人员做出调整，切实做到“不唯分，不唯上，只唯实”。

2016年“我给领导打打分”活动分数情况一览表

民主测评对象	总计（位）	95分及以上	90分及以上	85分及以上	85分以下
中层管理人员	109	64	36	7	2
科职管理人员	169	56	73	33	7
服务对象	110	79	31	0	0

与一般单位干部考核与评价不同的是，“我给领导打打分”活动还一定会伴随着与考评单位的管理人员和员工的一对一“背靠背”的谈心谈话活动，通过谈心谈话，倾听员工最真实的声音。谈话内容为：听取对集团公司领导班子及成员的意见和建议，听取对本单位、部门班子及成员的意见和建议，听取对服务对象的意见和建议，听取职工平时不敢讲、不愿讲的心里话、真心话。考核最后，由带队领导与科职及以上管理人员进行一对一“背靠背”谈心谈话，由考核工作组与班长及员工代表谈话。通过谈话充分了解现有管理人员及广大员工的工作能力和水平，同时最大程度收集员工从企业管理、流程优化、员工教育等各方面的合理化意见和建议。

这样的活动，与“我给领导提意见”一样，会面对面地、更为深入和透彻地了解到员工的需求和心声。2016年的活动中，公司成立了10组以领导班子成员为组长的考核组，46个单位（部门）全覆盖考核，在与员工的谈心谈话中共收集到意见和建议266条。比如，以方振为带队领导，王冠军、邵行红为小组成员的第一组到水质检测中心、万安监理公司，与管理人员和职工进行沟通和交流，听取大家对工作生活和公司的意见和建议。下面是他们与水质检测中心的同事谈心谈话时听取的部分意见和建议：

1. 集团公司大方向比较明确，体现在水质检测中心工作中，希望在下一步独立核算之后，能进一步发挥员工特别是年轻员工的积极性和主动性，依靠先进的检测设备、仪器，研究有益于集团水质管理的新课题，从当前重复繁重的日常检测项目中解放出来。

2. 新进的研究生和博士，理论知识水平很高，专业操作上手很快，希望到水厂的岗位锻炼实习，尽快提高实操水平。

3. 用户办事流程还是较为繁琐，建议在“一站式”服务建设过程中，不要只为完善流程而编订制度，应由相关部门（直接牵头部门）与用户面对面对接，查摆节点，精简流程。

4. 建议进一步明确各业务单位的“边界”职责，目前个别部门还存在“本位主义”现象，不敢担责、遇事推诿，倒查追究之后，不查找自身问题，对推动企业发展害处很大。

5.《绩效考核办法》的出发点很好，鼓励先进很好，但在鼓励先进的同时，还要求互评出C级、D级员工，因不在同一科室，难以避免会存在“人情分”；而且，存在“做得越多、错的可能性越大，评为C级、D级的机会也会更大”，建议公司修订C级、D级的评价指导办法。

总工程师高和气带队到某单位，大家反映的情况如下：

1. 集团公司越来越好，职工体检做得很好，尊重老员工，事情摆在桌面，打分很细，职工一致支持。

2. 工资不高，发放时间不准时；降温费太低；劳务派遣干得好的，能否转为正式工？内勤员工不参加星级员工评定，没有外勤补助。

3. 远传表劳动量非常大，公司应成立自己的维护队伍，掌握核心技术。

4. 输卡工作量大，主要是电话量大，用户查户号、查底数，建议增加人。

5. 抄表人员请假、报工伤、生孩子等手续，每个月要跑一次，都是家里人在跑，公司能否安排专人做这些事情。

如同“我给领导提意见”活动一样，通过对谈话内容的整理、汇总，将员工反响强烈、关注度高的问题收集起来，制定详细的整改方案，明确整改责任和整改时限，层层分解落实。

从理论上看，员工建言行为是企业组织行为研究的重要领域。最早进行建言行为研究的学者，是阿尔伯特·O·赫希曼先生。他认为，员工在工作场所一般会采取两种方式来发泄自己对组织的“不满”：一种是离职或换岗，一种是建言行为。

所谓“建言行为”，就是通过向管理者表达自己的意见和建议的方式，试图改变自身或工作环境的现状。从工作实践看，与离职或换岗相比，建言行为更多是一种积极的、试图从根本上解决现实困境的方式，而不仅是离职、换岗等消极逃避行为。[㊀]这样的行为，其实既有利于企业，也有利于员工个人。因为与其他行为相比，建言是建设性的且主动的行为。

六、能者上，庸者下，平者让

“百分之百回馈!”提及员工在谈心谈话中提出的意见和建议是否都能得到反馈时，党委副书记、总经理、董事郭星这样说道。

不仅是谈心谈话的意见和建议 100% 反馈，在“我给领导打打分”活动中，合肥供水集团始终坚持“能者上、庸者下、平者让”的态度，敢于动真碰硬。在测评之后，对测评得分较低、群众反映不好的管理人员，领导班子保持高度警觉；同时我们也坚持“不唯分”，一般会成立由纪委书记、人事工作分管领导带队的调查组，深入一线，分别从员工、班组长、科职和中层管理人员四个层级进行组织谈话。

“所有人都打分，打上来我们得算比例。如果 30% 的人反映你有问题，你可能就有麻烦了，我们要找你谈话的。10% ~20%，我们认为是合理范围之内，因为一个团队 80% 的人给你打了优秀的话，说明你的工作能力还是挺强的，80% 的人都拥护你。如果超过 30% 甚至到 40%，将近一半的人认为你不优秀的话，我们就认为你有问题，然后我们就会去这个部门聊聊天。”一位领导解释说。

比如，在 2014 年“我给领导打打分”活动中，员工普遍反映某供水所某科职干部问题较多、口碑较差，打分结果也不尽如人意。合肥供水集团就立即着手调查，调查后发现情况属实，于是毫不犹豫地原地免职，撤销其科职岗位和待遇，使其做回普通员工。还有一种情况就是，从打分和谈心谈话中了解到，有的中层干部不适合当前岗位的现象，合肥供水会酌情对其进行岗位调整，以鼓励其工作干劲。当然，也会有因为敢于管理、敢于面对不正之风而“得罪人”，分数过低的领导干部。这样的干部，经过调查后如果情况属实，合肥供水集团就会给予重用。比如，某供水所有一位科职干部，工作认真，敢于得罪人，不搞好人主义，结果测评中得分较低。经过党委专门组织调查后，对该名同志给予重用。

目前，“我给领导打打分”活动已经成为合肥供水集团的一项特色品牌，每年

㊀ 严丹:《辱虐管理对员工建言行为影响的实证研究》，经济科学出版社，2014 年 3 月，第 16 页。

开展。这项活动的测评结果，为公司在选人和用人方面提供了连续的数据和科学依据，有利于合肥供水集团持续观察和评价中层管理干部的工作状态。

除了强化对现岗管理者的督导，“我给领导打打分”活动还有一个重要的功能，就是进一步加大了选拔管理人员的工作力度，拓宽选人用人渠道，提高选人用人公信度，帮助集团设立了“后备人才库”，建立健全后备干部人才梯队。当然，对后备人才的考察也是持续的，由于有连续动态的测评与考察过程，进入了“人才库”不一定就被任用提拔；暂时没有进入“人才库”也不意味着没有提拔的机会，对储备干部的动态与常态化管理，形成了“比马赛马不相马”的竞争机制。比如，2016年“我给领导打打分”活动圆满完成汇报，集团于9月份公布了“合肥供水集团管理人员后备人选公示”，其中中层正职管理人员后备人选9人、中层副职管理人员后备人选39人、科职管理人员后备人选65人。在后备干部选拔的规则方面，集团强调，既“按照《科职及以上管理人员后备人选管理办法》”，又“依据职工民主推荐与民主评议、‘一对一’谈话推荐、2015年度及2016年1~7月ABCD绩效考核等级等内容,”，同时还不简单以票取人，而是“结合平时工作中敢于‘坚持原则、敢于碰硬’的实际表现”。

第 11 章

11

头悬一把剑，背后一双眼

权力产生腐败，绝对的权力产生绝对的腐败。

——阿克顿勋爵

一、把谁关在笼子里

“把权力关在笼子里”是廉洁建设的一个核心思想。而这一过程中，如何对待权力和制度之间的关系，即如何实现用制度的笼子来约束权力是一个关键；另一个关键问题是，按照古希腊思想家亚里士多德的主张“人间相依仗而又相互限制，谁都不得任性行事”，那么，首先需要约束“谁”的权力?

“一个单位风气好坏，主要领导应该负主要责任，这是一个核心问题，上行下效！所以，为什么我把党风廉洁建设看得比什么都重要，大会小会都提倡，就是希望从我做起。在具体管理过程中，我还喜欢用案例、用具体的事例来说事。”提到廉洁问题，方振这样说。

从理论上讲，许多个体拥有个人的文化、哲学或宗教信仰，并试图在与他人的交往中予以实现。我们把这些愿望、偏爱和态度，尤其是涉及文化、哲学或宗教的信仰，称为“个人戒律”。个人经常在他们个人戒律的影响下做出决定，这是戒律最大的一部分功效。有一些人，他们的个人戒律是强有力的，会始终支配着他们的决策行为，他们往往以严格约束的方式来行动，而且看上去坚定不移。[㊀]在合肥供水集团，我们就是希望领导层拥有这样的“个人戒律”，并且能够延伸到企业的经营管理活动中。

基于这样的思路，在合肥供水，廉洁建设首先是从约束党委书记、董事长及高层管理者的权力开始的。领导班子带头学习中央、省市和国资委文件精神，用实际行动贯彻落实《国有企业领导人员廉洁从业若干规定》《国有企业负责人职务消费行为监督暂行办法》《合肥市国有企业领导人员廉洁从业九条禁令》及供水集团关于“三重一大”决策、党务公开、企务公开等系列文件制度。在工作实践中，供水集团严格坚持问题导向，从权力集中的重点领域、重点岗位和重点环节入手，多措并举，排查廉政风险点，梳理职责流程，摸清权力底数。

㊀ 托马斯·唐纳森、托马斯·邓菲：《有约束力的关系：对企业伦理学的一种社会契约论的研究》，上海社会科学院出版社，2001年12月，第46－47页。

比如，凡是涉及干部人事任免、重大工作部署、资金审批使用等重大事项，都按照“集体领导、民主集中、个别酝酿、会议决定”的方针，由党委会、总经理办公会和资金调度会集体研究决定。主要领导不直接分管人、财、物、项目等具体事务制度和“末位表态制”，形成了“副职分管、正职监管、集体领导、民主决策”的工作格局。合肥供水规定，所有重大事项全部上会讨论，公开表态决策，杜绝“一言堂”和“暗箱操作”。主要领导人在会上多次做承诺，“自己的亲朋好友一概不参加招投标和工程建设项目，鼓励有奖投诉”。同时，合肥供水集团创新实施了《合肥供水集团拟提拔、拟调整至重点岗位人员考察对象及配偶、子女财产报告制度》，使关口前移，严把廉洁从业关。

又如，合肥供水规定，材料供应商及施工建设方等业务单位来人，禁止在领导办公室接待，一律在公共接待室接待。办公区域楼梯过道全部安装摄像头，24 小时监控。领导干部家里的婚丧嫁娶事宜，严禁邀请管理和服务对象以及本单位员工参加，严禁接受可能影响公正执行公务的礼金红包、礼品等财物。领导干部不准收受直接管理和服务的对象、主管范围内下属单位和个人、其他与行使职权有关系的单位和个人、外商、私营企业主的红包、礼金。因为各种原因没能拒收的，必须在规定时间内登记上交，逾期不交的，要追究责任。领导干部的配偶、子女，因为领导干部的工作关系收受红包、礼金的，要追究领导干部本人的纪律责任。

利用纪委和监事会合法权力发挥监督作用，使其成为廉洁建设尤其是监督高管层权力的重要手段，也是集团在廉洁建设中的一个尝试。“监事会是对董事会和总经理办事会的议题进行审核；纪委会，是对党委会的议题进行复核。这是我们董事长主动作为的，坚持一定要接受监督，一定要纪委等监督部门监督。所以这块工作，我们一直坚持在做。”“另外，自 2012 年 12 月开始的以‘提升优质服务、提高廉洁风险防控能力’为主题的大讨论活动，以及‘我给领导提意见’‘我给领导打打分’等系列品牌活动，都发挥了群众监督的作用，有效控制了腐败现象的滋生和蔓延。”纪检监察室的一位干部说。

廉洁建设首先从高管领导层的自身约束开始。而在这一过程中，我们一直所追求的，不仅是高层管理者们的道德修养，更是注重从制度设计层面，把人的权力和欲望一起“关在笼子里”。合肥供水十分重视管理层的道德修养问题，通过各种方法加以持续提升，与此同时也认为，道德往往难以全面约束，因此更相信通过外部约束来达到提升伦理行为的目的。正如亚当 · 斯密先生所说，仁慈（美德）总是不受约束的，不能以力相逼。而另外一种美德，对它的尊奉并不取决于我们自己的意愿，它可以通过压力迫使人们遵守，谁违背它就会招致愤恨，从而受到惩罚，

这种美德就是正义。[㊀]

基于此，合肥供水集团规定所有重大事项，全部上会讨论，公开表态决策，杜绝“一言堂”和“暗箱操作”。其中，“建立合肥供水特色议事决策体系”和发布与实施《合肥供水集团领导权力、责任、负面清单》是两个重要举措。

2015年7月22日，供水集团发布《关于进一步规范决策议事管理体系的通知》，按照“明责确权、相互监督、集体决策、规范运行”的基本要求，结合《党委会议事规则》《董事会议事规则》《书记办公会议事规则》《总经理办公会议事规则》《监事会议事规则》《纪委会议事规则》《职代会议事规则》等议事规则和议事程序，进一步规范合肥供水集团决策议事管理体系，全面梳理了公司党委会、董事会、职代会、纪委全体会议、监事会、总经理办公会、月度工作例会、资金调度会、审图会、专题会等15个会议间的相互关系。结合企业法人治理结构、会议性质、决策机构、决策事项等，将会议划分为：

（1）决策类：党委会（书记碰头会、书记办公会）、董事会、职工代表大会、供水工程审查领导小组会议（供水工程审查领导小组办公室会议）等。

（2）经营管理类：总经理办公会、月度工作例会、资金调度会等。

（3）监督类：纪委全体会议、监事会等；

（4）专题类：精神文明建设委员会全体会议、安全生产委员会全体会议、标准化委员会全体会议、专题会等。

这一制度对企业管理者的“约束”作用，可以体现在这样几方面：一是划清了领导权力与责任的分配层级和范围，全面梳理归类，形成决策管理集体研究、业务工作分级审批的权力清单体系，重点明确对人、财、物的审批权限，规范权力运行；二是明确了“能”与“不能”的界限，合理界定审批范围，明确每位领导签字有效与无效的范围；是按照国家法律法规要求，在梳理现有审批流程的基础上，结合领导班子分工，在法定或职务权力、“三重一大”事项决策权、生产经营事项审批权等方面进行了明确。

同时，为了厘清会议之间的关系，强化对权力的制约，制度规定，监事会对提请董事会、总经理办公会审议议题的合法合规性进行审查，对董事会、总经理办公会形成的决议及执行情况进行监督检查；董事长、监事会对董事会、总经理办公会决议拥有否决权；监事会对月度工作例会、资金调度会形成的决议及执行情况进行监督检查；纪委全体会议情况向党委和市国资委纪委报告；安全生产委员会全体会议、标准化委员会全体会议的重大事项向董事会报告；精神文明建设委员会全体会议向公司党委报告；专题会研究形成成熟方案后提请董事会或总经理办公会研究。

㊀ 亚当·斯密：《道德情操论》，商务印书馆，1997年11月，第96－98页。

这些措施，进一步明确并规范各项会议议事内容和议事流程，搭建了权力制衡机制，创新建立具有合肥供水特色的议事决策体系。

为健全现代企业管理制度，实现对权力运行的有效监督和约束，营造“人际关系简单化”“把权力关进制度的笼子里”的良性企业政治环境，2016 年 7 月 6 日，合肥供水集团围绕“两个坚持、两个反对、一个提升”的“221”指导思想和“标准化、模块化、简单化、信息化”建设目标，编制并发布了《供水集团领导权力、责任、负面清单》。

“清单”依据中央、省、市和市国资委等有关方针、政策、制度等文件精神，结合领导班子分工，从顶层设计入手，理清了党政班子成员与行政班子成员的权力、责任与负面清单列表，对企业经营管理决策事项尤其是“三重一大”事项的审批权限作了具体的规范性要求，包括：（1）企业发展战略规划；（2）企业组织机构设置、人员编制等“三定”事项；（3）企业员工招聘、录用与配置、选拔任用事项；（4）“三重一大”事项：重大问题决策、重要人事任免、重大项目投资决策、大额资金使用；（5）党建、生产经营及预算等年度计划及调整；（6）工程建设及造价变更事项等，“未经书记办公会、党委会、董事会、总经理办公会、供水工程审图委员会会议、资金调度会等集体研究，不得以领导个人名义履行（签字无效）”，强化了对权力的监督与约束，实现权力与责任对等、负面与风险等级提醒、防控与监督全覆盖，形成权力制衡、相互监督的互动机制，旨在持续推进企业管理简政、放权、明责，助推“可复制的”、具有合肥供水特色的供水管理新模式建立。此次清单的发布进一步明晰了行使权力的法律与制度依据，切实做到“所有权力进清单，清单之外无权力”，有效防止监管缺位、错位和越位，真正增强管理的内生动力。

下面看看董事长（法定代表人）的三个“清单”的内容：

第一，董事长权力清单包括法定或职务权力（如主持集团公司全面工作等）、重大事项决策领导权（如企业发展战略规划等）、生产经营工作批准权（包括人力资源事项等）及其他规定权力，其中对于“重大事项决策领导权”特别申明，“未经董事会等集体研究，不得以领导个人名义履行（签字无效）”。

第二，董事长责任清单包括：（1）接受上级组织、出资人等领导，落实各项决议；（2）遵守法律法规和集团公司章程，执行党委会、董事会决议，依法维护集团公司利益和出资人合法权益；（3）不得自营或为他人经营与集团公司同类业务等损害集团公司利益的各项活动；（4）未经董事会同意，不得与本公司订立合同或者进行交易；（5）不得泄露集团公司商业秘密，不得利用职权为自己或他人谋取本应属于集团公司的商业机会；（6）不得挪用集团公司资金，不得以个人或他人名义开立账户存储集团公司资金；（7）未经董事会同意，不得将集团公司资金借贷给他人或者以集团公司财产为他人提供担保；（8）不得接受他人与集团公司交易的佣金归为己有；（9）按规定向出资人提供集团公司重大决策、重大财务事项及资产状况报告；（10）接受监事会、职代会对其履行职责的合法监督和合理建议；（11）严格执行党风廉洁建设各项规定，管好自己、亲属及身边工作人员，自觉接受监督；（12）依法承担其他责任。

第三，董事长的负面清单包括：（1）利用职权和职务上的影响谋取不正当利益；（2）不按规定对工程建设项目、重大物资采购实施公开招标投标；（3）擅自委托资产评估，不按规定进行资产评估及评估备案；（4）私自从事营利性活动，通过同业经营或关联交易谋取私益；（5）利用企业上市或上市公司并购、重组、定向增发等内幕信息谋取利益；（6）擅自决定投资、产权转让、融资、担保、拆借资金、捐赠、赞助；（7）违规持股，组织职工集资、对外投资；（8）在年薪制外领取各种名义的过节费、补贴和奖金；（9）违规进人，个人决定领导人员、高管选拔任用；（10）其他国家法律、法规禁止的行为。

在企业主要领导人通过制定各种制度，将自身的权力“关起来”之后，合肥供水集团还力图尝试通过制度设计，把一把手由“被监督者”变成“监督者”。

廉洁和腐败问题的产生多由权力失去监督和控制引起，经济学用“委托—代理”理论来分析和解决这一问题。在委托—代理的关系中，委托人追求自己的经济利益最大化，代理人追求自己的工资津贴收入、消费和闲暇时间最大化，由此产生了不对称信息下代理人“逆向选择”和“道德风险”问题。

国有企业的出资人是国有资本，国有资本的初始委托人是全体公民，且经过层层代理。作为提供刚需公共产品的垄断性国有企业，与其他竞争性国有企业相比，供水企业更容易因“委托人缺位”和“信息不对称”而产生腐败问题。但在合肥供水集团，主要领导在外部接受所有监督的同时，在企业内部通过一系列制度安排，将自己从“代理人”（被监督者）变为了“委托人”（监督者），从而很好地解决了国有企业“委托人”缺位（企业一把手成为代表政府的“委托人”）和信息不对称（企业一把手了解企业的全部真实信息）的问题。根据委托—代理理论，这是合肥供水集团廉洁建设能取得优秀成果的根本原因。

当然，把自己“从被监督者变为监督者”，意味着放弃了利用“缺位”和“信息不对称”为自己谋求“利益”的机会，甚至意味着强制他人放弃相应的机会。这不仅需要有高尚的情操、清正廉明的风格，还需要有巨大的勇气与魄力。合肥供水集团一把手及高管团队用清廉和能力，摆脱了人与人之间的“纠缠”，营造了企业的清廉之风，在一定程度上破解了国企的“委托—代理”难题。

“要防止败德行为的发生，必须依靠制度。作为国有企业，这么多事情，不能一个人就全部说了算的。我们所有的事情包括招标、进人，全部按照制度办，公开透明，一定要靠制度来约束，不能是哪一个领导或部门有权来做这个事情。”供水集团党委副书记、监事会主席、纪委书记亢冬说。实际上，社会秩序中的文化与制度，原本就是相互促进的，即任何制度的制定和实施，都是价值观选择的结果，制度差异的背后，一定是价值观选择的不同；同时，制度的实施及其结果，将直接引发被约束者的思维模式和行为模式的改变，从而形成新的文化取向。

二、明晰“两个责任”，强化纪委和监事会的监督职能

对“法律面前人人平等”的向往是人类古老的愿望之一。著名法官奥利佛·温德尔·霍姆斯曾说，我挥动手臂的自由，止于另一个人的鼻子前。因为人是社会的人，如果想保留所有人的自由，则每一个人行动的自由必须受到限制。但是，由谁来决定这些限制的内容，需要依靠法律制度。[㊀]在合肥供水集团，他们通过充分发挥纪委和监事会的监督监察职能来约束管理层的“自由”。

为了进一步落实党风廉洁建设中的“两个责任”，即党委主体责任和纪委监督责任，扎扎实实地推进合肥供水的党风廉洁建设和反腐败工作，合肥供水制定实施了《合肥供水集团落实党风廉洁建设党委主体责任和纪委监督责任实施办法》，不断创新党风廉洁建设和反腐败工作。在明晰了领导班子的责任、主要负责人的责任、班子其他成员的责任等“党委主体责任”之后，重点结合集团情况规范了纪委监督责任，包括加强组织协调、维护党的纪律、深化作风督查、严肃查办案件、强化纪检监督、推进反腐倡廉制度建设及加强宣传教育等层面。

从表面上看，党风廉洁是纪检部门的工作，其实这几年供水集团党委在这方面作用非常大。党风廉洁建设，党委书记是第一责任人，党委是责任主体。所以这几年党委研究党风廉洁建设比较多，而且抓问题、抓隐患、抓苗头、抓线索也投入了大量的时间和精力，包括有的是党委会专门研究的议题，来研究党风廉洁工作。

为了强化“两个责任”推进廉洁建设，合肥供水集团成立了由党委书记、董事长任第一组长，党委副书记、总经理、董事任组长，领导班子成员任副组长，各单位、部门主要负责人为成员的廉洁建设工作领导小组，领导供水集团廉洁建设工作的开展，发扬民主集中讨论，不定期深化工作细节，为廉洁建设工作提供了坚强的组织保障；每年年初专题研究党风廉洁建设和反腐败工作，狠抓党风廉洁建设落实和考核工作，坚持做到党风廉洁建设和反腐败工作年初有部署、季度有安排、半年有检查、年终有总结考核，全面引领党风廉洁建设工作；加强对党委领导班子和党支部进行量化考核，按照“一岗双责”和“谁主管谁负责”的原则督促党员干部认

㊀ 迈克尔·G罗斯金等：《政治科学》，华夏出版社，2001年1月，第343页。

真履行责任；党委每年通报一次党风廉洁建设主体责任和监督责任落实情况，在年末的党支部考核中要听取专题汇报，并组织力量定期、不定期开展督查，发现问题及时纠正。

在制度建设方面，处处构建制度网，制定了《党委会议事规则》《总经理办公会议事规则》《廉洁谈话制度》《党风廉洁责任分解制度》等，加强了廉洁体系的制度建设。同时，结合工作实际陆续发布《合肥供水集团公务接待、公务出差、公务用车及禁烟若干规定》《合肥供水集团党风行风建设“五条”禁令》《合肥供水集团“酒桌办公”专项整治工作实施方案》，全面从严强化廉洁建设。

在组织和制度建设基础上，如何发挥纪委（包括监事会）的监督作用？如何围绕企业重点工作建立完善的监督网络？以合肥供水规范管理为切入点，以跟踪监督为关键点，以提高效益为落脚点，开展全方位、全过程、立体式监督。通过在工作中的不断摸索与总结，合肥供水创新性地制定了纪委全体会议、监事会等监督检查机制，构建了具有合肥供水特色的监督体系。

近年来，合肥供水集团重点强化纪委监督职能，不断创新“党风廉洁建设责任书”签字形式，由党委书记与基层党（总）支部书记共同签订到党委书记、纪委书记、基层党（总）支部书记共同签订，再到党委书记、纪委书记、基层党（总）支部书记和党（总）支部纪检委员共同签订，这不是签字人数的简单增加，而是严格落实党委主体责任和纪委监督责任的表现，更是增强了党风廉洁建设的重要性。

为进一步落实党委的主体责任和纪委的监督责任，2015 年，合肥供水集团将监察审计部分为监察室和法律审计部两个部门，突出了监察部门职能与信访处职能，并根据工作需要增补 3 名纪委委员，总人数增加到 9 名，进一步充实壮大了监督力量。2016 年 1 月，合肥供水将由监察室承担的企业改革与发展研究工作进行了合理剥离，将监察室定位为专职进行纪检监察工作；2016 年 5 月，合肥供水又将监察室更名为纪检监察室，设立监事会工作部，与纪检监察室“一个机构、两块牌子”，在分工明确的基础上合署办公。职责理顺后，纪检监察室对纪检监察与信访处置的工作职责和工作范围更加明晰。同时，为保证纪检监察队伍的充足，合肥供水集团在纪检监察室设有岗位 6 个，其中 5 名员工专职从事纪检监察工作，1 名员工专职从事信访工作。

“从人员配置上来说，以往监察室只有一个人，平常事情比较少，很多是快退休的人负责。方总来了之后，在人员配置方面有所调整，引进年轻的员工，多时有十四五个人。因此在领导重视和组织机构方面是前所未有的。再有就是经费的支持。”“我们现有员工的素质比较高，都是大学本科以上。最近又充实了财务方面的人，以前我们部门负责财务的人员比较少，党委意识到这个问题，使我们的监督从纪律监督走向深层次的财务监督，2017 年给我们部门引进了在财务方面有十几年经验的员工。”纪检监察室负责人说。

在纪检监察机构持续强化的过程中，合肥供水集团明确由纪委对党委会议题的合法合规性进行审查。根据《关于进一步规范决策议事管理体系的通知》要求，合肥供水集团每月 8 号召开纪委会和监事会，明确由纪委对党委会形成的各项决议和执行情况进行监督检查，特别是涉及组织机构的变更和干部人事的任免事项，对党委会形成的各项决议和执行情况进行全过程监督，加大审查和监督力度，增强执行效果的监督检查。对发现的问题，纪委以《纪检监察意见书》的形式向党委提出意见，并在贯标体系文件中，以《纪检监察控制程序》加以制度保障。

同时，在董事会和监事会关系方面，合肥供水集团制定了《合肥供水集团有限公司监事会议事规则》，进一步明确监事会的议事范围、具体职责，为监事会履行监督职责提供制度保障。监事会定期召开，对董事会、总经理办公会议题的合规、合法性进行审查，着力加强对董事会、总经理办公会过程及执行情况的监督检查，明确由监事会对提请董事会审议议题的合法、合规性进行审查，对董事会形成的决议及执行情况进行监督检查，形成了有效的公司治理结构体系。明确由监事会对董事会、总经理办公会研究事项及落实情况进行监督。创新实施每月召开一次监事会，对董事会、总经理办公会研究事项及落实情况进行审核评价。如今已经召开了多次监事会，对集团 100 余项重大决策部署和重点工作进行审查。2015 年第 7 期《合肥纪检监察信息》以《合肥供水集团纪委创新机制强化监督责任》为题报道了合肥供水集团纪委的创新做法。

“我们现在监事会的人员是健全的，纪委的人员也是健全的，而且我们专门向市纪委、市国资委备案。同时我们也坚持一个月一次的监事会和纪委会。监事会是对董事会和总经理办事会的议题进行审核，然后对落实的情况进行跟踪督办。每月一次的纪委全体会议，是对党委会的议题进行复核。党委研究哪些议题，在会上要通报，比如在人事任免、干部选拔评比表彰、机构建设上我们要提意见，要给纪委报告。同时我们把纪委工作的落实情况，包括监督的做法、主要的议题，以纪要或者简报的形式一季度向国资委汇报一次。”

“应该说，对党委会、董事会、总经理办公会，还有专题会包括资金例会等，纪检监察都全程参与，对重大资金的支付我们也全面参与。在每年的民主评议中，包括对领导打打分，对领导的测评、谈话，我们纪检部门也是全程参与。”

以上是监察系统的同事接受外部专家访谈时说的。从工作实践看，这样的制度安排可有效实现“决策—实施—监督”的互相制约和促进，并使纪委、监审等部门的责任、权利和义务都真正落到实处，从组织上保证了廉洁工作的有效和有序。而公司的廉洁有序，必然在较大程度上提升企业的效率与品牌。因为“在公司层面，伦理学与效率之间也存在这种基本的关系。没有什么人会不同意说公司雇员的道德行为水准与公司实现其目标的能力之间有一种联系。较高的道德行为会减少机会主义和逃避义务的现象，同时逐渐增加顾客和利益相关者对公司的信心”。[㊀]

在合肥供水，纪委和监事会还有一个重要任务，就是积极推动各单位、部门贯彻落实全年度工作任务和重点工作，对重点工作和任务进行持续监督，进一步加大监管力度，做到“有落实、快落实有奖励，不落实、慢落实有惩处”，进一步督促管理水平的提高和服务效能的提升。这项工作，也可能是我们在实践中的一个创新举措。“董事会、总经理办公会应该安排、应该限时办结的工作，我们纪委、监事会、监察室跟踪督办，然后进行考评、奖惩。”比如，在人员招聘过程中，纪检部门也是全程参与；招标过程中，纪委和监察部门也是在诸多重要环节中发挥作用。而“贴心小棉袄”的热线回访工作，更是纪检监察室的一项重要工作（因机构调整，此项职能 2016 年底调整到客户服务中心）。又如，在招标采购工作中，由合肥供水集团纪检部门监督招标全过程，执行廉洁制度全天候、全方位、全覆盖。从招标采购申请单的审批到招投标文件的制定，从招标、评标、定标的流程操作，到工作资料传递、开标评标资料整理、信息系统数据录入、采购合同签订等，强力约束招标采购过程中任何人不规范的操作行为。

“我们纪检部门的作用，在工程招标上，在评标、议标上由我们部门从专家委员会中抽签。我们从专家库里抽签，避免厂家与专家联系。2017 年我们进一步改革，到市参加招标的专家代表抽签选中 3 个人，进会场之前半个小时从三人中再抽一个人，最大限度地降低厂家和我们员工联系的可能性，包括我们的重大采购，都是全程参与的。”

三、将廉洁建设纳入“党群贯标体系”

2012 年以来，合肥供水按照“做我所写、写我所做”原则，大力推进标准化建设。这其中，集团创新建立、实施了“党群工作质量管理体系”，并通过中质协质量保证中心审核认证，获得了认证证书。为了加强廉洁建设，全面强化企业风险防控，合肥供水集团在全国公用事业企业中，首次将廉洁文化建设纳入党群贯标体系，建立起“全面覆盖、全程控制”的流程体系。

为确保党群质量管理工作的系统化、制度化、程序化和标准化，在“党群标准化体系文件”创建方面，依据《管理手册》标准要求，分别设计了“组织建设、先

㊀ 托马斯·唐纳森、托马斯·邓菲：《有约束力的关系：对企业伦理学的一种社会契约论的研究》，上海社会科学院出版社，2001 年 12 月，第 46 页。

进性建设、廉洁从业和风险防控、群团建设、特色活动和品牌创建、体系管控”六个方面的内容，并根据这六项内容编制程序文件。其中，“廉洁从业和风险防控”有六个程序文件，分别为：《纪检监察控制程序》《廉洁风险防控管理程序》《信访维稳工作管理程序》《行风效能建设管理程序》《廉洁文化建设管理程序》《普法教育工作管理程序》等。下面举一个例子：

廉洁风险防控管理程序

HS/DQ/CX—2013—3—02

1. 总则

为增强党员干部职工廉洁自律性，杜绝实施公共权力的主体产生或发生滥用公共权力谋取私利的可能性，加强教育、严格制度、强化监督，特制定本程序。

2. 适用范围

适用于集团公司各级党组织廉洁风险防控的全过程管理。

3. 职责和权限

3.1 监察室

本程序主控部门。制定廉洁风险防控办法，采取前期预防、中期控制、后期处置等措施，依托计划、执行、考核、修正PDCA循环管理机制，对预防腐败工作实施科学管理。

3.2 党支部

查找支部与岗位可能存在廉洁风险点，明确各岗位职责，制定切实有效防范措施。

4. 工作程序

责任部门	过程/流程（图）	过程/活动要求描述
4.1 总体防控		
监察室	成立组织	4.1.1 成立集团公司廉洁风险防控工作领导小组，发挥好组织协调作用，贯彻集团公司党委工作部署，组织开展廉洁风险防控机制建设工作，发挥桥梁和纽带作用，制定有效的组织协调机制，健全各级机构，以保障廉洁风险防控机制建设的深入进行。 4.1.2 深入学习理解相关精神实质，领悟上级要求，充分分析掌握集团公司实际情况，提出廉洁风险防控机制建设总体工作思路，制定针对性和操作性强的工作方案。

（续）

责任部门	过程/流程（图）	过程/活动要求描述
监察室	成立组织	4.1.3　在廉洁风险防控机制建设的全过程中，协助党委开展宣传工作，为党委当好参谋。 4.1.4　深入集团公司各党支部，广泛动员，宣传并调研廉洁风险防控工作开展情况。 4.1.5　按照廉洁风险管理和各支部管理的业务要求，及时给予指导，使权力清单梳理、廉洁风险点查找、廉洁风险等级确定、防控措施研究制定等环节的工作顺利推进。 4.1.6　与各部门、单位对接，指导廉洁风险自查工作，特别是检查制度漏洞、工作流程、关键环节、外部环境等廉洁风险点，并帮助分析风险危害，评定风险等级。 4.1.7　按照“加强监督是本职、疏于监督是失职、不善于监督是不称职”的要求，把监督贯穿于廉洁风险防控机制建设的全过程。改进监督方式，突出监督重点，推进各单位部门权力运行规范、公开、透明。 4.1.8　监督过程中，坚持监督工作落实到责任人，并及时向各党支部反馈发现的问题和漏洞，指导整改工作。 4.1.9　加强督促检查，鉴别判断廉洁风险防控制度的执行情况，适时“鸣笛”警示，敢于“吹哨”叫停和“亮牌”问责。 4.1.10　采用现场查看、座谈了解、听取汇报、翻看资料等方式，平时考核与年度考核相结合，对照各党支部的自我评价，加强廉洁风险防控考核。 4.1.11　对考核不合格的党支部，出具考核整改意见书，指导整改工作。
4.2　党支部控制		
党支部	梳理职权	4.2.1　按照“谁行使、谁清理”原则，对部门权力、主要负责人权力、重要岗位权力全面清理。 4.2.2　自上而下进行排查，行使哪些权力，权力行使的依据是什么，列出权力名称和行使依据。

（续）

责任部门	过程/流程（图）	过程/活动要求描述
党支部	梳理职权	4.2.3 对清理出来的权力，按照文件授权原则确认。对确认权力汇总，并在一定范围内公示。 4.2.4 对照职责定位和行使的权力，查找出本支部在业务工作流程、制度机制和外部环境等方面可能存在的风险点。汇总查找出来的风险点，形成报告。 4.2.5 重点查找岗位（职责）风险，对照以往履行职责、执行制度的情况，查找行政决策权、自由裁量权、干部人事权、行政审批权、资金管理和财务管理权、工程项目招投标和大宗物品采购权等方面的风险，通过自己找、领导提、群众帮、组织定等多种形式，分析并查找出岗位和个人在行使权力过程中存在的风险，填写《岗位廉洁风险自查表》。 4.2.6 重点查找本支部风险，重点查找领导班子在“三重一大”（重大事项决策、重要人事任免、重大项目安排和大额资金使用）等方面容易产生的风险，填写《党支部廉洁风险自查表》。 4.2.7 按照风险发生的概率和危害程度，分析、评估出风险概率和可能带来的负面影响，确定本支部承受风险的能力和风险点的风险等级，并确定风险消减和控制的优先等级，经审核后在一定范围进行公示。
党支部	实施防范措施	4.2.8 按照风险评估结果，根据风险出现的独特性和具体岗位实际情况，制定廉洁风险防控措施，完善工作流程和制度。 4.2.9 对可能发生腐败行为的重要岗位、重点环节，有针对性地制定严密的监控措施。 4.2.10 通过前期预防措施、中期监控机制和后期处置办法，及时纠正不当行为，避免苗头性、倾向性问题演变为违纪违法行为，并适时将风险防范措施上升，固化为反腐倡廉制度，着力形成以岗位为点、以程序为线、以制度为面的廉洁风险防控机制。

5. 支持文件

5.1 《合肥市开展廉政风险防控工作实施方案》

5.2 《合肥市国资委开展廉政风险防控工作实施方案》

5.3 《合肥市廉政风险评审办法》

5.4 《合肥市廉政风险防控工作考核办法》

5.5 《合肥供水集团廉洁风险防控制度建设实施办法》

6. 相关记录

6.1 合肥供水集团单位、部门廉洁风险点登记表

6.2 合肥供水集团单位（部门）廉洁风险点风险等级防控措施登记表

在程序文件后面，为了便于工作，还有一系列支持文件，“体系”中与廉洁建设相关的包括以下：《纪检监察工作实施办法》《信访维稳工作处置办法》《廉洁风险防控制度建设实施办法》《廉洁文化建设工作办法》《普法教育工作实施办法》《行风效能建设实施办法》《限时办结工作管理办法》《首问责任制度》《重大事项报告制度》等。

将廉洁工作纳入党群工作标准化建设的体系，使得相关工作建立了标准化、常态化及 PDCA 循环的工作机制，极大促进了廉洁建设和廉洁文化。

第一，围绕“抓班子、带队伍，抓教育、建防线，抓党风、带行风，抓监督、促管理”的工作思路，加强对廉洁风险点的识别梳理、风险评估、过程管控和自我评估检查等过程的管理，健全完善了党风廉洁建设管理制度，制定了《企务公开管理程序》《企务公开管理办法》《用户满意度调查表》《“审计报告”征求意见书》系列文件，针对各种风险点来规范企务活动管理，细化廉洁风险防控内容，推动廉洁文化建设标准化管理。

第二，严格落实党委主体责任和纪委监督责任，把握重点，坚持“书记抓、抓书记”，加强对党支部书记的培养，经常开展党支部工作业务培训，将党建工作和日常工作紧密结合；进一步落实基层党（总）支部纪检委员监督责任，进一步坚持基层党组织民主生活会制度；指导各党（总）支部深入开展标准化建设工作，对各基层支部、单位部门开展业务指导与沟通，引导其结合本单位业务特点开展有效的廉洁风险防范活动，从源头上预防和治理腐败，提高员工恪尽职守、遵纪守法的职业规范意识的认识；强化基层党支部考核管理。实施党建工作、经营目标与安全生产“三个 100 分”考核机制，将党风廉洁建设与安全生产同布置、同落实、同考核。

第三，通过制定各类贯标程序性文件，对 PDCA 循环进行过程监控，加强了事前对各项工作的质量管理，明确各类完成时限和具体措施；突出了事中监控，有质

量记录查看廉洁文化建设是否按目标在执行；实现了关口前移，加强事后自查。通过事前、事中与事后的全过程控制与管理，各级管理者从忙于应付的“救火队员”转变成事事关己的“防火队员”，切实加强了廉洁风险的防控工作，推动了廉洁文化的发展。

第四，研究和顺应文化建设的规律，在积极树立企业廉洁文化理念同时，将廉洁文化与企业生产实践活动相结合，充分发挥廉洁文化建设在预防腐败方面的重要“管理”作用，强化监督，以供水监管体系推动廉洁文化建设。比如，针对招投标、资产处置、工程建设、供水服务等重点领域和关键环节，合肥供水集团严格按照合肥“大建设”模式，建设供水监管体系，持续强化了过程监管力度。

第五，自我剖析，以“两提”大讨论自检廉洁文化建设。2012 年 12 月 19 日，本着公开、公平、公正原则，合肥供水主动自我审视，开展了以“提升优质服务、提高廉洁风险防控能力”为主题的大讨论活动。各单位、部门立足本职工作，注重细节，深化根源，查摆问题，剖析原因，强化整改，历经两个多月的时间，共提出了 12 类 45 项意见和建议，并逐一加以整改。此后，“两提”大讨论活动每年都举办，成为加强党风廉洁教育、强化用户服务意识的“常规动作”。

四、强化全面监督

强化了纪检监察部门的责任、把廉洁建设纳入标准化建设体系，是否就能防止腐败行为的发生？答案是否定的。从企业管理的实践看，权力和利益的“诱惑”无处不在，因此，对腐败行为的监管也就应该实现全面覆盖。基于此，合肥供水一直坚持“大监管”和“全面监督”的工作思路，注重发挥各个层面的监督作用。

“应该说，明察暗访、巡查、专题调查，这几个方法我们全年都在使用，对问题、对苗头，我们不包庇、不回避，而且很认真地全力调查。调查组组成人员很广泛，纪检部门牵头，其他部门包括财务、法律、审计等相关部门共同参加，有时候也吸收工会。”

根据“221”工作指导思想，按照“标本兼治、综合治理、惩防并举、注重预防”的监督检查方针，合肥供水集团制定了《关于做好合肥供水集团监督工作的实施方案》。《方案》将公司层面的监督工作细分为制度监督、组织监督、法律与审计监督、财务监督、工程质量监督、舆论监督、群众监督、基层单位与部门自我监督等。

比如，组织监督的责任部门为纪委、监事会、纪检监察室和人力资源部（组织部）。纪委监督的监督范围为：对党的路线方针政策和重大决策部署的贯彻执行情况；对中央和省、市、市国资委有关规定的贯彻执行情况，驰而不息纠正“四风”；查处党员干部违反党纪政纪或违法违规的行为，查处职工违反法律法规的行为；对各类廉政风险点做好风险防控工作；开展廉洁自律和警示教育，促进党员干部廉洁从业。监事会监督的监督范围为：检查公司财务；对董事、总经理和其他高级管理人员行使公司职务时违反法律、法规或者公司章程的行为进行监督；当董事、总经理和其他高级管理人员的行为损害公司的利益时，要求相关人员予以纠正。纪检监察室的监督范围为：各基层单位和部门违规违纪的情况；各基层单位和部门工作职责的执行情况；各基层单位和部门自我监督与整改落实的执行情况；各基层单位和部门执行合肥供水集团重大决策与部署的情况等。人力资源部（组织部）的监督范围为：各基层单位和部门党务公开、民主生活、党员发展的情况；全体职工落实考勤制度的情况；全体职工评优评先与奖惩的情况；全体管理人员测评与选拔的情况。

《方案》明确提出，各监督责任部门依据监督实际情况，提出有针对性的整改意见，并将整改意见报送至合肥供水集团监督工作领导小组办公室；对监督过程中发现的有利于公司更好更快发展的做法和典型经验，将予以适时宣传推广；对监督过程中发现的问题，被监督部门应根据监督责任部门提出的整改意见，及时加以整改；对监督过程中发现的重大问题，监督责任部门应及时向合肥供水集团党委作专题报告，由合肥供水集团党委依据相关规定严肃处理。

同时，整个监督过程和整改情况作为合肥供水集团党委、纪委、党委组织部、纪检监察室和人力资源部干部提拔、考核、评价、任用、奖惩、监管和调整的重要依据。

为了有效地实施全面监督制度，合肥供水从四个层面上采取了具体行动：

第一个层面：常规做法“严细实”。在“三公”经费管理方面，围绕为民务实清廉的主题，集团以“三严三实”为标准，陆续发布了《合肥供水集团公务接待、公务出差、公务用车及禁烟若干规定》《合肥供水集团党风行风建设“五条”禁令》《合肥供水集团“酒桌办公”专项整治工作实施方案》等制度，在礼品、公款相互吃请、赌博、“吃拿卡要”、损公肥私、推诿拖拉等方面做出了详细规范。对于“酒桌办公”采取高压态势，一经发现立即追查，一旦查明坚持通报曝光。同时，持续强化“三公经费”管理，在严格执行省、市级国资委相关规定基础上，进一步研究和细化公费接待办法，明确了公务接待和业务接待范围及标准等。

又如，为体现透明、公开和廉洁原则，切实选拔合格人员到管理岗位，合肥供水创建了“中层干部公开竞聘制度”等一系列管理干部考核、竞聘制度，设立公开报名、资格审查、笔试、面试、组织考察等环节，充分体现了公开透明，首次创造性地在面试环节采用党委会票决制，强化干部招聘、提拔过程的廉洁制度建设。同时，创新工作思路，紧密结合企业实际，以“两提”大讨论活动为契机，加强党风廉洁教育，创新实施《合肥供水集团拟提拔、拟调整至重点岗位人员考察对象及配偶、子女财产报告制度》，要求副科职以上管理人员，填写《管理人员报告个人有关事项》，纪委以此加强对党委干部提拔的监督，提高选人用人公信度，让选人用人都在阳光下运行，严把廉洁从业关。

第二个层面：关键部位“稳准狠”。在常规工作之外，结合经营管理活动尤其可能产生不良影响危及合肥供水声誉的事件，采取了更有针对性的做法。比如，为严防招投标过程的腐败问题，合肥供水严格按照《中华人民共和国招标投标法》《中华人民共和国政府采购法》和《合肥市公共资源交易管理条例》进行公开招投标。同时，合肥供水结合企业实际，按照贯标要求，建立了《招标管理程序》11 个文件，并在招投标过程中严格遵照执行。在具体实施过程中，通过建立“优选供应商”“约谈”和“黑名单”制度，构建了“一处违约、处处受制”的招投标环境，实现了招投标工作的有效循环。同时，过程中与市公管局、市公共资源交易中心以及公司各职能部门对接，将招标每个环节的监督责任落实到人，坚持责任倒查机制，不管何时、何事、出何问题，都追查到人，实行终身负责制。又如，为了防止服务用户过程中的问题，合肥供水坚持把制度管理融入廉洁文化建设中，建立了一批约束一线服务人员言行的规章制度，严格强化服务用户制度建设，优化服务人员言行，如《党支部工作及精神文明目标责任制考核办法》《限时办结制》《营业大厅工作人员文明礼仪规范》《窗口人员服务规范》《“贴心小棉袄”服务行为准则》《“贴心小棉袄”志愿服务规范》等，在服务响应、服务标准、服务质量、服务态度、服务过程容易产生的腐败问题，以及服务质量检查督导等进行了详细规范，确保了服务过程的高品质和廉洁履职。

第三个层面：审计巡查“常态化”。多年来，合肥供水不断自我加压，以开展清产核资、定期审计等活动为重要抓手，把牢控死，增强廉洁软实力。合肥供水每年按照“时间服从质量”的原则开展清产核资，确保不走过场，不流于形式。2015 年，合肥供水围绕水表普查、在建工程、往来账清查、消火栓普查、裕丰花市门面房面积普查和档案普查六个重点工作进行清产核资，逐渐成为制度化的常态工作。实行定期和不定期审计。打破原有的审计领域限制，从原来单一的对经营单位审计扩展到与监察相结合，参与监督公司的生产、经营、投资、招标等各项工作。

为贯彻落实《中国共产党党内监督条例》《中国共产党巡视工作条例》《合肥市反腐倡廉建设巡查工作实施办法（试行）》等相关法规和文件精神，进一步深化党内监督，结合合肥供水集团实际制定《合肥供水集团党委 2016 年巡查工作方案》，适用于合肥供水集团反腐倡廉建设巡查工作全过程管理。

巡查制度主要针对下属子公司、部门领导班子及其成员，工会、团委、妇委会等各团体领导班子及其成员。巡查工作的核心目标，是推动党风廉洁建设和反腐败工作主体责任的落实，加强对党政领导干部的监督管理，强化风险防控，规范权力运行，改进工作作风，保证党的路线方针政策和中央、省、市、市国资委重大决策部署的贯彻执行，进一步提高供水服务效能，优化发展环境，为供水各项事业的顺利开展提供坚强有力的政治和纪律保证。2016 年，合肥供水集团巡查组进驻巢湖水业和肥西供水进行巡查，重点巡查 2013—2015 年工程建设、材料采购、组织建设、人事管理等。巡查坚持“出实招、亮利剑、查问题、强整改、抓落实”，取得了积极成效。2016 年 9 ~ 10 月，合肥市纪委“专报”、安徽省纪委“简报”对此进行了报道。

第四个层面：日常生活“不放松”。除了工作方面外，合肥供水的“全面监督”还时常体现在对管理层乃至员工生活方面的引导上。当然，首先需要说明的是，他们对“日常生活”的引导，并不是一种规范，而更多是一种倡导，是基于诸多理念，包括“要真的不要假的”“人际关系简单化”等，希望从一些理念上和行为方向上，为广大员工提供和倡导一种更加现代化、更加简单化和有利于身心成长及人际关系和谐的方式。比如，2016 年 11 月 1 日，合肥供水集团出台了《关于严格规范办理婚丧嫁娶等事宜的暂行规定》，旨在贯彻落实“八项规定”精神，反对和抵制“四风”促进合肥供水“阳光快乐工作，脚踏实地做事”“人际关系简单化”的企业文化理念。“如果员工家庭结婚生子什么的，请谁不请谁，很麻烦。我们有规范后，科长以上还有硬性规定，这样起码有个约束，也好有借口，可以不去”。谈到《关于严格规范办理婚丧嫁娶等事宜的暂行规定》，方振说。

“让我去我能不给面子，但是我去了制度怎么办？从这个制度出发，就没有人请我去。为什么没有人请我去？他自己也知道这个制度，他如果邀请，被拒绝了话会更难堪。而且我们肯定会拒绝，因为有制度在。没有制度的话，可能面子上过不去，会去参加婚礼。但是制度出来了，就没办法了。”高和气说。

五、招标 ABCD

作为有众多建设与采购任务的国有企业，廉洁建设与预防腐败的任务很重，有时候甚至会“防不胜防”。为了彻底打破廉洁建设方面的“被动”局面，彻底清除建设与采购领域可能的腐败行为，自 2010 年开始，合肥供水集团严格按照“大建设”模式，主动打破“潜规则”及利益机制，所有项目均进行公开招标，通过媒体向社会公布供水工程招标方式、资格条件，所有项目均实现透明招投标，防止项目采购过程中的“权力寻租”。同时，还运用约谈、黑名单等手段，加强对中标单位的考核和评定，强化“标前、标中、标后”立体化的防控监管体系，“细化标前、透明招标、严把标后”，重点通过全面推行 ABCD 分级管理，从根本上铲除了腐败滋生的土壤。

2010 年 12 月 31 日，合肥供水在《合肥日报》《合肥晚报》上刊登专版，向全社会公布供水工程材料招标方式、投标资格条件及相关要求（业主需求）以及合格供方及中标单位名单，引起良好的社会反响。此后，合肥供水在招标领域做了一系列的创新探索。

一是成立“招标中心”，强化平台功能建设。2012 年，合肥供水将原来的“采购供应中心”更名为“招标中心”，取消了其材料供应职能，定位为专门的“招投标交易平台”，所有项目均进行公开招标，实行“六分开”制度，实现了管理集中化、体系规范化，实行公开、阳光、透明招投标。

二是以标准化建设为抓手，加强相关制度设计与实施。2013 年，根据招标中心一年运作的经验教训，合肥供水进一步加强招投标管理工作，通过借鉴合肥市招投标中心的管理模式和各项管理制度，按照就近、类似原则，试行“相似相近搭配、相似远近搭配”的“合并同类项”打包招标方法，大大降低了采购成本，提高了采购节约率，在制度建设方面迈出了一大步。同时，合肥供水按照“顺着来”“倒着查”的工作方法，重新梳理招标采购工作流程，以“找节点、提效率”为出发点，完善了《招标采购控制程序》《招标采购流程》《评标专家管理规定》《合同会签流程》《标后管理规定》等一系列招标采购程序文件。通过多年的持续创新探索，合肥供水集团的一些先进招标做法也被合肥市招投标中心吸收采纳。

三是加强现场管理与过程管理。按照惩防体系建设要求，明确招标中心的“平台”定位，“找甲方、抓节点、搞对接”，既要完善制度建设、规范制度操作，也要切实做好交易现场的有形监管。在实践中，招投标全过程严格按照程序进行操作。比如，招投标现场操作透明化，严格纪律公正办理，专门设置了开标室、评标室，配置监控系统和录音设备，对整个开标过程进行录像、录音，可通过办公系统随时查看开标现场情况，也可在任意时间调看监控视频。设备的投入起到了现场监督的效果，营造了透明、公开、有序的交易环境。进入招标程序时，招标专员严格按照招标文件规定时间内参与项目开、评标；招标公示期间，投标人如有疑问，招标专员将严格按照招标规定时间周密倒排日期，根据客观事实情况在规定时间内进行答疑。

在合肥市公管局确定预中标人后，由市纪委督察室带队，市公管局和合肥供水集团相关人员组成考察队对预中标单位进行实地考察。考察过程中合肥供水按照党风廉洁要求，由纪委出函要求考察人员不得接受厂家吃请和任何礼物馈赠。实地考察是过程管理的重要环节，对于中标单位资质、能力及标后管理意义重大。在这一过程中，我们经常发现在各个方面存在问题的预中标单位。比如，2014 年 10 月，巢湖市第三水厂工程设计项目招标，经实地考察，中标单位南京某公司存在业绩造假行为，随后该单位主动放弃中标资格；2014 年 11 月，在三水厂一期滤池改造土建、安装工程招标中，经实地考察，预中标单位江西某公司存在业绩和项目经理造假，被取消预中标资格；合肥市徽州大道等 3 个供水管道建设项目招标过程中，发现江西某公司投标文件有作假嫌疑，通过实地考察，掌握了其弄虚作假证据，并提交合肥市公管局，取消其中标资格，没收投标保证金，计入不良行为记录，停止一年投标资格，并在省市媒体予以公布，起到了很好的震慑作用。

四是引入 ABCD 方法加强对供应商的考核管理。2013 年开始，合肥供水实行了标后管理 ABCD 考评全覆盖，招标中心与各职能部门以及供水质监站联动，按照 PDCA 管理模式，加大对标后的管理和监督，抓好对标后产品的跟踪、抽查、检测，全力推进供水工程又好又快的发展。2014 年，合肥供水进一步明确招投标交易“平台”的职能定位，对所有大宗材料从价格、质量、服务三个方面进行考核，并根据考核结果对应 ABCD 对各供应商进行分类。从对施工、供货质量、工期、服务等方面履约情况进行 ABCD 综合评价，年度内被评为 A 级次数最多的中标单位列为“优选供应商”。在下一年度邀请招标、询价谈判和比价等招标中，可优先参加投标。以得分分级作为供应商延期供货或停止供货的标准和依据，A 级可以延期供货，B 级正常参与比价，C 级进行约谈，D 级则实行“突然死亡法”，停止供货。通过“鼓励 A 级、维护 B 级、警告 C 级、淘汰 D 级”的做法，畅通质优产品供货渠道，提升供水民生工程质量的目的。

营业中心水表标后管理经验做法

水表标后 ABCD 考核法：2015 年 6 月，集团公司 2015 年第 14 次总经理办公会审批通过了《水表供应商综合评价手册》，2016 年 5 月，营业中心牵头对《水表供应商综合评价管理办法》重新修订，期间按照标准化要求，与纪检监察室、招标中心、供水工程质量监督站及三欣公司多次讨论、交流，前后共计修改 10 余次，将标后评价考核模式细化为供货前的第三方检测、供货期间的标后考核评价两部分内容，并对招标全过程中涉及的部门做了明确的职责与权限说明，实现对供应商的服务质量、抽检合格率、移交合格率、产品质量及第三方送检等标后管理指标量化考核，与供应商现场评价、打分、考核机制，建立水表运行、考核、评级、月度供货数分配的动态机制。通过每月对水表供应商考评打分，通过 ABCD 等级确定“固定供货比例”、考评分数确定“浮动供货比例”的激励方式，建立了月度动态变更供货份额机制，该方式不仅要求供应商努力提高考评等级，同时要求努力拉大与其他供应商的分数差距，最大限度地激励了供应商之间的良性竞争，努力营造了水表供应商之间不断自我加压、竞争超越的良好氛围，为水表计量的平稳运行提供了有力保障。

“我们公司现在针对招标这一块，不是个人拍板而是集体决议，每周召开例会，然后对所有的招标项目进行一个数量综合，然后集体决议项目需求、资格设置是否合理，是否报送到外面去招标。”招标中心负责人说。

六、廉洁文化建设

2014年，合肥市“勤廉颂”文艺调演活动在全市各系统、单位范围内征集节目，由供水员工自编、自导、自演的原创小品《唐伯虎点秋香之监理新传》，作为市国资委唯一推选节目上报。经两轮演出和筛选，《唐伯虎点秋香之监理新传》以其鲜明的主题、新颖的形式和高尚的品位荣获二等奖。

《唐伯虎点秋香之监理新传》演员全部以古装造型登场，以穿越形式将古代唐伯虎点秋香的故事与现代供水监理工作相结合，既产生了良好的舞台效果，又宣扬了供水人清廉自守的高尚情怀与追求。同年，合肥供水设计发布的《水文化》廉政公益广告被中央纪委和省纪委分别评为二等奖和一等奖。

其实，像《唐伯虎点秋香之监理新传》中演绎的供水人廉洁自律的故事，在供水集团俯拾即是。这是因为，廉洁奉公、干净做事，已经成为合肥供水企业文化的一部分，融入了供水人的血脉之中。下面的故事就是一个很好的例子：

巧拒贿赂 敢于“亮剑”，用高度的责任心把好质量关

孟灿灿是供水工程质量监督站的一位监理员。2011年7月，孟灿灿负责监理的天水西路DN1400给水工程开工。该工程直线管道1 400多米，总造价680万，属于合肥大建设重点工程。

工作过程中，孟灿灿坚守岗位，严格监理，不放过一处细节。该工程承建公司准备工作不足，致使工程施工进度缓慢。为保障工期，孟灿灿监理员在现场对工程进行全过程监督检查，在保障工程质量的基础上，多次督促施工单位加快施工进度。由于施工方责任心不强，施工过程中孟灿灿多次发现各类不合格项：阀门井底板不合格、盖板钢筋绑扎不合格、回填质量不合格……每一次孟灿灿都立即指出，并及时下发整改通知单督促整改，同时向建设单位汇报情况。

在施工方看来，孟灿灿只不过是个容易打发的年轻女孩，对她指出的不合格项目没有足够重视，部分不合格项虽然按时进行整改，却整改不到位。孟灿灿本着严把质量关，务必保障供水安全的原则，及时跟进、督促整改。施工单位为图省事，现场多次向孟灿灿请求降低验收标准，然而她严把质量关，拒绝了施工方的不合理要求。施工方不死心，多次试图给孟灿灿塞红包贿赂她，每次孟灿灿都严词拒绝了这些“糖衣炮弹”。施工方以为，直接给钱孟灿灿不收是因为不好意思，如果用充话费的方式，她发现钱已到账就会降低标准。于是施工单位负责人在孟灿灿不知情

的情况下，给她的手机充了500元话费。孟灿灿发现后，立刻将话费充回负责人手机上，并严厉告知施工单位必须做好不合格项的整改工作，对于影响工程质量的问题，她、质监站和合肥供水都绝不放过。施工单位终于认识到，金钱腐蚀不了监理员的意志，只能老老实实按照规范施工，最终按时保质完成了供水工程。

长期以来，在经营管理持续创新发展过程中，合肥供水十分注重将廉洁建设作为企业成长的底线。除上述结合经营管理活动的诸多创新举措外，廉洁文化建设一直是合肥供水工作的重点。这几年的变化也有目共睹，从纵向来看，文化理念、制度建设、廉洁建设、宣传力度、思想理念及社会认可度都相较之前有很大提升。

确定文化主题是合肥供水廉洁文化建设的首要工作。经过多次研讨，他们确定将“清泉文化”作为合肥供水的廉洁文化的主题与核心诉求。“清泉文化”的核心含义是“清”，而“清”代表“纯净没有混杂的东西”。他们希望，通过合肥供水范围内持续地、不间断地廉洁建设，促进供水集团经营管理中的“四清”——人“清”、制“清”、政“清”、风“清”；培育“清泉文化”的过程，他们也衷心希望，源于合肥供水的这股“清新之风”，能够像“清冽”的“甘泉”一样，伴随着“贴心小棉袄”的企业文化核心价值品牌和服务品牌，奔流到企业内外，奔流在人们心间。为了便于实践，他们将“清泉文化”具体指向了四个方面：

一是把“清心”作为他们的“价值信仰”：秉承中国优秀传统文化和党的光荣传统，廉洁奉公，要成为供水人发自内心的信仰，一种基于价值追求的觉悟，一种“尚正守道”的精神自律。这种价值追求和信仰，就是“清泉文化”的思想源头。

二是将“清正”作为他们的“职业忠诚”：作为职业人，无论在怎样的单位、怎样的岗位上，坚守职业操守，忠诚于职业契约，做一个清清白白、干干净净的人都是最基本的要求，“清正”的职业态度，能够让我们勤奋敬业，品行方正，走正路、干正事。

三是将“清廉”作为他们的“思想锤炼”：思想是行为的先导。在企业经营管理活动中，来自内外部的诱惑时时刻刻考验着供水人。如果不能在思想上绷紧“清廉”这根弦，错误往往难以避免。因此，利用各种形式，反复进行反腐倡廉的思想教育、营造良好的廉洁氛围，是“清泉文化”建设的重要途径。

四是将“清明”作为他们的“制度规范”：“没有规矩不成方圆”。廉洁文化永远是个人自律和组织他律结合的结果。为了强化外部约束，我们结合经营管理过程持续制定和实施各级各类的规章制度，以防止任何形式的腐败行为发生，努力体现廉洁制度的透明、严明，以制度为监督的“眼睛”和“尺子”，明察秋毫，防微杜渐。

在文化主题确定后，与之相关的文化理念就是他们工作的重点。与“清泉文化”相适应，在持续创新发展和廉洁文化建设的实践中，他们逐步总结出了适合集团现状的廉洁理念。同时，结合合肥供水集团经营管理的特色，凝练出了一些廉洁警语和富有哲理的廉洁文化“清廉之道”，这些内容一起组成了供水集团的廉洁理念体系。

1. 廉洁理念：依法度行事，养浩然之气

依法度行事：廉洁建设永远是自律和他律的结合。在强化个人修养和道德自律的同时，国家的法律和公司的各项制度是强化廉洁建设的有力武器。在日常经营管理活动中，要以这些法律、规章、制度来教育大家，在此基础上制定各种规范来监督和约束各种权力，对于违反法度的行为坚决查办。公司的一切工作，无论是谁，都要以国家法律为准绳，以企业制度为规范。

养浩然之气：在廉洁建设上，让人不能腐、不敢腐，针对的是外部条件，让人不愿腐，针对的才是内因。依法度行事是外部约束，养浩然之气才是根本解决之道。每个人都加强自身修养，注重个人道德水平的提高和廉洁奉公作风的建设，树君子风范，养浩然之气，是合肥供水廉洁建设追求的根本目标。在工作中，养浩然之气表现为弘扬正气，严格自律，时刻以党纪国法警示自己，以规章制度约束自己，不以恶小而为之。

2. 廉洁警语

(1) 每个人都有权利是逗号，每个人都没权力才是句号

坚决贯彻“民主决策，集中管理”原则，决策要广泛征集意见，没有一言堂，在沟通协调中逐步统一意见；在民主决策、形成统一意见之后，要将大家共同赞同的决策内容形成制度，集中管理、强力执行，没有任何讨价还价的余地，最终形成以制度管人、依制度办事的工作机制。

(2) 人际关系简单化

工作与生活、情感与利益的集合，形成了所谓的“圈子”，而人际关系的形成与个体周围的圈子是密不可分的。因为关系的纠结不清导致的复杂人际关系，往往让我们的工作和生活很辛苦、很无奈，更容易滋生人情和腐败行为。我们提倡人际关系简单化，就是倡导大家把心思放在工作上，不要放在所谓人际关系上；同时，所有人在工作中，都要力求公私分明、是非明确，人与事别论，情感与利益的分配有章法。我们倡导简单的人际关系，就是希望大家少点心思看人，多点心思做事；少点口舌议短，多点话语说长；少点精力予己，多点脑筋予人。

(3) 空口无凭，签字有效，留有痕迹

合肥供水要求，工作中的口头承诺不作为任何决策和追究的依据。无论是通过网络还是纸质进行审批，所有发生效力的文件在所有的流程和环节中，都要求相关

责任人和责任部门签上电子印章、亲笔签名或者盖上公章，留有痕迹，方能进入下个环节，每个当事人对签字环节负责。签字体现的是对事情负责的态度，警示大家谨慎从事、严谨规范，避免工作中的推诿扯皮现象，方便后期查证和责任追究。

（4）头悬一把剑，背后一双眼

无论是领导干部还是普通员工，在工作中都要时刻牢记“头悬一把剑，背后一双眼”的警语。你的头上，悬着党纪、国法的“利剑”；你的背后，有家人、朋友关心和爱护的“眼”，更有不怀好意的人盯着的“眼”。在工作中，我们不要过于相信自我的约束能力，要主动接受服务对象、人民群众的监督，自觉防腐拒变。

3. 清廉之道

清泉为廉洁之本，制水与供水的过程恰如廉洁建设的过程。防腐倡廉，要有清洁的源头，更要有过程中的曲折磨砺。

（1）源头。立足源头引活水：“问渠哪得清如许，为有源头‘廉’水来”。来自巍巍大别山红色革命老区的圣洁之水，根正苗红，穿越历史烟云奔流而至，滋润庐州。合肥供水水源全部取自大别山优质原水，通过滁河干渠从上游淠史杭补水到董铺水库和大房郢水库。水库特殊的调蓄功能保证了较强的水源净化能力，原水水质优良，一直保持在国家二类水体标准。

引水如做人，清源方为本。廉洁建设中的“源”，既指个人在品德方面的修养和自我警示，也指组织层面在教育、制度等方面采取的预防措施。而“调蓄功能”，就是个人层面的“吾日三省吾身”和组织层面的持续教育和规范。

（2）反应池。分离打磨去糟粕：“清淤沉淀水质优，廉洁洗涤心灵美”。生产加工时，在原水进入回转式隔板反应池前，要加净水剂。这样，水流以一定的速度在隔板间流动，使原水中经混合反应后脱稳的颗粒结成良好的矾花，分离出细小微生物和其他杂质，以达到“取其精华，去其糟粕”的目的。

“净水剂”就是廉洁建设中的思想理念。在廉洁建设中，我们要始终以思想教育和引导为基础，着力培育广大员工的道德水平和廉洁理念，不断增强思想政治素质和拒腐防变意识。

（3）沉淀池。清浊之别初显露：“为官清廉洁如水，点点滴滴为人民”。初步分离的水进入沉淀池内，水中颗粒会慢慢沉于池底，定期排到污泥塘。和一般蓄水池不同，沉淀池用特殊工艺设计进一步处理杂质，依靠重力作用再次将部分絮凝颗粒从水中分离，可去除水中悬浮杂质。

廉洁建设中，制度设计后的关键在于执行。在他们的一切工作中，广大干部都要做到有法必依、执法必严、违法必究。

（4）过滤池。细细甄别取精华：“欲水清者滤其浊，欲下廉者先其身”。沉淀池的水进入过滤池后，过滤池中有拦截杂质的滤料石英砂。同时，为了保证水质，每 24 小时必须进行一次反冲洗，以冲洗滤料表层滤下来的杂质。

正如反腐倡廉工作需要不断加强监督，特别是通过强化事前监督和事中监督，形成对权力运行的全方位、多层次、立体化监督制约体系。

（5）清水池。清者自清见分晓："污泥不染为尊，清正廉明为贵"。经过过滤的水，在进入清水池前投加液氯、二氧化氯或次氯酸钠进行消毒，然后进入清水池充分混合接触，经检测水质符合《生活饮用水水质卫生标准》后，再通过送水泵站输送到供水管网。

正如在反腐倡廉过程中，对腐败分子严加惩处、绝不姑息，大力营造弘扬正气、抵制腐败的社会氛围，让腐败无处遁形。

（6）供水管网。汩汩清流入万家："廉帆高挂鹏程远，清风低回百姓安"。从制水厂进入管网的水，经过 6 667 公里的奔流到百姓家时，还会经过 106 项的检测。在制水厂期间，每个步骤的前后都会有水质检测，每两小时也会进行检测。管网延伸过长时，还需在管网中途加氯、加压，以保证居民用水的绝对安全。通过供水管网的输送，来到百姓家中，水龙头一打开，就能用上优质水、放心水和幸福水。为人一身正气，制水一尘不染。绵延数千公里的供水管网，输送的不仅仅是汩汩清流，更是一股股的清风正气。

廉洁文化建设是一项群众性的活动，在理念提炼完毕后，首先需要在企业内部形成一个宣传合力，利用企业内部和各种宣传手段，如宣传橱窗、企业内部刊物、企业网站、企业文化活动等，把廉洁精神和理念深入到员工的心中，增强廉洁文化宣传的声势和效果。

自 2012 年开始，合肥供水集团组织"道德讲堂"活动，每月中旬定期开展"道德讲堂"，邀请身边的先进典型、道德模范为全体员工做演讲，提高全体员工的道德素养，先后邀请了"全国五一劳动奖章"获得者陈万霞和"最美护士"童春香等先进人物到公司讲课，提高全体员工的道德素养。

2012 年，合肥供水启动廉洁文化"五个一"系列活动，即开展一次廉洁文化书画展、举办一期廉洁文化"党员聊吧"活动、举办一次党员教育课、出刊一期廉洁文化宣传专栏、举办一次廉洁摄影比赛。通过开展廉洁"五个一"系列活动，增强干部职工的党性意识、廉洁意识和纪律意识。与此同时，合肥供水结合"贴心小棉袄"志愿服务队每个周末进社区活动推进廉洁文化"五廉"建设。一是"唱廉"，广泛组织干部职工深入社区"唱廉"，送文艺到社区，不断丰富"贴心"廉洁文化品牌；二是"思廉"，开展阅读廉洁书籍"思廉"，以廉洁文化活动室为载体，在全公司范围内组织学习廉洁书籍，常思己过，加强廉洁预防和防控能力；三是"宣廉"，深入广大职工内部和社区"宣廉"，宣传廉洁防控法律法规，增强职工群众的廉洁意识；四是“颂廉”，通过编排廉洁文化小品、公益广告、书画等各类廉洁节目“颂廉”，展示廉洁文化建设成果；五是“学廉”，组织廉洁文化宣传骨干“学廉”，开展座谈会、学习会等形式多样的活动学习廉洁文化，丰富廉洁文化建设形式与内容，拓展工作成果。

随着微信等移动网络手段的迅速普及，合肥供水很快利用这一新型交流工具，建立了“合肥供水”微信群，接受职工群众监督；同时建立了“合肥供水廉洁文化群”，及时发布国家、省市廉洁与反腐败信息，对管理人员廉洁建设适时提醒，进行“红脸出汗”式告诫。

在下属单位尤其是面向用户的一线单位，大家也围绕廉洁文化开展了各种活动。如二水厂开展了征集廉洁格言活动，质监站明确提出了质监目标，提炼了质监理念，营业中心大力开展廉洁文化建设，崇尚廉洁文化，营造廉洁氛围等。

埃德加·沙因先生认为，文化的产生基本上有三种来源：一是该组织创立者的信念、价值观以及假设；二是群体成员在组织演变过程中的学习经历；三是由新成员和新领导者带来的新的信念、价值观和假设。当然，我们认为，从文化的一个单循环角度看，文化产生的基本逻辑应该是“领导的信念—组织成员的学习经历”这样一个基本过程。“创始人不仅选择了新群体的基本使命和运营环境，还选择了群体成员，并且在组织努力战胜环境、整合自身的过程中，塑造了群体成员的反应方式”。也就是说，企业文化的塑造，需要由领导人提出的理念开始，但一种文化在组织中真正形成，一定需要经过一个实践化、组织化和群体化的过程，需要与经营管理的实践及群体的行为模式发生交互、碰撞、整合等。[㊀]

所以，文化建设中的核心问题是首先一定要有理念作为指导，但很多企业在文化建设实践中犯的一个最常见的错误恰恰与理念相关，就是往往止步于理念。只是宣传理念、背诵理念，员工出于个人“觉悟”去践行理念，企业在经营管理相关的实践中往往不愿意注意与理念的“匹配”。在合肥供水集团的廉洁文化建设中，他们充分注意到了这一问题，一直坚持通过企业整体的制度设计及其实施（本章前文）来促进廉洁文化理念的“落地”。在实践中，他们将廉洁文化建设纳入党委议事日程和中心组理论学习研究课题，定期开展跟踪问效，发扬民主集中式讨论，更加明确发展方向，深化工作细节，为廉洁文化建设工作的扎实开展提供了坚强的组织保障。同时，他们极力将标准化建设与廉洁文化结合起来，所以在“党群标准化体系文件”中，他们特别制定了“廉洁文化建设管理程序”作为程序文件，“廉洁文化建设工作办法”作为支持文件。

在“廉洁文化建设管理程序”中，他们将监察室作为主控部门，负责合肥供水

㊀ 埃德加·沙因：《组织文化与领导力》，中国人民大学出版社，2014 年 3 月，第 189 页。

廉洁文化建设工作，负责廉洁文化建设方案的制定和实施，组织开展合肥供水的廉洁文化宣传教育活动，将廉洁文化建设有机融入企业文化建设中，并建立廉洁文化建设督查考核制度。同时，各党（总）支部要“贯彻落实合肥供水集团关于廉洁文化工作的部署要求，开展对本单位、部门职工的教育活动，围绕行风效能建设，建立‘人人有职责、事事有程序、干事有标准、过程有痕迹、绩效有考核、改进有保障’的管理模式”。程序文件还对具体的工作程序做了规划。

在“廉洁文化建设工作办法”中，合肥供水集团对廉洁文化建设的工作目标、机构建设、工作要求、廉洁文化建设内容、监督考评等方面做了具体规定。值得关注的是，合肥供水并没有简单地将廉洁文化建设定义在“文化”自身上，而是希望与企业经营管理活动及其过程、企业的廉洁建设活动及其过程紧密结合。比如：“工作要求”第一条就指出，“廉洁文化建设要与集团公司廉洁建设紧密衔接，通过推行竞争上岗、不定期轮岗、民主测评制度、述职述廉制度、民主生活会制度、廉洁谈话、诫勉制度、奖惩考核等内部廉洁制度建设，以及通过面向社会聘请政风行风监督员等外部廉洁监督机制的完善，将廉洁思想融入企业的各项管理中，在合肥供水集团内外营造清廉的工作环境”。

用什么来证明廉洁文化是否形成了呢？高和气的一番话，道出了公司的真实情况：

“廉洁意识确实非常强，公司抓得很紧。现在我们做什么事情，首先得想，这个是否经得起推敲。在工作实践中，大家的意识明显在转变和成型。过去做什么事情就说，‘某某做得好就给他做，某人做不好就不给他做’，但实际上仅凭主观判断，时间长了就很难说。但现在公司这些事情全都是公开的，该招投标就招投标，该上会的就上会。”

“拿我个人来说，我自己不去做这样（违纪）的事情。但我是管理者，如果廉洁意识不强会怎样？我想会直接影响下面的同事。那么多员工，万一哪个有私心就会出事。所以，廉洁意识很重要，而这种意识最主要是依靠制度来约束，制度确定下来了、制度实施了，大家的意识慢慢就形成了；反过来说，意识形成了，说明我们的制度也就升华了。”

第 12 章

12

慎终如始，则无败事

慎终如始，则无败事。

——《老子》第六十四章

2010 年 1 月，合肥供水集团提出了做用户“贴心小棉袄”的理念。

2015 年 3 月，合肥供水集团提出了全面实现“标准化、模块化、简单化、信息化”建设目标，力图建立“可复制的”、具有合肥供水特色的供水管理新模式，树立全国水务行业新标杆。

七年来，合肥供水集团在战略设计、用户服务、标准化建设、水务科技、企业文化、品牌形象等方面实施了许多创新，积累了许多成果，也取得了令人瞩目的业绩。尤其是在企业文化方面，“贴心小棉袄，温暖你我他”已经成为合肥供水最靓丽的文化名片和最珍贵的企业品牌。合肥供水集团从“贴心小棉袄”的用户服务文化切入，通过持续变革与创新发展，在企业内部也养成了诸多新文化要素，比如制度和规则意识、契约精神、追求真实、专业精神等。这些文化要素在企业的经营管理变革中成长，在员工中乃至社会上产生了巨大的凝聚力和影响力，也提升了企业的知名度和美誉度，指引企业在未来的发展中能更好更快地前进，实现企业做大做强的目标。

但是，作为脱胎于传统行业的企业，与国内外许多市场化企业的发展业绩相比，我们还差得很远。要真正实现共同的目标，合肥供水集团还有很长的路要走。即便是以“贴心小棉袄”为核心的企业文化，目前也有一些浮在面上、无法彻底与用户的需求、与员工的要求、与企业的成长需求相结合的问题。

美国著名企业文化专家沙因先生认为，作为管理者，永远不要把文化变迁的念头放在第一位。你要想的第一件事情是组织所面临的问题。只有当你清楚了管理的问题时，你才可以问自己，文化是促进了还是阻碍了问题的解决。2016 年 4 月的《哈佛商业评论》中文版刊载了一篇文章“问题没出在文化上”，作者杰伊·洛尔施和埃米莉·麦克塔格认为：“所有人都将文化视为问题的原因和对策。当组织陷入困境，解决的办法通常是修复文化”，“但我们采访的企业领导者——曾成功领导重要改革的现任和前任 CEO 称，文化不是让你修复的东西。在他们的经验中，文化改革应是实行新流程或结构（比如修改过时的战略或商业模式）应对业务挑战后得到的成果。你在做实事的同时，文化就演进了。”

正是基于上述思考，在 2017 年的 2 月，利用党委中心组理论学习（扩大）会议之机，基于对过去、现实和未来的通盘思考，合肥供水集团又对企业成长的历程重新做了规划：

第一阶段：起飞前的准备阶段（2010年1月4日~2016年7月6日）。合肥供水集团完成了人事、机构、薪酬三项制度改革，服务理念不断升华，各项工作扎实开展。经过几上几下、几年时间的打磨，在机构、人事、薪酬方面进行了彻底的变革，彻底颠覆了合肥供水集团的历史，员工的精神面貌焕然一新。

第二阶段：奋力滑行阶段（2016年7月7日~企业上市）。作为企业上市前的准备阶段，关键在于梳理问题，找短板抓利润。目前合肥供水集团在思想建设、工程管理、贴心服务、企业文化等方面存在一些短板：企业战略规划定位不清，服务意识不强，盈利意识不够等。在接下来的工作中，要围绕企业战略近、中、远期规划，提升服务效能，增加企业利润等关键节点，破解发展之路，将计划经济和市场经济相结合，做大做强等。

第三阶段：起飞阶段（企业上市~）。全面实现“可复制的”合肥供水新模式建设，把合肥供水打造成“一流产品、一流管理、一流服务、一流品牌、一流效益”的水务环境综合服务商，成为国内现代化的水务行业航母，国际上有影响力的民族水务企业。

按照这个规划，合肥供水集团目前还仅处在“奋力滑行阶段”的初期。因此，在这本书中对前七年发展的描述，与其说是“总结”，不如说是“检讨”。检讨在战略目标上是否高瞻远瞩，检讨在标准化的科学管理上是否精益求精、检讨在用户服务方面是否脚踏实地，检讨在员工关怀上是否将心比心，检讨我们在企业文化上是否言行一致了……

所以，从现在开始，合肥供水集团最需要做的，其实是把所有的过去全部抛在脑后，重新起步、重新出发。在《基业长青》一书中，吉姆·柯林斯和杰里·波勒斯重点探讨了卓越企业的五个方面，分别是：胆大包天的目标；像宗教一样的文化；多方尝试，保存有用的部分；自行培养的经理人；永远不够好。[㊀]下面，我们希望就这五个方面来描述怎样“做得不够好”和如何“做得更好”。

“胆大包天”的目标

《基业长青》描述了卓越的公司从事大胆、具有挑战性而且经常具有高风险的目标设计，并投入诸多努力的情形。作者认为，胆大包天的目标最直接的作用，是刺激全员持续取得进步。因此，“胆大包天的目标应该极为明确动人，需要的解释很少，或者根本不需要解释。胆大包天的目标是一种目标，而不是一种宣言。如果不能让大家活力四射，就根本不是胆大包天的目标”。实际上，我们在创新发展过

㊀ 吉姆·柯林斯、杰里·波勒斯：《基业长青》，中信出版社，2002年5月，第115页。

程中也不断地提出过看起来“胆大包天”的目标。比如2010年的“贴心小棉袄”，2015年的“可复制的”具有合肥供水特色的供水管理新模式和全国水务行业新标杆，还有2017年的“国内现代化的水务行业航母、国际上有影响力的民族水务企业”。在制定这些目标时，合肥供水集团也有过彷徨，甚至也遭到内外部的质疑，但合肥供水集团一路坚持下来了。而要真正最终实现这些“胆大包天”的目标，合肥供水集团认为最根本的问题，一是能力，二是意愿。从能力角度看，合肥供水集团需要真正具备达到目标的基本素质，比如最简单的，你的管理与别人相比是否更有效率？你的服务能力是否比别人更具市场竞争力？而意愿，则更多关乎有多少人愿意跟从合肥供水集团一路前行。也就是说，企业的目标如何能够与员工个人的职业目标恰当地匹配，并且在前进过程中能够及时相互调适。这些因素，都将决定员工是否有意愿与合肥供水集团共同实现目标。从这个意义上说，吉姆·柯林斯的观点非常有道理：是目标自身能够成为激励员工进步的动力，而不是领袖自己。

像宗教一样的文化

吉姆·柯林斯解释“像宗教一样的文化”这个词时说，“只有相信公司核心理念的人，这些公司才是他们绝佳的工作场所；不符合公司理念的人，会像病毒一样被排除。”从字面上看，这句话说得似乎有些绝对了。但从我们“贴心小棉袄”多年磕磕绊绊、一路前行的实践过程看，其实此言非虚。看起来，一句话的分量没有那么重要，但是，如果我们把这句话真正变成经营管理实践的一部分，扎扎实实地在实践中落实时就会发现，要真正建设一种文化，的确需要员工从内心深处对理念和相关行动的认同。如若不然，“异教徒”就会遍地都是。因为人是如此的复杂：“人是一个制造工具、使用工具的动物，是一个在团体中能够传达交通的单位、一个传统绵延的保证者、一个充为合作团体中的劳作单位、一个留恋着过去和希望着将来的怪物。最后，靠着分工合作和预先准备所获得的闲暇和机会，他又享受着色、形、声等所造成的美感。”[㊀]从合肥供水集团公司的实践看，要真正创建“像宗教一样的文化”，需要做的起码有两个方面：一是持续地、扎实地将理念和经营管理实践紧密再紧密地结合，哪怕做事的人不知道我们的理念是什么，他通过自身的工作也能十分清晰地体会到；二是把文化的实践与员工的切身利益密切结合起来。我们所说的切身利益，倒未必完全是物质层面的，而是指一个综合的激励机制。让遵从文化理念去行动的人，永远得到比别人更多的激励，这是文化成为一种组织功能的根本前提。

多方尝试，保存有用的部分

所谓“多方尝试，保存有用的部分”，是指“卓越公司通常有大量的行为和实验，这些实验经常都是未经计划、没有确定方向却能产生新颖和意外的进步之路，使卓越公司模仿生物物种的进化”。用书中引述的3M公司前CEO理查德·卡尔顿

㊀ 马林诺夫斯基：《文化论》，华夏出版社，2001年1月，第101页。

的话说就是：我们公司其实于无意中碰上了一些新产品，但是，千万别忘记，一定要行动，才能碰上！所以，《基业长青》这一章的题目是“择强汰弱”的进化。2010 年以来合肥供水持续成长的过程，其实就是一个“择强汰弱”的过程，尽管具体做事的时候我们并没有刻意为之。实际上，也就是因为有了这样的制度和机制，才将有能力的人选了出来，才将有激励作用的制度做了出来，才将服务更好的员工留下来、提拔起来，才将公司的品牌慢慢地凝聚了起来。包括这些年我们在二次供水、水质管理以及管理干部考核、绩效考核等多方面的变革与探索，实际上也是一种经过“多方尝试”不断地“择强汰弱”的结果。当然，作为有远大理想的企业，“择强汰弱”依然是未来我们成长的根本途径。面向未来，我们需要思考的问题是：什么是我们的“强”？什么又是我们的“弱”？在我们已经认识到、并且一直在努力“补强”的一些领域，采取怎样的机制才能快速增强？同时，在制度上、人员上、机制上，我们需要掌握一种怎样的节奏，才能真正实现企业的持续进化？

自行培养的经理人

《基业长青》的研究结论是，卓越公司都是从内部提拔人才，“只有长时间浸淫在公司核心理念里的人才会升到高层”。这一点，倒是与合肥供水集团公司所作所为不谋而合。2010 年的改革中，合肥供水集团大胆提拔了一批年轻人，现在，他们中的大部分已经成为公司的中坚力量。近年来合肥供水集团实施的“比马赛马”机制、绩效考核的 ABCD 方法，以及员工职业生涯规划，都是希望从外部和内部两个方面持续促进员工的进步，为公司的持续成长及未来的扩张培育足够多的人才。从合肥供水集团公司目前的情况看，要真正实现“可复制的”管理模式，实现公司的远大目标，起码需要未来的经理人在三个方面持续进步：一是认同并谨遵公司的核心价值体系，能够从内心深处将公司的文化理念作为自己行动的指南，当然，如果能够结合工作实践进一步阐发和延伸公司的理念，形成独特的领导力，则更是合肥供水集团乐见其成的；二是有事业心，有奋斗精神，以公司的事业为自身的事业，而不仅仅是一个契约化的经理人；三是有持续的自我学习和自我反思能力，并且能够将这种反思能力带给团队，即像沙因先生所说，他有“生存的焦虑和学习的焦虑”。[㊀]要想打造“可复制的”管理模式，实现企业永续经营并保持基业长青，关键不在于现在的这一代领导者有多好，而是在于下一代、更下一代，他们的表现有多好。

永远不够好

《基业长青》中论述的最后一个卓越表现，就是“持续不断、一心一意追求自我改进的程序，目标是越做越好，永远追求更好。”“永远不够好”，说起来像一句苛求的话。但在激烈竞争的商场上，却又是一句至理名言。不管是从业绩上看，还

㊀ 埃德加·沙因：《组织文化与领导力》，中国人民大学出版社，2011 年 3 月，第 260 页。

是从企业的发展阶段看，知足容易导致自满，自满就容易减缓企业成长的步伐。在多年的改革发展进程中，尽管时常能够感受到企业甚至某一位普通员工的进步，也常常为这种进步而欣喜，但合肥供水集团做得更多的，却是像“两提”——“我给领导提意见”、“我给领导打打分”这样的事情；合肥供水集团关心更多的，往往是用户怎样看到我们的服务？所以，找用户一起聊聊天，是我们常态化的一项工作。“永远不够好”，其实是为了更好，为了用户的更好，为了企业的更好，自然也是为了员工的更好。在持续进步的路上，合肥供水集团应该把“永远不够好”作为我们新的“理念”，像海尔所做的那样：没有成功的企业，只有时代的企业。“因为就‘成功’这两个字而言，在现实当中可能就是一个悖论。也就是说，企业如果觉得自己成功了，大概就离失败不远了。所以，在企业的字典里不应该有‘成功’这两个字”。[一]

总之，我们之所以将《基业长青》描述的五个“成功特质”作为一个论述框架，是因为它们像汤姆·彼得斯和罗伯特·沃特曼在《追求卓越》一书中描述的“卓越企业的八大特质”（采取行动、接近顾客、自主和创业精神、以人为本、价值驱动、坚守本业、精兵简政、宽严并济）一样，揭示了企业成长的基本规律。而如果仔细研读我们又会发现，其实两本书的作者所总结的企业进步的路径，基本上是沿着“科学”与“人性”这两大主线展开的。

“人们建立了组织以放大自己的专业才能，通过它来保护自己的安全，丰富自己的生活，以及满足其他多种需要。为了实现这些目的，那些有着共同目标，为了满足自己的需要而被吸引加入群体的个体组成了组织，而这些组织必须得到有效的管理”。[二]而纵观管理发展的历史我们会发现，管理一直沿着科学和人性两条主线逐步演进。一方面，管理需要持续地追求其科学价值，才能在效率和效果上达到更好；另一方面，管理又是以人为主体的，过度的效率，又实质上造成了对人的压迫，时常会遭到人性的抵制。而我们认为的先进管理理论与方法，或者是在科学上的进步，或者是在人性上的领先。毫无二致地，它们又都是在持续地向科学和人性的深处“进军”，力图为企业找到更好的管理模式，为人类创造更多的福祉。

作为“后进”的、还需要持续学习和进步的企业，合肥供水集团愿意追随先进标杆企业的步伐，在科学与人性的道路上持续探索，为实现“可复制的”合肥供水管理模式，为光大“贴心小棉袄”的文化精神而奋力前行。

《老子》第六十四章说：“慎终如始，则无败事。”

我们谨记，我们共勉。

㊀ 胡泳、郝亚洲：《张瑞敏思考实录》，机械工业出版社，2014 年 1 月。

㊁ 丹尼尔·雷恩、阿琴 G. 贝德安：《管理思想史》，中国人民大学出版社，2009 年 3 月，第 13 页。